ライブラリ 今日の経済学❖17

計量経済学

谷崎 久志・溝渕 健一
Hisashi Tanizaki *Kenichi Mizobuchi*

Econometrics

新世社

編者のことば

　世界ではグローバル化の進展に伴い，貿易をめぐる多国間の交渉や金融をめぐる主導権争いが激化を極めている。各地域における分離独立運動や宗教に関わる対立・紛争も，世界経済に及ぼす影響が懸念されている。日本国内ではデフレから脱却するための施策が一定の効果をあげているものの，少子高齢社会の先行きについては楽観できない。

　大学教育では，少子化の中，各大学において目的をより明確にするため一層の改革が求められている。経済学の分野では経済の理論，歴史，経済情勢，経済政策，データの分析と統計的処理，といった様々な方面でより明確な学力の習得が具体的に求められるようになっている。そして大学を卒業した後のビジネスパーソンにとっても，現実の経済活動において役立てることができる，実践的な経済学の知見がより一層必要とされている。

　新世社では，斯学における第一級のすぐれた著者陣の力強い支援により，1990年代に「新経済学ライブラリ」を刊行して，大きな支持を得てきた。本ライブラリは，さらに上のような今日の社会の情勢変化に鑑み，新しい時代に即した経済学のテキストライブラリを目指すものである。

　本ライブラリにおいては，各領域の気鋭の研究者が，当該テーマについて，入門者から読めるような筆致により，基礎から最新の理論まで平明に説き明かしていく。大学の基本科目・専門科目の履修者にとり最良の導きの書であり，また，社会の第一線で活躍するビジネスパーソンにとっても経済学の最先端を平易にマスターできる，すぐれた教養書となっている。

　本ライブラリ「今日の経済学」が経済学テキストの決定版として広く受け入れられることを期待している。

　2018年2月

井堀　利宏

まえがき

　筆者は長年，大学の経済学部の学生に計量経済学を教えてきた。計量経済学を教えるのは大変に難しいと常々感じている。その第一の理由としては，計量経済学は統計学を前提とすることである。しかも，経済学部で統計学を必修としている大学は非常に稀である。多くの大学では，統計学は選択科目となっているので，経済学部の全学生が習得するわけではない。また，経済学部で用意されている統計学，大学の共通教育科目（昔の一般教養科目）で履修できる統計学などではレベルが統一されていないのが現状である。同じ大学で同じ経済学部の学生でさえ，統計学を履修していない学生，履修中の学生，統計学を前もって履修していても知識の差が大きい学生など様々なバックグラウンドを持った学生が計量経済学を受講する。大学の計量経済学の講義で，履修の前提条件に「経済学部の統計学の知識を前提とする」としても，それ以外の学生も履修する。

　その上に，必要な数学も線形代数から微分積分まで高校数学を超えるレベルとなる。具体的には偏微分，行列，足し算記号（$\sum$ 記号），数列，極限などの知識も必要になる。本書では，文系で学ぶ高校数学の範囲内で理解できるように，必要な数学や統計学を補論にまとめて，その都度参照できるようにした。

　さらに，詳細は本文に譲るが，計量経済学の基本は最小二乗法であり，対になったデータが数多くあったとして，それらの関係を直線で表すことである。直線を求めるためには，対のデータを掛けて足し合わせたり，データの二乗を足し合わせたりするので，実際に電卓などで計算する場合には，データ自体の桁数が少ない場合などの特殊な場合でしか直線を求めることはかなり難しい（実際，国内総生産などのデータを扱う場合，2021 年の GDP データは 550 兆円であり，二乗して年数分を足し合わせることを想像してほしい）。計量経済学を通してデータ分析ができるようになるためには自宅で分析ができることが重要であり，そのためには，パソコンが持てるようになることと使い易い計量経済用ソフトが出てくることが条件となるであろう。パソコンが家庭に普及し始めたのは，1995 年に Windows 95 が世に出てインターネットが簡単に使えるようになってからだと

筆者は思っている。計量経済用ソフトが無料で自由に使えるようになるのはさらに後のことで，本書で主に紹介する Gretl については，Gretl の Web サイトの Change log によると，2000 年の初頭に開発され始めたようである。筆者は，2010 年代になってから度々，Gretl のことを耳にするようになったと記憶している（ちなみに，筆者が大学の授業で使うようになったのは，ここ数年のことである）。

以上を踏まえて，本書の特徴は，

(ⅰ) 統計学を使わない箇所（第 2 章）と統計学が必須な個所（第 3 章以降）を分けた。
(ⅱ) 式の導出過程を可能な限り省略せずに示した。
(ⅲ) Excel や Gretl での計量分析の方法を説明した。

などである。(ⅰ) については，計量経済学では統計学の知識が必要であるが，どこから統計学の知識が必要になるかを明示的に書いている教科書が少ないように筆者は思う。本書ではどこで統計学を使うのかをできるだけ詳しく記したつもりである。

(ⅱ) については，式展開は基礎知識次第で見れば理解できる人もいれば，等式がなぜ成り立つのかがわからない人もいる。本書ではできるだけこの等式はどの定理を使うかなどがわかるようにしたつもりである。

(ⅲ) では，Excel を用いてごく簡単な計量分析が手軽にできるようになった。ただ，Excel は計量経済専門のソフトではないので，簡単な回帰分析（単回帰，重回帰）しかできない。また，Excel では，計量経済学で用いる専門用語と異なる用語が使われているので，本書では Excel で使われている用語の解説もできるだけ行ったつもりである。

それに対して，先に少し紹介した Gretl は Gnu Regression, Econometrics and Time-series Library の頭文字をとった計量経済学に特化したソフトとなっている。しかも，数ある計量経済学用のソフトの中で，Gretl は無料で使えるようになっていて，https://gretl.sourceforge.net/から自由にダウンロードしてパソコンにインストールすることができる。このように，計量経済学用のソフトも無料で使えるようになったために，自宅でも自由な時間に計量分析が行える環境が整ってきている。一昔前であれば，大学などの情報処理教室でライセンスを購入

していた計量経済用ソフト（例えば，Eviews，Excel の各種アドイン・パッケージ，GAUSS，LIMDEP，RATS，Stata など）を利用していた。大学によるが，一般的に情報処理教室の利用時間は限られている，計量経済用ソフトが自分のパソコンにインストールされていないなどの理由から，自宅で演習ができない状況が続いていたため，計量経済学によるデータ分析を行うにはかなりハードルが高かったように感じている。筆者は Fortran や C などの言語を勉強して，自分で最小二乗法などのプログラムを組んだのものだった。

本書は著者の一人が神戸大学・大阪大学における講義ノートをもとにしている。本書は，長年にわたって，この講義ノートを少しずつ改善して加筆修正したものである。講義ノートを作成するにあたって，山本拓先生の『計量経済学』（新世社，1995。2022 年に第 2 版刊行）を最も参考にしたということを付け加えておきたい。また，本書では計量経済用ソフトの使い方を含めたため，読者が少しでも計量分析を行いやすくなればいいという願望も込めたものになっている。

株式会社新世社編集部の御園生晴彦氏から，本書のお話を頂いたのが 2015 年秋のことだった。気が付けば，今や 2023 年となり，8 年近くもの年月が経ってしまった。これはひとえに筆者の怠慢によるものであり，御園生氏には大変ご迷惑をおかけした。それにもかかわらず，辛抱強く見守って下さり誠に感謝している。本書が完成に至ったのは御園生氏と編集実務を担当された谷口雅彦氏のおかげであり，心からお礼を申し上げる。

2023 年 1 月

筆者を代表して

谷崎　久志

目　次

各章末の練習問題の解答は，新世社ウェブサイト（https://www.saiensu.co.jp）からダウンロードできます。本書の紹介ページより「サポート情報」欄をご参照ください。

Excel は米国 Microsoft 社の登録商標です。
本書では，® と ™ は明記していません。

第1章

計量経済学とは？

　計量経済学とはどのような学問か。簡単に言えば，経済理論が現実を表しているかどうかを統計的に確かめるという学問である。いくつかの例を見てみよう。

■ 1.1　需要関数の例

　経済学部の初年度のミクロ経済学の授業では，需要関数を学ぶ。ある仮定に基づいて効用関数を設定して，予算制約式のもとで効用関数が最大となるような財の組み合わせを求めるというものが基本的な考え方である。したがって，ある財の需要関数は所得と他の財も含めた価格の関数となることが導かれる。

　簡単化のために，財 1，財 2 の 2 つの財のみを考えることにする。このとき，財 1 の需要量 Q_1 は所得 Y，財 1 の価格 P_1，財 2 の価格 P_2 に依存する。すなわち，

$$Q_1 = f(Y, P_1, P_2)$$

と書くことができる。$f(Y, P_1, P_2)$ は Y，P_1，P_2 の関数という意味である。どのような効用関数を仮定するかによって，$f(Y, P_1, P_2)$ は自動的に決まる関数となるが（**練習問題 1.1** 参照），仮に $f(Y, P_1, P_2)$ を線型関数とすると，

$$Q_1 = \beta_0 + \beta_1 Y + \beta_2 P_1 + \beta_3 P_2$$

となる。β_0，β_1，β_2，β_3 はパラメータと呼ばれるもので，計量経済学では財 1 の需要量 Q_1，所得 Y，財 1 の価格 P_1，財 2 の価格 P_2 のデータからこれらを推定する。

　特殊な財を除いて，通常は，所得 Y が増えれば財をより多く購入するということなので，β_1 は正となることが予想される。財 1 の価格 P_1 が上昇すればその財

を買うのを控えるということが予想されるため，通常，β_2 は負となる。β_3 に関しては，財1と財2の関係から，正にも負にもなり得る。財1と財2が代替的である場合，すなわち，財2は財1の代わりになるような場合（例えば，米とパン），財2の価格 P_2 が上昇すれば財2の需要量 Q_2 は減り，代わりに財1の需要量 Q_1 を増やすということになり，結果として β_3 は正となる。また，財1と財2が補完的である場合，すなわち，財2は財1と一緒に用いるような場合（例えば，パンとバター），財2の価格 P_2 が上昇すれば財2の需要量 Q_2 は減り，同時に財1の需要量 Q_1 も減るということになり，結果的に β_3 は負となる。

　計量経済学では，実際に公表されたデータを用いて，需要量と価格，需要量と所得の関係が予想どおりになっているかどうかを統計的に検証する。ここでは，「統計的に」が重要で，統計学の知識が必要である。

■ 1.2　消費関数の例

　マクロ経済学で学ぶ消費関数の例も考えてみよう。所得から税金を差し引いたものを可処分所得と呼ぶが，可処分所得 Y が増えれば消費 C も増える。この関数を下記のように線型（一次式）によって表されると仮定しよう。

$$C = \beta_0 + \beta_1 Y$$

この場合，経済学では，β_0 は基礎消費，β_1 は限界消費性向と呼ばれる。β_0 の基礎消費とは所得がなくても日常生活に最低限必要な消費（すなわち，衣食住宅費等）であり，$\beta_0 > 0$ であることが予想される。β_1 の限界消費性向とは，所得が1円増えれば消費はいくら増えるのかという指標である。所得が1円増えれば，一部，貯蓄に回すため，$0 < \beta_1 < 1$ となることが予想される。β_0, β_1 は未知であるので，実際のデータを用いて求められる。実際には，C や Y は内閣府・経済社会総合研究所（https://www.esri.cao.go.jp）の国民経済計算（GDP 統計）から「国内家計最終消費支出」，「家計国民可処分所得」という項目で，それぞれデータは公表されている。

　一次式としたが，

$$C = \beta_0 + \beta_1 Y^{\beta_2}$$

でも構わない。この場合，限界消費性向は，

$$\frac{\mathrm{d}C}{\mathrm{d}Y} = \beta_1 \beta_2 Y^{\beta_2-1}$$

となるので，$0 < \beta_1 \beta_2$ となるべきである（Y は所得なので，$Y > 0$ とする）。さらに，二階微分を取ると，

$$\frac{\mathrm{d}^2 C}{\mathrm{d}Y^2} = \beta_1 \beta_2 (\beta_2 - 1) Y^{\beta_2-2}$$

となる。所得が増えるに従って，限界消費性向が逓減する（すなわち，追加的な所得に対して消費比率が減る，あるいは，貯蓄率が増える）と考えられるので，$\beta_1 \beta_2 (\beta_2 - 1) \leqq 0$ というのが現実的であるだろう。これらを総合すると，$0 < \beta_0$，$0 < \beta_1$，$0 < \beta_2 \leqq 1$ または，$0 < \beta_0$，$\beta_1 < 0$，$\beta_2 < 0$ が予想される。

■ 1.3　生産関数の例

　最後に，生産関数を例にあげよう。生産量の産出量と生産要素の投入量の関係を表す関数を，生産関数と呼ぶ。マクロ経済学の分野では，資本 K と労働 L を投入すると産出量 Y（すなわち，GDP）が得られる。

$$Y = f(K, L)$$

$f(\cdot, \cdot)$ の関数型はいくつか考えられるが，以下に代表的なものを紹介する。

コブ=ダグラス型生産関数：

$$Y = AK^\alpha L^\beta$$

A は技術進歩を表すパラメータ，α は労働分配率，β は資本分配率と呼ばれるパラメータで，$0 < \alpha < 1$，$0 < \beta < 1$ を満たす。

　投入量をそれぞれ一定倍すると，産出量が増加・減少・一定かで，規模に関して収穫逓増・逓減・一定とそれぞれ呼ばれる。また，生産関数との関係は次のよ

うになる。定数 $a > 1$ について，

- 規模に関して収穫逓増：$f(aK, aL) > af(K, L)$
- 規模に関して収穫逓減：$f(aK, aL) < af(K, L)$
- 規模に関して収穫一定：$f(aK, aL) = af(K, L)$

となる。特に，コブ=ダグラス型生産関数の場合，α, β との関係は次のようになる。

- 規模に関して収穫逓増：$\alpha + \beta > 1$
- 規模に関して収穫逓減：$\alpha + \beta < 1$
- 規模に関して収穫一定：$\alpha + \beta = 1$

推定する際には，両辺に対数を取って，

$$\log Y = \gamma + \alpha \log K + \beta \log L$$

として，Y, K, L のデータを対数変換して，γ, α, β を推定することになる（ただし，$\gamma = \log A$ とする）。
　もう一つの代表的な関数型として CES 型関数がある。

CES 型生産関数 (constant elasticity of substitution type production function)：

$$Y = \gamma \left(\delta K^{-\rho} + (1 - \delta) L^{-\rho} \right)^{-\mu/\rho}$$

γ は効率パラメータまたはスケール係数，ρ は代替パラメータ，δ は分配パラメータ，μ は規模の経済性パラメータとそれぞれ呼ばれる。
　CES 型生産関数の場合，規模に関して収穫逓増・逓減・一定と μ との関係は次のようになる。

- 規模に関して収穫逓増：$\mu > 1$
- 規模に関して収穫逓減：$\mu < 1$
- 規模に関して収穫一定：$\mu = 1$

$\rho \to 0$ のとき，CES 型生産関数はコブ=ダグラス型生産関数に一致する。
　限界代替率（MRS, marginal rate of substitution）は次のように定義される。

$$\text{MRS} = \frac{\mathrm{d}K}{\mathrm{d}L} = -\frac{\partial Y/\partial L}{\partial Y/\partial K}$$

限界代替率とは，生産量一定のもとで，労働を1単位変化させたときに資本を何単位変化させなければならないかを意味する。さらに，代替の弾力性（elasticity of substitution）は次のように定義される。

$$\frac{\mathrm{d}\,(L/K)/(L/K)}{\mathrm{d}\,\text{MRS}/\text{MRS}}$$

この代替の弾力性は，限界代替率1パーセントの変化で，生産要素投入量比が何パーセント変化するかを示したものである。コブ=ダグラス型生産関数の場合，代替の弾力性は1となるが，CES型生産関数の場合，代替の弾力性は$1/(1+\rho)$となる。Y, K, Lのデータから，γ, ρ, δ, μを推定することでき，限界代替率や代替の弾力性も求めることができる。

◆ 練 習 問 題

1.1 需要関数をより厳密に導出してみよう。コブ=ダグラス型の効用関数を仮定する（これは単に，仮定であり他の関数型を仮定しても構わない）。この効用関数と合わせて，予算制約式は次のように書かれる。

効用関数： $u(Q_1, Q_2) = Q_1^\alpha Q_2^\beta$

予算制約式：$Y = P_1 Q_1 + P_2 Q_2$

(1) 効用関数は，通常，それぞれの財について，(i) 需要量が増えれば効用が増える（一階微分は正），(ii) 追加的な効用，すなわち，限界効用は逓減する（二階微分は負）という仮定を置く。このとき，α, βの取り得る範囲を求めなさい。

(2) 予算制約式のもとで効用最大化問題を解き，需要関数Q_1, Q_2を求めなさい。

(3) 効用関数がコブ=ダグラス型であるかどうか検証するためには，具体的に，どのようにすればよいか説明しなさい。

1.2 $F(\cdot, \cdot)$を生産関数，Kを資本ストック（機械設備），rをKのレンタル価格，Lを労働投入量，wを賃金とする。利潤$F(K, L) - rK - wL$を最大にする資本K，労働Lの投入量を決める。

(1) 生産関数をコブ=ダグラス型，すなわち，$F(K, L) = AK^\alpha L^\beta$とするとき，$K$, Lを

それぞれ r, w で表しなさい。

(2) 生産関数がコブ=ダグラス型でよいかどうかを確かめたい場合，どのような式を推定すればよいか答えなさい。

(3) コブ=ダグラス型生産関数の場合，代替の弾力性は 1 であるが，CES 型生産関数 $F(K, L) = \gamma \left(\delta K^{-\rho} + (1 - \delta) L^{-\rho} \right)^{-\mu/\rho}$ のとき $1/(1 + \rho)$ となる。CES 型生産関数を仮定して，代替の弾力性が 1 であるかどうかを検定したい。どのような推定をすればよいか答えなさい。

第2章

回帰分析

本章では，データが与えられたときに，直線を当てはめることを考えよう。

■2.1 データについて

データを扱う際に，どのようなデータかを捉える必要がある。データは，主に次の3種類に分類される。

1. タイム・シリーズ（時系列）・データ（time series data）：時間に依存するデータを表す。例えば，毎年のGDP（国内総生産），毎月の金利，毎日の為替レートや株価などがあげられる。

2. クロス・セクション（横断面）・データ（cross section data）：ある時点の個人や企業のデータを表す。例えば，ある年の各世帯の消費支出，ある年の各企業の売上高などがあげられる。

3. パネル・データ（panel data）：時点ごとの個人や企業のデータ，すなわち，タイム・シリーズ（時系列）・データとクロス・セクション（横断面）・データが合わさったデータを表す（**7.2節**で扱う）。例えば，各世帯の毎月の収入や消費支出，各企業の毎年の売上高，都道府県ごとの毎年の人口などがあげられる。

■2.2 最小二乗法について：単回帰モデル

最小二乗法（ordinary least squares）とは，線型モデルの係数の値をデータから求めるときに用いられる手法である。最小自乗法とも言うが，本書では，最小

7

二乗法と表記することにする。

● 2.2.1 最小二乗法と回帰直線

(X_1, Y_1)，(X_2, Y_2)，$\cdots$，(X_n, Y_n) のように n 組のデータがあり，X_i と Y_i との間に以下の線型関係を想定する。

$$Y_i = \alpha + \beta X_i$$

右辺の変数 X_i は，Y_i を説明する変数であり，説明変数（explanatory variable）と呼ばれる。左辺の変数 Y_i は，X_i によって説明される変数なので，被説明変数（explained variable）と呼ばれる（時折，非説明変数と覚える人がいるので，間違わないように）。または，X_i を独立変数（independent variable）と呼ぶこともあり，その場合，Y_i を従属変数（dependent variable）と呼ぶ。

α，β は未知母数（unknown parameter）あるいは未知パラメータ（または，単に，パラメータ）と呼ばれ，X と Y との関係を表す。この X と Y との関係式は，回帰モデル（regression model），または，回帰式と呼ばれる。特に，本節のように，右辺に説明変数が 1 つの場合を単回帰モデル（single regression model），または，単回帰式と呼ぶ。

2.3 節で取り上げるが，説明変数が 2 つ以上の場合を重回帰モデル（multiple regression model），または，重回帰式と呼ぶ。

ここでは，切片 α と傾き β をデータ $\{(X_i, Y_i), i = 1, 2, \cdots, n\}$ から求める（推定する）ことを考える。

前節との関連では，タイム・シリーズ（時系列）・データ（time series data）の場合，添え字 i は時間を表す（第 i 期など）。i の代わりに，t を添え字に使う場合も多い。クロス・セクション（横断面）・データ（cross section data）の場合，添え字 i は個人や企業を表す（第 i 番目の家計，第 i 番目の企業など）。

例えば，X と Y とのデータが図 2–1 のように丸印 ● で与えられたとしよう。● が 15 個あるので，データは 15 組，すなわち，$n = 15$ となる。実線は，X と Y との関係を表す直線であるが，この直線をどのように求めればよいか。

仮に，ある基準のもとで，α と β の値が求められたとしよう。それぞれ，$\hat{\alpha}$ と $\hat{\beta}$ とする。$\hat{\alpha}$ は切片（Y 軸と実線との交点），$\hat{\beta}$ は直線の傾きを表す。データ

図 2-1　データと直線

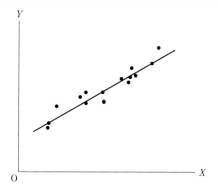

$\{(X_i, Y_i),\ i = 1, 2, \cdots, n\}$ と直線との関係は，$i = 1, 2, \cdots, n$ について，

$$Y_i = \hat{\alpha} + \hat{\beta}X_i + \hat{u}_i$$

となる。すなわち，実際のデータ Y_i と直線上の値 $\hat{\alpha} + \hat{\beta}X_i$ との間には，差 $\hat{u}_i$ が生じる。この差 $\hat{u}_i$ は残差（residual）と呼ばれる。残差 $\hat{u}_i$ は，実際に観測されたデータ Y_i と直線上の点との縦方向の距離を表す。すべての $i = 1, 2, \cdots, n$ について，残差がゼロ，すなわち，$\hat{u}_i = 0$ の場合は，データが一直線上に並んでいる状態を表す。

次の **2.2.2 節**では，$\hat{\alpha}$ と $\hat{\beta}$ の求め方を解説する。

● 2.2.2　切片 α と傾き β の求め方

α, β のある推定値を $\hat{\alpha}$, $\hat{\beta}$ とする。次のような関数 $S(\hat{\alpha}, \hat{\beta})$ を定義する。

$$S(\hat{\alpha}, \hat{\beta}) = \sum_{i=1}^{n} \hat{u}_i^2 = \sum_{i=1}^{n} (Y_i - \hat{\alpha} - \hat{\beta}X_i)^2$$

この $S(\hat{\alpha}, \hat{\beta})$ は残差平方和と呼ばれる。X_i, Y_i に観測されたデータが当てはめられている場合，残差平方和は $\hat{\alpha}$, $\hat{\beta}$ の関数，しかも，二次関数となる。

このとき，残差平方和 $S(\hat{\alpha}, \hat{\beta})$ が最小になるような $\hat{\alpha}$, $\hat{\beta}$ を求める。すなわち，以下の式で表される最小化問題を解くことになる。

$$\min_{\hat{\alpha}, \hat{\beta}} S(\hat{\alpha}, \hat{\beta})$$

このように残差平方和を最小にするような $\hat{\alpha}$, $\hat{\beta}$ を求める方法を最小二乗法と呼ぶ。

残差平方和の最小化のためには,

$$\frac{\partial S(\hat{\alpha}, \hat{\beta})}{\partial \hat{\alpha}} = 0, \qquad \frac{\partial S(\hat{\alpha}, \hat{\beta})}{\partial \hat{\beta}} = 0$$

を満たす $\hat{\alpha}$, $\hat{\beta}$ を求める(最小化問題については,240 ページの**補論 A.1.1**参照)。

すなわち,$\hat{\alpha}$, $\hat{\beta}$ は,

$$\frac{\partial S(\hat{\alpha}, \hat{\beta})}{\partial \hat{\alpha}} = -2\sum_{i=1}^{n}(Y_i - \hat{\alpha} - \hat{\beta}X_i) = 0 \tag{2.1}$$

$$\frac{\partial S(\hat{\alpha}, \hat{\beta})}{\partial \hat{\beta}} = -2\sum_{i=1}^{n}X_i(Y_i - \hat{\alpha} - \hat{\beta}X_i) = 0 \tag{2.2}$$

を満たす。(2.1)式,(2.2)式の連立方程式を解いて,$\hat{\alpha}$, $\hat{\beta}$ が X_i, Y_i の関数として得られる。$\sum$ 記号(241 ページの**補論 A.2** 参照)をそれぞれの項に分配して,書き直すと,

$$\sum_{i=1}^{n}Y_i = n\hat{\alpha} + \hat{\beta}\sum_{i=1}^{n}X_i \tag{2.3}$$

$$\sum_{i=1}^{n}X_iY_i = \hat{\alpha}\sum_{i=1}^{n}X_i + \hat{\beta}\sum_{i=1}^{n}X_i^2 \tag{2.4}$$

となる。さらに,(2.3)式の両辺をデータ数 n で割って,

$$\frac{1}{n}\sum_{i=1}^{n}Y_i = \hat{\alpha} + \hat{\beta}\frac{1}{n}\sum_{i=1}^{n}X_i$$

すなわち,

$$\overline{Y} = \hat{\alpha} + \hat{\beta}\overline{X} \tag{2.5}$$

を得る。ただし,

$$\overline{X} = \frac{1}{n}\sum_{i=1}^{n}X_i, \qquad \overline{Y} = \frac{1}{n}\sum_{i=1}^{n}Y_i$$

とする。

さらに,$\sum_{i=1}^{n}X_i = n\overline{X}$ と (2.5)式を利用して,(2.4)式から $\hat{\alpha}$ を消去すると,

$$\sum_{i=1}^{n}X_iY_i = (\overline{Y} - \hat{\beta}\overline{X})n\overline{X} + \hat{\beta}\sum_{i=1}^{n}X_i^2$$

となり，$\hat{\beta}$ で整理して，

$$\hat{\beta} = \frac{\sum\limits_{i=1}^{n} X_i Y_i - n\overline{X}\,\overline{Y}}{\sum\limits_{i=1}^{n} X_i^2 - n\overline{X}^2} = \frac{\sum\limits_{i=1}^{n}(X_i - \overline{X})(Y_i - \overline{Y})}{\sum\limits_{i=1}^{n}(X_i - \overline{X})^2} = \frac{S_{XY}}{S_X^2} \tag{2.6}$$

が得られる（2つ目の等式の分子・分母の変形は 244 ページの**補論 A.3.5** 参照）。
(2.6) 式の $\hat{\beta}$ の右側はすべて，X，Y のデータが代入されると，$\hat{\beta}$ は数値として得られる。データから得られた $\hat{\beta}$ の値を，統計学用語で推定値と呼ぶ。ただし，

$$S_{XY} = \frac{1}{n}\sum_{i=1}^{n}(X_i - \overline{X})(Y_i - \overline{Y}), \qquad S_X^2 = \frac{1}{n}\sum_{i=1}^{n}(X_i - \overline{X})^2$$

とする。S_{XY} は X と Y のデータからの共分散（標本共分散とも言う），S_X^2 は X のデータからの分散（標本分散とも言う）に対応する（243 ページの**補論 A.3.2**，**A.3.3** 参照）。また，$\hat{\alpha}$ は (2.5) 式から，

$$\hat{\alpha} = \overline{Y} - \hat{\beta}\overline{X} \tag{2.7}$$

となる。

　以上については，行列を用いて解くこともできる（行列については，245 ページの**補論 A.4** 参照）。(2.3) 式，(2.4) 式を行列で表示することによって，

$$\begin{pmatrix} \sum\limits_{i=1}^{n} Y_i \\ \sum\limits_{i=1}^{n} X_i Y_i \end{pmatrix} = \begin{pmatrix} n & \sum\limits_{i=1}^{n} X_i \\ \sum\limits_{i=1}^{n} X_i & \sum\limits_{i=1}^{n} X_i^2 \end{pmatrix} \begin{pmatrix} \hat{\alpha} \\ \hat{\beta} \end{pmatrix}$$

となる。$\hat{\alpha}$，$\hat{\beta}$ について，まとめて，

$$\begin{pmatrix} \hat{\alpha} \\ \hat{\beta} \end{pmatrix} = \begin{pmatrix} n & \sum\limits_{i=1}^{n} X_i \\ \sum\limits_{i=1}^{n} X_i & \sum\limits_{i=1}^{n} X_i^2 \end{pmatrix}^{-1} \begin{pmatrix} \sum\limits_{i=1}^{n} Y_i \\ \sum\limits_{i=1}^{n} X_i Y_i \end{pmatrix}$$

$$= \frac{1}{n\sum\limits_{i=1}^{n} X_i^2 - (\sum\limits_{i=1}^{n} X_i)^2} \begin{pmatrix} \sum\limits_{i=1}^{n} X_i^2 & -\sum\limits_{i=1}^{n} X_i \\ -\sum\limits_{i=1}^{n} X_i & n \end{pmatrix} \begin{pmatrix} \sum\limits_{i=1}^{n} Y_i \\ \sum\limits_{i=1}^{n} X_i Y_i \end{pmatrix} \tag{2.8}$$

となる（2×2 行列の逆行列の計算については，249 ページ参照）。さらに，$\hat{\beta}$ について解くと，

$$\hat{\beta} = \frac{n\sum_{i=1}^{n} X_i Y_i - (\sum_{i=1}^{n} X_i)(\sum_{i=1}^{n} Y_i)}{n\sum_{i=1}^{n} X_i^2 - (\sum_{i=1}^{n} X_i)^2} = \frac{\sum_{i=1}^{n} X_i Y_i - n\overline{X}\,\overline{Y}}{\sum_{i=1}^{n} X_i^2 - n\overline{X}^2} = \frac{\sum_{i=1}^{n}(X_i - \overline{X})(Y_i - \overline{Y})}{\sum_{i=1}^{n}(X_i - \overline{X})^2}$$

となる。途中で，$\sum_{i=1}^{n} X_i = n\overline{X}$，$\sum_{i=1}^{n} Y_i = n\overline{Y}$ が代入されている。最後の等式の分子・分母は 244 ページの**補論 A.3.5** を参照されたい。

$\hat{\alpha}$ については，

$$\hat{\alpha} = \frac{(\sum_{i=1}^{n} X_i^2)(\sum_{i=1}^{n} Y_i) - (\sum_{i=1}^{n} X_i)(\sum_{i=1}^{n} X_i Y_i)}{n\sum_{i=1}^{n} X_i^2 - (\sum_{i=1}^{n} X_i)^2} = \frac{\overline{Y}\sum_{i=1}^{n} X_i^2 - \overline{X}\sum_{i=1}^{n} X_i Y_i}{\sum_{i=1}^{n} X_i^2 - n\overline{X}^2}$$

$$= \frac{\overline{Y}(\sum_{i=1}^{n} X_i^2 - n\overline{X}^2) - \overline{X}(\sum_{i=1}^{n} X_i Y_i - n\overline{Y}\,\overline{X})}{\sum_{i=1}^{n} X_i^2 - n\overline{X}^2} = \overline{Y} - \frac{\sum_{i=1}^{n} X_i Y_i - n\overline{Y}\,\overline{X}}{\sum_{i=1}^{n} X_i^2 - n\overline{X}^2}\overline{X} = \overline{Y} - \hat{\beta}\overline{X}$$

となる。$\hat{\beta}$ と同様に 244 ページの**補論 A.3.5** が途中で用いられている。このように，行列演算によっても，$\hat{\beta}$，$\hat{\alpha}$ は (2.6) 式，(2.7) 式と同じものが得られることがわかる。

$\hat{\alpha}$，$\hat{\beta}$ の値が得られると，回帰直線は，

$$\hat{Y} = \hat{\alpha} + \hat{\beta}X$$

として与えられる。$\hat{Y}$ は，X を与えたときの Y の予測値，または，理論値と解釈される。実際のデータを代入することも可能である。すなわち，i 番目のデータ X_i が与えられたもとで，Y_i の予測値 $\hat{Y}_i$ は $\hat{\alpha} + \hat{\beta}X_i$ となるということもできる。$\hat{Y}_i$ を予測値と呼ぶのに対して，Y_i を実績値，または，観測値と呼ぶ。

数値例：以下の数値例を使って，回帰式 $Y_i = \alpha + \beta X_i$ の α，β の推定値 $\hat{\alpha}$，$\hat{\beta}$ を求める。

i	X_i	Y_i
1	5	4
2	1	1
3	3	1
4	2	3
5	4	4

X と Y のデータは5組なので，$n = 5$ となる。$\hat{\alpha}$，$\hat{\beta}$ を求めるための公式は，(2.6) 式，(2.7) 式である。(2.6) 式の最初の等式の右辺を見ると，必要なものは $\overline{X}$，$\overline{Y}$，$\sum_{i=1}^{n} X_i^2$，$\sum_{i=1}^{n} X_i Y_i$ であることがわかる。

i	X_i	Y_i	X_i^2	$X_i Y_i$
1	5	4	25	20
2	1	1	1	1
3	3	1	9	3
4	2	3	4	6
5	4	4	16	16
合計	$\sum X_i$	$\sum Y_i$	$\sum X_i^2$	$\sum X_i Y_i$
	15	13	55	46
平均	$\overline{X}$	$\overline{Y}$		
	3	2.6		

表中では，$\sum_{i=1}^{n}$ を $\sum$ と省略して表記している。

よって，

$$\hat{\beta} = \frac{\sum X_i Y_i - n\overline{X}\ \overline{Y}}{\sum X_i^2 - n\overline{X}^2} = \frac{46 - 5 \times 3 \times 2.6}{55 - 5 \times 3^2} = \frac{7}{10} = 0.7$$

$$\hat{\alpha} = \overline{Y} - \hat{\beta}\overline{X} = 2.6 - 0.7 \times 3 = 0.5$$

となる。

注意：

1. α，β は真の値で未知である。
2. $\hat{\alpha}$，$\hat{\beta}$ は α，β の推定値でデータから計算される。

回帰直線は，$\hat{Y}_i = \hat{\alpha} + \hat{\beta} X_i$ であり，上の数値例では，

図 2-2　Y_i, X_i, $\hat{Y}_i$, $\hat{u}_i$ の関係

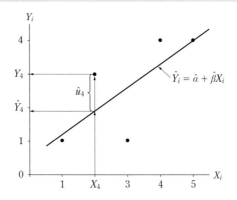

$$\hat{Y}_i = 0.5 + 0.7X_i$$

となる。$\hat{Y}_1$, $\hat{Y}_2$, $\cdots$, $\hat{Y}_5$ として，次の表のように計算される。Y_i, X_i, $\hat{Y}_i$, $\hat{u}_i$ の関係が図 2-2 に描かれている。

i	X_i	Y_i	X_i^2	X_iY_i	$\hat{Y}_i$	$\hat{u}_i$
1	5	4	25	20	4.0	0.0
2	1	1	1	1	1.2	-0.2
3	3	1	9	3	2.6	-1.6
4	2	3	4	6	1.9	1.1
5	4	4	16	16	3.3	0.7
合計	$\sum X_i$	$\sum Y_i$	$\sum X_i^2$	$\sum X_iY_i$	$\sum \hat{Y}_i$	$\sum \hat{u}_i$
	15	13	55	46	13	0.0
平均	$\overline{X}$	$\overline{Y}$				
	3	2.6				

前述のとおり，$\hat{Y}_i$ を実績値 Y_i の予測値または理論値と呼ぶ。

$$\hat{u}_i = Y_i - \hat{Y}_i$$

$\hat{u}_i$ を残差と呼ぶ。Y_i, $\hat{Y}_i$, $\hat{u}_i$ の関係，$\hat{Y}_i$, X_i, $\hat{\alpha}$, $\hat{\beta}$ の関係は，

$$Y_i = \hat{Y}_i + \hat{u}_i = \hat{\alpha} + \hat{\beta}X_i + \hat{u}_i$$

の式でまとめられる。次に，残差の性質について見てみよう。

● 2.2.3 残差 $\hat{u}_i$ の性質について

$\hat{u}_i = Y_i - \hat{\alpha} - \hat{\beta} X_i$ に注意すると，(2.1) 式，(2.2) 式から，

$$\sum_{i=1}^{n} \hat{u}_i = 0, \qquad \sum_{i=1}^{n} X_i \hat{u}_i = 0$$

を得る。また，$\hat{Y}_i = \hat{\alpha} + \hat{\beta} X_i$ から，

$$\sum_{i=1}^{n} \hat{Y}_i \hat{u}_i = 0$$

が得られる。なぜなら，

$$\sum_{i=1}^{n} \hat{Y}_i \hat{u}_i = \sum_{i=1}^{n} (\hat{\alpha} + \hat{\beta} X_i) \hat{u}_i = \hat{\alpha} \sum_{i=1}^{n} \hat{u}_i + \hat{\beta} \sum_{i=1}^{n} X_i \hat{u}_i = 0$$

となるからである。

数値例で確認してみよう。

i	X_i	Y_i	X_i^2	$X_i Y_i$	$\hat{Y}_i$	$\hat{u}_i$	$X_i \hat{u}_i$	$\hat{Y}_i \hat{u}_i$
1	5	4	25	20	4.0	0.0	0.0	0.00
2	1	1	1	1	1.2	-0.2	-0.2	-0.24
3	3	1	9	3	2.6	-1.6	-4.8	-4.16
4	2	3	4	6	1.9	1.1	2.2	2.09
5	4	4	16	16	3.3	0.7	2.8	2.31
合計	$\sum X_i$	$\sum Y_i$	$\sum X_i^2$	$\sum X_i Y_i$	$\sum \hat{Y}_i$	$\sum \hat{u}_i$	$\sum X_i \hat{u}_i$	$\sum \hat{Y}_i \hat{u}_i$
	15	13	55	46	13	0.0	0.0	0.0
平均	$\overline{X}$	$\overline{Y}$						
	3	2.6						

このように右からの 3 列を縦に足し合わせると，いずれもゼロになることがわかる。

以上のように，データを与えたもとで，直線の引き方を学んだ。同じ切片と傾きの値が得られたとしても，データが直線に近いところで散布している場合とそうでない場合とは，データと直線との当てはまりのよさが異なる。データと直線との当てはまりのよさを表す指標として決定係数（coefficient of determination）が用いられる。次節では，決定係数について解説する。

● 2.2.4 決定係数 R^2 について

まずは，Y_i，$\hat{Y}_i$，$\hat{u}_i$ の関係は，

$$Y_i = \hat{Y}_i + \hat{u}_i$$

であった。$\overline{Y}$ を両辺から引くと，

$$(Y_i - \overline{Y}) = (\hat{Y}_i - \overline{Y}) + \hat{u}_i$$

が得られる。さらに，両辺を二乗して，総和すると，

$$\sum_{i=1}^{n}(Y_i - \overline{Y})^2 = \sum_{i=1}^{n}\left((\hat{Y}_i - \overline{Y}) + \hat{u}_i\right)^2 = \sum_{i=1}^{n}(\hat{Y}_i - \overline{Y})^2 + 2\sum_{i=1}^{n}(\hat{Y}_i - \overline{Y})\hat{u}_i + \sum_{i=1}^{n}\hat{u}_i^2$$

$$= \sum_{i=1}^{n}(\hat{Y}_i - \overline{Y})^2 + \sum_{i=1}^{n}\hat{u}_i^2$$

となる。2つ目の等式の右辺第二項では，$\sum_{i=1}^{n}\hat{Y}_i\hat{u}_i = \overline{Y}\sum_{i=1}^{n}\hat{u}_i = 0$ となるので，2行目の等式が成り立つ。注意点としては，$\sum_{i=1}^{n}\hat{u}_i = 0$ が成り立たなければ，2行目の等式は成り立たないということであり，すなわち，定数項 α を回帰式に含めることが前提となっている。このもとで，まとめると，

$$\sum_{i=1}^{n}(Y_i - \overline{Y})^2 = \sum_{i=1}^{n}(\hat{Y}_i - \overline{Y})^2 + \sum_{i=1}^{n}\hat{u}_i^2$$

を得る。さらに，両辺を左辺で割ると，

$$1 = \frac{\sum_{i=1}^{n}(\hat{Y}_i - \overline{Y})^2}{\sum_{i=1}^{n}(Y_i - \overline{Y})^2} + \frac{\sum_{i=1}^{n}\hat{u}_i^2}{\sum_{i=1}^{n}(Y_i - \overline{Y})^2} \tag{2.9}$$

が得られる。それぞれの項は，

- $\sum_{i=1}^{n}(Y_i - \overline{Y})^2 \longrightarrow Y_i$ の全変動
- $\sum_{i=1}^{n}(\hat{Y}_i - \overline{Y})^2 \longrightarrow \hat{Y}_i$（回帰直線）で説明される部分
- $\sum_{i=1}^{n}\hat{u}_i^2 \qquad \longrightarrow \hat{Y}_i$（回帰直線）で説明されない部分

と解釈される。

回帰式の当てはまりのよさを示す指標として，決定係数 R^2 は，

$$R^2 = 1 - \frac{\sum_{i=1}^{n} \hat{u}_i^2}{\sum_{i=1}^{n}(Y_i - \overline{Y})^2} \tag{2.10}$$

のように定義される。すべての i について，残差 $\hat{u}_i$ がゼロの場合，決定係数 R^2 は 1 となる。すべての i について，残差 $\hat{u}_i$ がゼロの場合は，データが直線上に並んでいる場合に等しい。

　または，回帰式に定数項を含むという前提のもとで，(2.9) 式から，

$$R^2 = \frac{\sum_{i=1}^{n}(\hat{Y}_i - \overline{Y})^2}{\sum_{i=1}^{n}(Y_i - \overline{Y})^2} \tag{2.11}$$

として書き換えることもできる。この場合，R^2 は Y_i のうち $\hat{Y}_i$（または，X_i）で説明できる比率を意味する。

R^2 の取り得る範囲：R^2 の取り得る範囲は次のように求められる。(2.10) 式の右辺では 1 から第二項の正の値（分子・分母共に正）を差し引いているので，$R^2 \leqq 1$ となる。また，(2.11) 式の右辺の分子と分母は共に正なので，$R^2 \geqq 0$ となる。両方の結果を合わせると，R^2 の取り得る範囲は，

$$0 \leqq R^2 \leqq 1$$

となることがわかる。

　前述のとおり，$R^2 = 1$ となる場合はすべての i について $\hat{u}_i = 0$ となり，観測されたデータ (X_i, Y_i) は一直線上に並んでいる状態となる。

　$R^2 = 0$ となる場合は 2 通りが考えられる。一つは，Y_i が X_i に影響されないときで，$\hat{\beta} = 0$ の状態，すなわち，データが横軸と平行に並んでいる状態となる。もう一つは，データが円状に散布していて，どこにも直線が引けない状態である（ちなみに，データが楕円上に散布している場合は，直線が引ける状態である）。

　実際のデータを用いた場合は $R^2 = 0$ や $R^2 = 1$ という状況はあり得ないが，R^2 が 1 に近づけば回帰式の当てはまりはよい，R^2 が 0 に近づけば回帰式の当ては

まりは悪いと言える。しかし，「どの値よりも大きくなるべき」といった基準は
なく，慣習的には，時系列データを扱う場合，メドとして 0.9 以上が当てはまり
がよいと判断することが多い。

データと R^2 との関係は，後述の **2.2.5 節**で，数値例をあげながら解説する。

R^2 の別の解釈：R^2 のもう一つの解釈をするために，(2.11) 式の R^2 の右辺の分子
を，

$$\sum_{i=1}^{n}(\hat{Y}_i - \overline{Y})^2 = \sum_{i=1}^{n}(\hat{Y}_i - \overline{Y})(Y_i - \overline{Y} - \hat{u}_i) = \sum_{i=1}^{n}(\hat{Y}_i - \overline{Y})(Y_i - \overline{Y}) - \sum_{i=1}^{n}(\hat{Y}_i - \overline{Y})\hat{u}_i$$

$$= \sum_{i=1}^{n}(\hat{Y}_i - \overline{Y})(Y_i - \overline{Y}) \tag{2.12}$$

と書き換える。最初の等式では，括弧二乗の一つに $\hat{Y}_i = Y_i - \hat{u}_i$ が用いられてい
る。2 つ目の等式の右辺第 2 項は残差 $\hat{u}_i$ の性質からゼロとなる。これを用いると，
R^2 は，

$$R^2 = \frac{\sum_{i=1}^{n}(\hat{Y}_i - \overline{Y})^2}{\sum_{i=1}^{n}(Y_i - \overline{Y})^2} = \frac{\left(\sum_{i=1}^{n}(\hat{Y}_i - \overline{Y})^2\right)^2}{\left(\sum_{i=1}^{n}(Y_i - \overline{Y})^2\right)\left(\sum_{i=1}^{n}(\hat{Y}_i - \overline{Y})^2\right)}$$

$$= \left(\frac{\frac{1}{n}\sum_{i=1}^{n}(\hat{Y}_i - \overline{Y})(Y_i - \overline{Y})}{\sqrt{\frac{1}{n}\sum_{i=1}^{n}(Y_i - \overline{Y})^2}\sqrt{\frac{1}{n}\sum_{i=1}^{n}(\hat{Y}_i - \overline{Y})^2}}\right)^2$$

と書き換えられる。この式では，R^2 は「観測値 Y_i と予測値 $\hat{Y}_i$ の相関係数を二
乗したもの」と解釈されることを意味する。なお，2 つ目の等号の右式では，分
子と分母に $\sum_{i=1}^{n}(\hat{Y}_i - \overline{Y})^2$ を掛けていて，3 つ目の等式の右辺の分子には先に得ら
れた (2.12) 式を代入している。

特に，単回帰の場合，さらに書き換えることができ，別の解釈をすることがで
きる。$\hat{Y}_i = \hat{\alpha} + \hat{\beta}X_i$ と $\overline{Y} = \hat{\alpha} + \hat{\beta}\overline{X}$ を用いて，

$$\sum_{i=1}^{n}(\hat{Y}_i - \overline{Y})^2 = \hat{\beta}^2 \sum_{i=1}^{n}(X_i - \overline{X})^2 = \frac{\left(\sum_{i=1}^{n}(X_i - \overline{X})(Y_i - \overline{Y})\right)^2}{\sum_{i=1}^{n}(X_i - \overline{X})^2}$$

が得られる。2 つ目の等式では，$\hat{\beta}$ が代入されている。これを利用すると，単回

帰の場合の決定係数 R^2 は,

$$R^2 = \frac{\sum_{i=1}^{n}(\hat{Y}_i - \overline{Y})^2}{\sum_{i=1}^{n}(Y_i - \overline{Y})^2} = \left(\frac{\frac{1}{n}\sum_{i=1}^{n}(X_i - \overline{X})(Y_i - \overline{Y})}{\sqrt{\frac{1}{n}\sum_{i=1}^{n}(Y_i - \overline{Y})^2}\sqrt{\frac{1}{n}\sum_{i=1}^{n}(X_i - \overline{X})^2}} \right)^2 = \frac{S_{XY}^2}{S_X S_Y}$$

としても書き換えられる。ただし,

$$S_{XY} = \frac{1}{n}\sum_{i=1}^{n}(X_i - \overline{X})(Y_i - \overline{Y}), \quad S_X^2 = \frac{1}{n}\sum_{i=1}^{n}(X_i - \overline{X})^2, \quad S_Y^2 = \frac{1}{n}\sum_{i=1}^{n}(Y_i - \overline{Y})^2$$

とする。すなわち,単回帰の場合,決定係数は説明変数 X_i と被説明変数 Y_i との相関係数の二乗として表すことができる。

数値例:決定係数の計算には以下の公式を用いる。

$$R^2 = 1 - \frac{\sum_{i=1}^{n}\hat{u}_i^2}{\sum_{i=1}^{n}(Y_i - \overline{Y})^2} = 1 - \frac{\sum_{i=1}^{n}\hat{u}_i^2}{\sum_{i=1}^{n}Y_i^2 - n\overline{Y}^2}$$

計算に必要なものは,$\sum_{i=1}^{n}\hat{u}_i^2$, $\overline{Y}$, $\sum_{i=1}^{n}Y_i^2$ である。

i	X_i	Y_i	X_i^2	$X_i Y_i$	$\hat{Y}_i$	$\hat{u}_i$	$X_i \hat{u}_i$	$\hat{Y}_i \hat{u}_i$	$\hat{u}_i^2$	Y_i^2
1	5	4	25	20	4.0	0.0	0.0	0.00	0.00	16
2	1	1	1	1	1.2	-0.2	-0.2	-0.24	0.04	1
3	3	1	9	3	2.6	-1.6	-4.8	-4.16	2.56	1
4	2	3	4	6	1.9	1.1	2.2	2.09	1.21	9
5	4	4	16	16	3.3	0.7	2.8	2.31	0.49	16
合計	$\sum X_i$	$\sum Y_i$	$\sum X_i^2$	$\sum X_i Y_i$	$\sum \hat{Y}_i$	$\sum \hat{u}_i$	$\sum X_i \hat{u}_i$	$\sum \hat{Y}_i \hat{u}_i$	$\sum \hat{u}_i^2$	$\sum Y_i^2$
	15	13	55	46	13	0.0	0.0	0.0	4.3	43
平均	$\overline{X}$	$\overline{Y}$								
	3	2.6								

$\overline{Y} = 2.6$, $\sum_{i=1}^{n}\hat{u}_i^2 = 4.3$, $\sum_{i=1}^{n}Y_i^2 = 43$ なので,決定係数 R^2 は,

$$R^2 = 1 - \frac{4.3}{43 - 5 \times 2.6^2} = \frac{4.9}{9.2} = 0.5326$$

となる。

● 2.2.5　決定係数と回帰直線の関係

次の 5 種類の数値例を用いて，決定係数の比較を行おう。どの場合も 6 組の X と Y のデータが観測されたとしよう。

i	(a) X_i	(a) Y_i	(b) X_i	(b) Y_i	(c) X_i	(c) Y_i	(d) X_i	(d) Y_i	(e) X_i	(e) Y_i
1	1	1	1	1	1	1.5	1	3	1	3
2	2	1	2	1.5	2	2.3	2.5	2.134	2	2.75
3	2	3	2	2.5	3	3.1	2.5	3.866	2.5	3.25
4	4	3	4	3.5	3.5	3.5	3.5	2.134	3.5	3.25
5	4	5	4	4.5	4	3.9	3.5	3.866	4	2.75
6	5	5	5	5	5	4.7	4	3	5	3

それぞれの数値例について，X と Y の関係をプロットしたものが図 2–3 **(a)** 〜 **(e)** である。**(a)** と **(b)** のどちらの場合も，切片・傾きの値は $\hat{\alpha} = 0$, $\hat{\beta} = 1$ として計算されるが，決定係数について，**(a)** は 0.75，**(b)** は 0.923 となる（読者はチェックすること）。

データのプロットと回帰直線は図 2–3 の **(a)** と **(b)** に描かれている。X_i はど

図 2–3　決定係数の比較

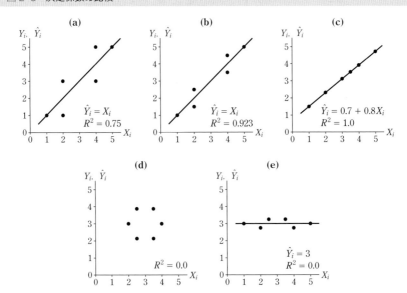

ちらも同じ数値とした。横軸 X が 2，4 のケースについて，**(b)** が **(a)** より直線に近くなるように，Y の値を変えてみた。**(b)** のデータの方が **(a)** より直線に近いために，決定係数が 0.923 と 1 に近い値となっているのがわかる。**(c)** はデータが一直線上に並んでいる場合で，決定係数が 1 となる。決定係数がゼロとなるのは **(d)** の場合で，X と Y との関係を表す直線が描けない場合である。**(d)** の数値例では，X と Y との関係が円としているが，満遍なく散布している状態と考えてもらえればよい。**(e)** では，データが横軸と平行に並び，直線とデータとの差も小さく，一見当てはまりがよいようにも見えるが，X_i の値にかかわらず $\hat{Y}_i$ は一定ということで，Y は X によって説明される部分はないということを意味する。したがって，この場合，決定係数はゼロとなる。

● 2.2.6　Excel による単回帰分析（「グラフ」「散布図」の利用）

　本節では，今まで扱ってきた数値例を例に取り，Excel を用いた単回帰の場合の回帰直線と決定係数の出力の方法を説明する。以下のように Excel を用いて，単回帰モデルの場合の切片，傾き，決定係数の結果を得ることができる。本書で用いるバージョンは Excel 365 であるが，Excel 2010 以降（すなわち，Excel 2013，2016，2019）とはそれほど変わっていないので，同様な手順で回帰式と決定係数を得ることができる。

　まず初めに，下記のようにデータを入力する。A 列に x データ（説明変数），B 列に y データ（被説明変数）を入力する。順番を逆にすると，グラフの横軸と縦軸も逆になるので注意を要する。

散布図を描き，そのオプションから回帰直線と決定係数が得られる。その方法は次のとおりである。「挿入」タブを選ぶ。A1（1番目のxデータ）にマウスでカーソルを移動させ，マウスの左ボタンを押し続けながらB5（5番目のyデータ）でマウスの左ボタンを離す。下図のように，マウスを動かして，カーソルをグラフの散布図に持っていく。

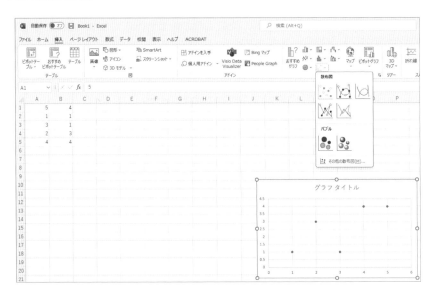

グラフの中の散布図を選び，さらに，5種類のグラフから左上の散布図を選ぶと，次の画面が出る。

5つの散布図の一つにマウスを乗せるだけで，該当するグラフを描くことができる。このようにして，横軸にA列，縦軸にB列の散布図が完成する。次に，グラフ内の6点のうちどれか一つをマウスで選び，マウスの右ボタンを押すと，次

の画面になる。この画面では，(2, 3) の座標を選んで，その座標点上でマウスの右ボタンを押した結果である。

下から 2 つ目の「近似曲線の追加 (R)」を選択して，下記の画面になる。

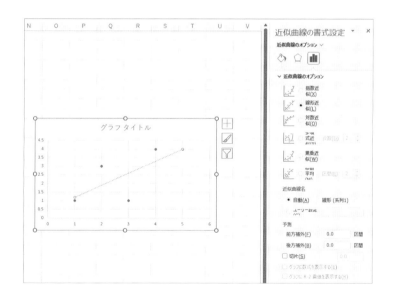

直線の方程式をグラフ内に表示させるには，右側の近似曲線の書式設定の一番下の「グラフに数式を表示する（E）」にチェックを入れる。決定係数を表示させるには「グラフに R-2 乗値を表示する（R）」にチェックを入れる。次の画面になる。

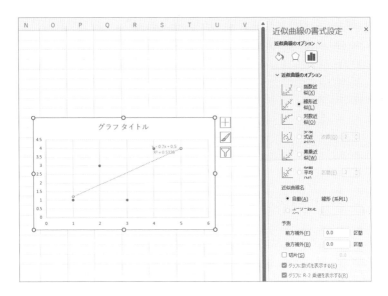

このように，Excel の散布図を利用すると，直線の式は y=0.7x+0.5，決定係数は $R^2=0.5326$ と追加される。本節では，単回帰の場合，すなわち，x 軸 y 軸の 2 次元の場合，回帰式と決定係数の出力方法を解説した。

● 2.2.7　ま　と　め

本節の単回帰モデルの場合，$\hat{\alpha}$, $\hat{\beta}$ を求めるための公式は

$$\hat{\beta} = \frac{\sum_{i=1}^{n}(X_i - \overline{X})(Y_i - \overline{Y})}{\sum_{i=1}^{n}(X_i - \overline{X})^2} = \frac{\sum_{i=1}^{n}X_i Y_i - n\overline{X}\ \overline{Y}}{\sum_{i=1}^{n}X_i^2 - n\overline{X}^2}$$

$$\hat{\alpha} = \overline{Y} - \hat{\beta}\overline{X}$$

なので，$\hat{\beta}$ の一番右の式を用いると，計算に必要なものは $\overline{X}$, $\overline{Y}$, $\sum_{i=1}^{n}X_i^2$, $\sum_{i=1}^{n}X_i Y_i$ となる。

また，決定係数の計算には以下の公式を用いる。

$$R^2 = 1 - \frac{\sum_{i=1}^{n}\hat{u}_i^2}{\sum_{i=1}^{n}(Y_i - \overline{Y})^2} = 1 - \frac{\sum_{i=1}^{n}\hat{u}_i^2}{\sum_{i=1}^{n}Y_i^2 - n\overline{Y}^2}$$

ただし，$\hat{u}_i = Y_i - \hat{\alpha} - \hat{\beta}X_i$ である。計算に必要なものは，一番右の式から，$\sum_{i=1}^{n}\hat{u}_i^2$，$\overline{Y}$，$\sum_{i=1}^{n}Y_i^2$ である。または，

$$R^2 = \frac{\sum_{i=1}^{n}(\hat{Y}_i - \overline{Y})^2}{\sum_{i=1}^{n}(Y_i - \overline{Y})^2} = \frac{\sum_{i=1}^{n}\hat{Y}_i^2 - n\overline{Y}^2}{\sum_{i=1}^{n}Y_i^2 - n\overline{Y}^2}$$

と計算してもよい。ただし，$\hat{Y}_i = \hat{\alpha} + \hat{\beta}X_i$ である。

■ 2.3　最小二乗法について：重回帰モデル

　これまでは，説明変数が 1 つの場合を考えた。しかしながら，**第 1 章**で見たように，説明変数が 1 つというのは稀である。例えば，需要関数を求めるにしても，ある財の需要量は所得水準，その財の価格，他の財の価格に依存する。すなわち，説明変数が少なくとも 3 つ必要ということになる。他の財を複数考えるとより多くの説明変数の数となる。したがって，実践では，説明変数が 1 つの単回帰モデルではなく，説明変数が複数の重回帰モデルを考える必要がある。

　一般的な形として，以下では，k 個の説明変数を持った重回帰モデルを考えよう。

$$Y_i = \beta_1 X_{1i} + \beta_2 X_{2i} + \cdots + \beta_k X_{ki}$$

X_{ji} は j 番目の説明変数の第 i 番目の観測値を表す。1 つ目の添え字で説明変数の種類を区別している。β_1，β_2，$\cdots$，β_k は推定されるべきパラメータである。

　すべての i について，$X_{1i} = 1$ とすれば，β_1 は定数項として表される。n 組のデータ $(Y_i, X_{1i}, X_{2i}, \cdots, X_{ki})$，$i = 1, 2, \cdots, n$ を用いて，β_1，β_2，$\cdots$，β_k を求める。ある基準のもとで，β_1，β_2，$\cdots$，β_k の解を $\hat{\beta}_1$，$\hat{\beta}_2$，$\cdots$，$\hat{\beta}_k$ としよう。データ $\{(Y_i, X_{1i}, X_{2i}, \cdots, X_{ki})$，$i = 1, 2, \cdots, n\}$ と直線との関係は，

$$Y_i = \hat{\beta}_1 X_{1i} + \hat{\beta}_2 X_{2i} + \cdots + \hat{\beta}_k X_{ki} + \hat{u}_i = \hat{Y}_i + \hat{u}_i$$

となる。すなわち，すべての i について，実際のデータ Y_i と直線上の値 $\hat{Y}_i = \hat{\beta}_1 X_{1i} + \hat{\beta}_2 X_{2i} + \cdots + \hat{\beta}_k X_{ki}$ が一致することは現実ではあり得ないので，残差

$\hat{u}_i$ が加えられている。

ここで，次のような関数 $S(\hat{\beta}_1, \hat{\beta}_2, \cdots, \hat{\beta}_k)$ を定義する。

$$S(\hat{\beta}_1, \hat{\beta}_2, \cdots, \hat{\beta}_k) = \sum_{i=1}^{n} \hat{u}_i^2 = \sum_{i=1}^{n} (Y_i - \hat{\beta}_1 X_{1i} - \hat{\beta}_2 X_{2i} - \cdots - \hat{\beta}_k X_{ki})^2$$

すなわち，この関数 $S(\hat{\beta}_1, \hat{\beta}_2, \cdots, \hat{\beta}_k)$ は残差平方和となっている。このとき，この残差平方和を最小にするような $\hat{\beta}_1, \hat{\beta}_2, \cdots, \hat{\beta}_k$ を求める。すなわち，次の最小化問題を解いて，$\hat{\beta}_1, \hat{\beta}_2, \cdots, \hat{\beta}_k$ を求める。

$$\min_{\hat{\beta}_1, \hat{\beta}_2, \cdots, \hat{\beta}_k} S(\hat{\beta}_1, \hat{\beta}_2, \cdots, \hat{\beta}_k)$$

単回帰モデルのときにも述べたように，この方法は残差の二乗和を最小にする方法で，重回帰モデルにおける最小二乗法であり，単回帰のときと全く同じように解くことができる。

最小化のためには，関数 $S(\hat{\beta}_1, \hat{\beta}_2, \cdots, \hat{\beta}_k)$ を $\hat{\beta}_1, \hat{\beta}_2, \cdots, \hat{\beta}_k$ についてそれぞれ偏微分してゼロと置いて，次の k 本の連立方程式

$$\frac{\partial S(\hat{\beta}_1, \hat{\beta}_2, \cdots, \hat{\beta}_k)}{\partial \hat{\beta}_1} = 0, \quad \frac{\partial S(\hat{\beta}_1, \hat{\beta}_2, \cdots, \hat{\beta}_k)}{\partial \hat{\beta}_2} = 0, \quad \cdots, \quad \frac{\partial S(\hat{\beta}_1, \hat{\beta}_2, \cdots, \hat{\beta}_k)}{\partial \hat{\beta}_k} = 0$$

を満たす $\hat{\beta}_1, \hat{\beta}_2, \cdots, \hat{\beta}_k$ を得ることになる。

具体的には，それぞれの左辺を偏微分して，次の連立方程式が得られる。

$$\sum_{i=1}^{n} (Y_i - \hat{\beta}_1 X_{1i} - \hat{\beta}_2 X_{2i} - \cdots - \hat{\beta}_k X_{ki}) X_{1i} = 0$$

$$\sum_{i=1}^{n} (Y_i - \hat{\beta}_1 X_{1i} - \hat{\beta}_2 X_{2i} - \cdots - \hat{\beta}_k X_{ki}) X_{2i} = 0$$

$$\vdots$$

$$\sum_{i=1}^{n} (Y_i - \hat{\beta}_1 X_{1i} - \hat{\beta}_2 X_{2i} - \cdots - \hat{\beta}_k X_{ki}) X_{ki} = 0$$

$\hat{\beta}_1, \hat{\beta}_2, \cdots, \hat{\beta}_k$ は，この k 本の連立方程式を満たすことになる。k 本の式の中で，j 本目の式だけを取り出すと，

$$\sum_{i=1}^{n} (Y_i - \hat{\beta}_1 X_{1i} - \hat{\beta}_2 X_{2i} - \cdots - \hat{\beta}_k X_{ki}) X_{ji} = 0$$

となる。これは，$\hat{u}_i = Y_i - \hat{\beta}_1 X_{1i} - \hat{\beta}_2 X_{2i} - \cdots - \hat{\beta}_k X_{ki}$ なので，すべての j について $\sum_{i=1}^{n} \hat{u}_i X_{ji} = 0$ となることを意味する。すなわち，どの説明変数を取ったとして

も，残差と説明変数の積の和はゼロとなる。

　さらに，$\sum$ を各項に分配して，一部の項を右辺に移項すると，

$$\sum_{i=1}^{n} X_{1i}Y_i = \hat{\beta}_1 \sum_{i=1}^{n} X_{1i}^2 + \hat{\beta}_2 \sum_{i=1}^{n} X_{1i}X_{2i} + \cdots + \hat{\beta}_k \sum_{i=1}^{n} X_{1i}X_{ki}$$

$$\sum_{i=1}^{n} X_{2i}Y_i = \hat{\beta}_1 \sum_{i=1}^{n} X_{1i}X_{2i} + \hat{\beta}_2 \sum_{i=1}^{n} X_{2i}^2 + \cdots + \hat{\beta}_k \sum_{i=1}^{n} X_{2i}X_{ki}$$

$$\vdots$$

$$\sum_{i=1}^{n} X_{ki}Y_i = \hat{\beta}_1 \sum_{i=1}^{n} X_{1i}X_{ki} + \hat{\beta}_2 \sum_{i=1}^{n} X_{2i}X_{ki} + \cdots + \hat{\beta}_k \sum_{i=1}^{n} X_{ki}^2$$

となる。観測されたデータを X_{ji}，Y_i（ただし，$j = 1, 2, \cdots, k$，$i = 1, 2, \cdots, n$）に代入すると，$\hat{\beta}_1$，$\hat{\beta}_2$，$\cdots$，$\hat{\beta}_k$ の連立方程式となっている。k 個の変数に k 本の式なので，特殊な状況にない限り，$\hat{\beta}_1$，$\hat{\beta}_2$，$\cdots$，$\hat{\beta}_k$ の解を一意に得ることができる。この特殊な状況については，代表的な例として多重共線性があげられるが，多重共線性については **4.3 節**において解説する。

　連立方程式の本数が増えると，$\sum$ 記号の上下の $i = 1$，n は時には煩雑になるので，$\sum_{i=1}^{n} X_{ji}X_{li}$，$\sum_{i=1}^{n} X_{ji}Y_i$ をそれぞれ $\sum X_{ji}X_{li}$，$\sum X_{ji}Y_i$ と省略して表記することがある。または，添え字が 2 つある場合で，しかも，i について足し合わせる場合，$\sum_i X_{ji}X_{li}$，$\sum_i X_{ji}Y_i$ と表すこともある。省略表記によって，上の連立方程式を，行列を用いて書き換えると，

$$\begin{pmatrix} \sum X_{1i}Y_i \\ \sum X_{2i}Y_i \\ \vdots \\ \sum X_{ki}Y_i \end{pmatrix} = \begin{pmatrix} \sum X_{1i}^2 & \sum X_{1i}X_{2i} & \cdots & \sum X_{1i}X_{ki} \\ \sum X_{1i}X_{2i} & \sum X_{2i}^2 & \cdots & \sum X_{2i}X_{ki} \\ \vdots & \vdots & \ddots & \vdots \\ \sum X_{1i}X_{ki} & \sum X_{2i}X_{ki} & \cdots & \sum X_{ki}^2 \end{pmatrix} \begin{pmatrix} \hat{\beta}_1 \\ \hat{\beta}_2 \\ \vdots \\ \hat{\beta}_k \end{pmatrix}$$

が得られ，さらに，$\hat{\beta}_1$，$\hat{\beta}_2$，$\cdots$，$\hat{\beta}_k$ についてまとめると，

$$\begin{pmatrix} \hat{\beta}_1 \\ \hat{\beta}_2 \\ \vdots \\ \hat{\beta}_k \end{pmatrix} = \begin{pmatrix} \sum X_{1i}^2 & \sum X_{1i}X_{2i} & \cdots & \sum X_{1i}X_{ki} \\ \sum X_{1i}X_{2i} & \sum X_{2i}^2 & \cdots & \sum X_{2i}X_{ki} \\ \vdots & \vdots & \ddots & \vdots \\ \sum X_{1i}X_{ki} & \sum X_{2i}X_{ki} & \cdots & \sum X_{ki}^2 \end{pmatrix}^{-1} \begin{pmatrix} \sum X_{1i}Y_i \\ \sum X_{2i}Y_i \\ \vdots \\ \sum X_{ki}Y_i \end{pmatrix} \quad (2.13)$$

となる。この式には，足し算記号 $\sum$ に加えて，$k \times k$ 行列の逆行列，行列と縦ベクトルの積の計算などが含まれているため，手動で計算することはほとんど不

可能と言ってもいいだろう。したがって，コンピュータを利用して，$\hat{\beta}_1$，$\hat{\beta}_2$，…，$\hat{\beta}_k$ を求めることになる。

● 2.3.1　重回帰モデルにおける回帰係数の意味

重回帰モデルにおいて，各係数の値 $\hat{\beta}_j$ がどのような意味を持つのかを本節では考察する。まず，結論だけを先に述べると，「他の変数の影響を取り除いての被説明変数への影響を表す」ということになる。

「他の変数の影響を取り除いて」という意味はわかりにくいと思うが，簡単化のために，下記の $k = 2$ の単純なモデルで説明する。

$$Y_i = \hat{\beta}_1 X_{1i} + \hat{\beta}_2 X_{2i} + \hat{u}_i, \qquad i = 1, 2, \cdots, n$$

すなわち，説明変数が X_{1i} と X_{2i} の2つで，しかも，定数項を含まない回帰モデルで考える。

β_1，β_2 の最小二乗推定値は残差平方和 $\sum \hat{u}_i^2$ を最小にするような $\hat{\beta}_1$，$\hat{\beta}_2$ なので，

$$\min_{\hat{\beta}_1, \hat{\beta}_2} \sum_{i=1}^{n} (Y_i - \hat{\beta}_1 X_{1i} - \hat{\beta}_2 X_{2i})^2$$

を $\hat{\beta}_1$，$\hat{\beta}_2$ について偏微分して次の式が得られる。

$$\sum Y_i X_{1i} = \hat{\beta}_1 \sum X_{1i}^2 + \hat{\beta}_2 \sum X_{1i} X_{2i} \tag{2.14}$$

$$\sum Y_i X_{2i} = \hat{\beta}_1 \sum X_{1i} X_{2i} + \hat{\beta}_2 \sum X_{2i}^2 \tag{2.15}$$

(2.14)式の両辺に $\sum X_{2i}^2$ を掛けて，(2.15)式の両辺に $\sum X_{1i} X_{2i}$ を掛けて，2つの式を引くと，$\hat{\beta}_2$ の項が消去される。$\hat{\beta}_1$ について解くと次の式が得られる。

$$\hat{\beta}_1 = \frac{(\sum Y_i X_{1i})(\sum X_{2i}^2) - (\sum Y_i X_{2i})(\sum X_{1i} X_{2i})}{(\sum X_{1i}^2)(\sum X_{2i}^2) - (\sum X_{1i} X_{2i})^2} \tag{2.16}$$

同様の手順で，計算すると，$\hat{\beta}_2$ も計算することができる。

一方，次の2つの回帰式を考える。

$$Y_i = \hat{\alpha}_1 X_{2i} + \hat{v}_i$$
$$X_{1i} = \hat{\alpha}_2 X_{2i} + \hat{w}_i$$

α_1, α_2 のそれぞれの最小二乗推定値 $\hat{\alpha}_1$, $\hat{\alpha}_2$ はそれぞれの残差平方和 $\sum \hat{v}_i^2$, $\sum \hat{w}_i^2$ が最小になるように求められる。得られた解はそれぞれ,

$$\hat{\alpha}_1 = \frac{\sum X_{2i} Y_i}{\sum X_{2i}^2}, \qquad \hat{\alpha}_2 = \frac{\sum X_{2i} X_{1i}}{\sum X_{2i}^2}$$

となる。

$\hat{\alpha}_1$, $\hat{\alpha}_2$ を用いて, 残差 $\hat{v}_i$, $\hat{w}_i$ は,

$$\hat{v}_i = Y_i - \hat{\alpha}_1 X_{2i}, \qquad \hat{w}_i = X_{1i} - \hat{\alpha}_2 X_{2i}$$

となる。$\hat{v}_i$ は Y_i から X_{2i} の影響を取り除いたもの, $\hat{w}_i$ は X_{1i} から X_{2i} の影響を取り除いたものと解釈できる。

さらに, 次の回帰式を考える。

$$\hat{v}_i = \hat{\gamma} \hat{w}_i + \hat{\epsilon}_i$$

γ の最小二乗推定値 $\hat{\gamma}$ は (2.16) 式の $\hat{\beta}_1$ に一致することを示す。残差平方和 $\sum \hat{\epsilon}_i^2$ を最小にする $\hat{\gamma}$ は, 次のように変形できる。

$$
\begin{aligned}
\hat{\gamma} &= \frac{\sum \hat{w}_i \hat{v}_i}{\sum \hat{w}_i^2} = \frac{\sum (X_{1i} - \hat{\alpha}_2 X_{2i})(Y_i - \hat{\alpha}_1 X_{2i})}{\sum (X_{1i} - \hat{\alpha}_2 X_{2i})^2} \\
&= \frac{\sum X_{1i} Y_i - \hat{\alpha}_1 \sum X_{1i} X_{2i} - \hat{\alpha}_2 \sum X_{2i} Y_i + \hat{\alpha}_1 \hat{\alpha}_2 \sum X_{2i}^2}{\sum X_{1i}^2 - 2\hat{\alpha}_2 \sum X_{1i} X_{2i} + \hat{\alpha}_2^2 \sum X_{2i}^2} \\
&= \frac{\sum X_{1i} Y_i - \dfrac{(\sum X_{2i} Y_i)(\sum X_{1i} X_{2i})}{\sum X_{2i}^2}}{\sum X_{1i}^2 - \dfrac{(\sum X_{1i} X_{2i})^2}{\sum X_{2i}^2}} \\
&= \frac{(\sum Y_i X_{1i})(\sum X_{2i}^2) - (\sum Y_i X_{2i})(\sum X_{1i} X_{2i})}{(\sum X_{1i}^2)(\sum X_{2i}^2) - (\sum X_{1i} X_{2i})^2} = \hat{\beta}_1
\end{aligned}
$$

このようにして, 「Y_i から X_{2i} の影響を取り除いた変数」を被説明変数, 「X_{1i} から X_{2i} の影響を取り除いた変数」を説明変数とした回帰係数が $\hat{\beta}_1$ に等しくなることが証明できた。$\hat{\beta}_2$ についても同様に証明できるが, 同じことの繰り返しにな

るので証明は省略する。

　一般的に，説明変数が k 個のとき，どのような解釈になるかを考えてみよう。最小二乗推定値 $\hat{\beta}_1,\ \hat{\beta}_2,\ \cdots,\ \hat{\beta}_k$ と残差 $\hat{u}_i$ との関係は，

$$Y_i = \hat{\beta}_1 X_{1i} + \hat{\beta}_2 X_{2i} + \cdots + \hat{\beta}_k X_{ki} + \hat{u}_i$$

である。j 番目の最小二乗推定値 $\hat{\beta}_j$ の意味は，「Y_i から $X_{1i},\ \cdots,\ X_{j-1,i},\ X_{j+1,i},$ $\cdots,\ X_{ki}$（すなわち，X_{ji} 以外の説明変数）の影響を取り除いた変数」を被説明変数として，「X_{ji} から $X_{1i},\ \cdots,\ X_{j-1,i},\ X_{j+1,i},\ \cdots,\ X_{ki}$（すなわち，$X_{ji}$ 以外の説明変数）の影響を取り除いた変数」を説明変数とした場合の回帰係数となる。すなわち，Y_i と j 番目の説明変数 X_{ji} を j 番目以外の説明変数（すなわち，$k-1$ 個の説明変数）でそれぞれ回帰させ，得られた残差同士を回帰させた場合の回帰係数が，$\hat{\beta}_j$ と等しくなる（証明は略）。

● 2.3.2　決定係数 R^2 と自由度修正済み決定係数 $\overline{R}^2$ について

　決定係数 R^2 については，説明変数の数に依存せず，単回帰の場合と同様に表される。すなわち，

$$R^2 = 1 - \frac{\sum_{i=1}^{n} \hat{u}_i^2}{\sum_{i=1}^{n}(Y_i - \overline{Y})^2} = \frac{\sum_{i=1}^{n}(\hat{Y}_i - \overline{Y})^2}{\sum_{i=1}^{n}(Y_i - \overline{Y})^2}$$

ただし，$\hat{Y}_i = \hat{\beta}_1 X_{1i} + \hat{\beta}_2 X_{2i} + \cdots + \hat{\beta}_k X_{ki}$，$Y_i = \hat{Y}_i + \hat{u}_i$ である。

　R^2 は，回帰直線と観測されたデータとの当てはまりのよさを示す指標ではあるが，説明変数を増やすことによって必ず R^2 は大きくなることがわかっている。その理由を次の2つの回帰式を用いて考えてみよう。

$$Y_i = \beta_1 X_{1i} + \cdots + \beta_{k-1}X_{k-1,i} \qquad\qquad + u_i \qquad\qquad (2.17)$$

$$Y_i = \beta_1 X_{1i} + \cdots + \beta_{k-1}X_{k-1,i} + \beta_k X_{ki} + u_i \qquad\qquad (2.18)$$

(2.17)式は，(2.18)式の $\beta_k = 0$ という制約を置いたものに等しい。(2.18)式の最小二乗推定値 $\hat{\beta}_1,\ \cdots,\ \hat{\beta}_{k-1},\ \hat{\beta}_k$ は，

$$\min_{\hat{\beta}_1, \cdots, \hat{\beta}_{k-1}, \hat{\beta}_k} S(\hat{\beta}_1, \cdots, \hat{\beta}_{k-1}, \hat{\beta}_k) \qquad (2.19)$$

という最小化問題を解いた解である。ただし，$S(\hat{\beta}_1, \cdots, \hat{\beta}_{k-1}, \hat{\beta}_k) = \sum_{i=1}^{n} \hat{u}_i^2$ とする。

一方，(2.17)式の最小二乗推定値 $\hat{\beta}_1, \cdots, \hat{\beta}_{k-1}$ は，

$$\min_{\hat{\beta}_1, \cdots, \hat{\beta}_{k-1}} S(\hat{\beta}_1, \cdots, \hat{\beta}_{k-1}, 0) \qquad (2.20)$$

という最小化問題を解いた解になる。すなわち，この場合，$\hat{\beta}_1, \cdots, \hat{\beta}_{k-1}$ は $\hat{\beta}_k = 0$ というゼロ制約を置いた最小二乗推定値となる。

ゼロ制約を置いた場合の最小化問題とゼロ制約を置かない場合の最小化問題を比較した場合，制約を置かない場合がより小さな値が得られる。なぜなら，残差平方和を最小にするような係数パラメータを求めるというのが最小二乗法である。制約を置くということは，制約を置かなければ残差平方和をより小さくすることができるということを意味する。制約付き残差平方和は制約なし残差平方和より大きくなる。すなわち，

$$\min_{\hat{\beta}_1, \cdots, \hat{\beta}_{k-1}, \hat{\beta}_k} S(\hat{\beta}_1, \cdots, \hat{\beta}_{k-1}, \hat{\beta}_k) \leqq \min_{\hat{\beta}_1, \cdots, \hat{\beta}_{k-1}} S(\hat{\beta}_1, \cdots, \hat{\beta}_{k-1}, 0)$$

が得られる。このように，説明変数が増えることによって，残差平方和が必ず減少する。

以上から，R^2 を基準にすると，被説明変数にとって全く意味のない変数でも，説明変数として増やせば増やすほど，決定係数 R^2 が 1 に近づき，よりよいモデルと解釈されることになってしまう。この点を改善するために，自由度修正済み決定係数 $\overline{R}^2$ というものが考えられ，次のように定義される。

$$\overline{R}^2 = 1 - \frac{\sum_{i=1}^{n} \hat{u}_i^2 / (n-k)}{\sum_{i=1}^{n} (Y_i - \overline{Y})^2 / (n-1)}$$

右辺第 2 項の分子 $\sum_{i=1}^{n} \hat{u}_i^2 / (n-k)$ は u_i の分散の不偏推定量であり（分散や不偏推定量の意味は，256 ページの補論 B.2.3，263 ページの B.6 参照），右辺第 2 項の分母 $\sum_{i=1}^{n} (Y_i - \overline{Y})^2 / (n-1)$ は Y_i の分散の不偏推定量である。説明変数の数 k が増えると $\sum_{i=1}^{n} \hat{u}_i^2$ と $n-k$ は共に減る。$\sum_{i=1}^{n} \hat{u}_i^2$ と $n-k$ の減り方によって，$\sum_{i=1}^{n} \hat{u}_i^2 / (n-k)$ が増加することもあれば減少することもある。説明変数の数 k を増やすことによって，$\sum_{i=1}^{n} \hat{u}_i^2$ の減り方が $n-k$ の減り方より小さければ，$\sum_{i=1}^{n} \hat{u}_i^2 / (n-k)$ は

増加する。説明変数の数を増やしたことにより，$\sum_{i=1}^{n} \hat{u}_i^2/(n-k)$ が増加すれば，$\overline{R}^2$ は小さくなり，追加した変数は Y_i に影響を与えないと解釈することができる。このように，ある変数を追加したときに自由度修正済み決定係数が大きくなれば，追加した変数は被説明変数にとって重要な役割を果たす変数だと言える。

$\overline{R}^2$ の式の右辺第2項の分子の $n-k$，分母の $n-1$ はどちらも自由度と呼ばれるものである。分子・分母をそれぞれの自由度で修正した決定係数ということで，$\overline{R}^2$ を自由度修正済み決定係数と言う。自由度の意味については後述の説明を参照されたい。

また，R^2 と $\overline{R}^2$ との関係は，

$$\overline{R}^2 = 1 - (1 - R^2)\frac{n-1}{n-k}$$

となる。さらに，

$$\frac{1 - \overline{R}^2}{1 - R^2} = \frac{n-1}{n-k} \geq 1$$

という関係から，$\overline{R}^2 \leq R^2$ という結果を得る（$k=1$ のときのみに，等号が成り立つ）。この $\overline{R}^2$ と R^2 との大小関係はそれほど重要ではない。

数値例：今までと同じ数値例で，$\overline{R}^2$ を計算する。

i	X_i	Y_i	X_i^2	$X_i Y_i$	$\hat{Y}_i$	$\hat{u}_i$	$X_i \hat{u}_i$	$\hat{Y}_i \hat{u}_i$	$\hat{u}_i^2$	Y_i^2
1	5	4	25	20	4.0	0.0	0.0	0.00	0.00	16
2	1	1	1	1	1.2	−0.2	−0.2	−0.24	0.04	1
3	3	1	9	3	2.6	−1.6	−4.8	−4.16	2.56	1
4	2	3	4	6	1.9	1.1	2.2	2.09	1.21	9
5	4	4	16	16	3.3	0.7	2.8	2.31	0.49	16
合計	$\sum X_i$	$\sum Y_i$	$\sum X_i^2$	$\sum X_i Y_i$	$\sum \hat{Y}_i$	$\sum \hat{u}_i$	$\sum X_i \hat{u}_i$	$\sum \hat{Y}_i \hat{u}_i$	$\sum \hat{u}_i^2$	$\sum Y_i^2$
	15	13	55	46	13	0.0	0.0	0.0	4.3	43
平均	$\overline{X}$	$\overline{Y}$								
	3	2.6								

$\overline{Y} = 2.6$，$\sum_{i=1}^{n} \hat{u}_i^2 = 4.3$，$\sum_{i=1}^{n} Y_i^2 = 43$ なので，

$$R^2 = 1 - \frac{\sum \hat{u}_i^2}{\sum Y_i^2 - n\overline{Y}^2} = 1 - \frac{4.3}{43 - 5 \times 2.6^2} = 1 - \frac{4.3}{9.2} = 0.5326$$

となり，$\overline{R}^2$ は，

$$\overline{R}^2 = 1 - \frac{\sum \hat{u}_i^2/(n-k)}{(\sum Y_i^2 - n\overline{Y}^2)/(n-1)} = 1 - \frac{4.3/(5-2)}{9.2/(5-1)} = 0.3768$$

となる。

自由度について：データ数 n から推定値の数 k を差し引いたものを自由度
（degree of freedom）と呼ぶ。$\overline{R}^2$ の式では，分子について，残差 $\hat{u}_i$ を求めるため
には，$\hat{\beta}_1$，$\hat{\beta}_2$，$\cdots$，$\hat{\beta}_k$ の k 個のパラメータの推定値を得なければならない。その
ため，分子の自由度は「データ数 $n -$ 推定値の $k = n - k$」となる。

　一方，$\overline{R}^2$ の式の分母については，X_{1i} が定数項だとして，Y_i が定数項を除く
X_{2i}，X_{3i}，$\cdots$，X_{ki} に依存しない場合を考える。この場合，$\beta_2 = \beta_3 = \cdots = \beta_k = 0$
とするので，$\hat{u}_i = Y_i - \hat{\beta}_1$ となる。$\hat{u}_i$ を得るためには $\hat{\beta}_1$ だけを求めればよい（す
なわち，推定値は1つ）。最小二乗法の考え方に沿って求めれば，$\hat{\beta}_1 = \overline{Y}$ となる
（読者は確認すること）。すなわち，分母の自由度は「データ数 $-$ 推定値の数
$= n - 1$」ということになる。

　このように，決定係数の第二項目の分子・分母をそれぞれの自由度で割ること
によって，自由度修正済み決定係数が得られる。

注意：R^2 や $\overline{R}^2$ を比較する場合，被説明変数が同じであることが重要である。例
えば，i を時間として，

$$Y_i = \alpha + \beta X_i, \qquad Y_i' = \alpha + \beta X_i$$

Y_i' は，$Y_i' = 100 \times (Y_i - Y_{i-1})/Y_{i-1}$（成長率）や $Y_i' = \log Y_i$（対数）などのよう
に，Y_i を変換したものを考える。このとき，この2つの回帰式からそれぞれ決定
係数 R^2 や自由度修正済み決定係数 $\overline{R}^2$ が得られるが，それらを比較してはなら
ない。なぜなら，R^2 や $\overline{R}^2$ の右辺の分母に，Y_i を使ったものと Y_i' を使ったもの
とを比較してしまっているからである。つまり，被説明変数が同じものを使わな
ければ比較することはできない（または，比較しても意味がない）ということで
ある。次のように，被説明変数が同じデータのときのみ，R^2 や $\overline{R}^2$ を用いて当て
はまりのよさを比較することができる。

$$Y_i = \alpha + \beta X_i, \qquad Y_i = \alpha + \beta X_i + \gamma Z_i$$

● 2.3.3　Excel による重回帰分析（「データ分析」の利用）

準備：アドイン「データ分析」の追加（1 度だけ）：Excel を使って重回帰分析を行うためには，まず，「データ分析」の項目をアドインする必要がある。これは一度だけ行えばよい。一度行えば，「データ」タブの中に「データ分析」はオプションとして追加されたままになり，いつでも使えるようになる。

　まず，Excel の上の行に「データ」というタブがあり，それをマウスで選択したものが下の画面である。

回帰分析が使えるように，右の方にある「アウトライン」の右隣，または，「コメント」のすぐ下は，薄い字で「詳細データの表示」「詳細を表示しない」と書かれているが，この場所に「データ分析」という項目が追加される。

　「データ」タブの並びの一番左（画面の左上）に「ファイル」というタブがある。そこをマウスで選択すると，画面の左下の方に以下の画面が出てくる（画面のごく一部分を表示している）。

3つのうち「オプション」を選択すると，画面の中央に次の画面が現れる。

左側の列の下の方の「アドイン」を選択すると，次の画面になる。

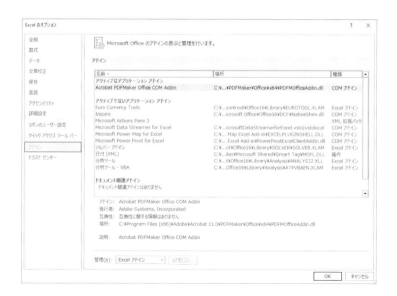

一番下にある「設定（G)」を選択すると，次の画面が出てくる。さらに，次のように「分析ツール」にチェックを入れる。

最後に，「OK」ボタンを選択すると，「データ分析」タブが次のように追加される。

このように，一番右に「データ分析」のタブが，「アウトライン」の右隣，また，「コメント」のすぐ下に追加されている。先にも述べたが，これは一度だけ行えばよく，次回からは自動的に「データ分析」のタブは追加されたままになる。

次節では，この「データ分析」を利用して，重回帰分析を行う。

「データ分析」を使って回帰分析：散布図による方法は，単回帰の場合には，比較的簡単に計算できるが，説明変数が2つ以上の重回帰には適用することはできなくなる。この場合，「分析ツール」を使うと，簡単に，回帰分析を行うことができる。まず，「データ」タブを選ぶ。

「データ分析」のタブをマウスで選択すると，下記のような画面になり，様々な
ツールが利用できるようになる。

本節では，回帰分析の方法を解説する。「回帰分析」を選ぶと，下記の画面とな
る。

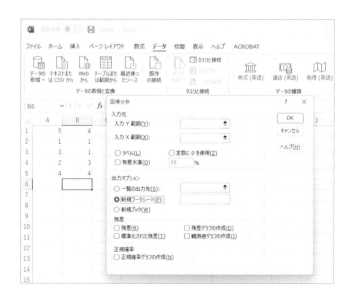

「入力 Y 範囲 (Y)」に B 列のデータ（被説明変数）を選択する。「入力 Y 範囲

（Y）」の右側の空欄をマウスの左ボタンをクリックして，さらに，B1をマウスの左ボタンでクリック，さらにマウスの左ボタンを押し続けながらB5でマウスボタンを離す（または，B1:B5とタイプする）。下記の画面となる。

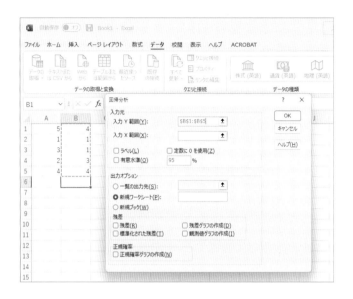

同様に，「入力X範囲（X）」の右側の空欄をマウスの左ボタンでクリックして，さらに，A1を左ボタンでクリック，マウスの左ボタンを押し続けながらA5でマウスボタンを離す（または，A1:A5と入力する）。次の画面となる。

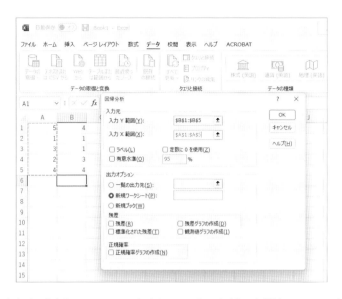

「一覧の出力先（S）」にチェックを入れて，その右側の空欄をマウスの左ボタンでクリック，適当な場所をマウスでクリックして選択する（ここでは，A7 をクリックする。または，A7 とタイプする）。下のような表示になる。

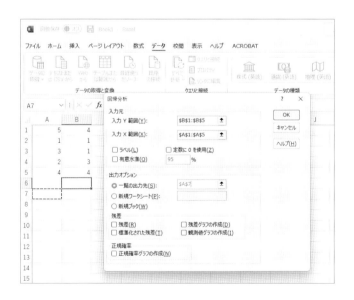

このように入力した後，右側の「OK」ボタンをクリックする。次のような出力

結果が得られる。

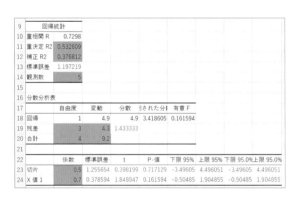

下図の灰色の部分は本書で既に解説した部分である。統計学の知識が必要な部分を青字で表している。青字の部分は次章以降で解説する。

Excel の「重決定 R2」は決定係数，「補正 R2」は自由度修正済み決定係数，「観測数」はデータ数 n のことである。「残差」「自由度」の 3，「合計」「自由度」の 4 はそれぞれ $n-k=5-2=3$，$n-1=5-1=4$ であり，自由度を表す。また，「残差」「変動」の 4.3，「合計」「変動」の 9.2 という数字は，それぞれ残差平方

和，Y の平均からの差の二乗和で，

$$\sum \hat{u_i}^2 = 4.3, \qquad \sum (Y_i - \overline{Y})^2 = \sum Y_i^2 - n\overline{Y}^2 = 43 - 5 \times 2.6^2 = 9.2$$

である。「切片」「係数」の 0.5，「X 値 1」「係数」の 0.7 は，切片，傾きを表す（すなわち，$Y = 0.7X + 0.5$）。このように，得られた数値と今回得られた数値を比較すると，それぞれの数字がどのような意味かがわかるだろう。

決定係数 R^2 について：「説明変数を増やせば，必ず決定係数 R^2 は大きくなる」ことを確認する。都合により，A 列のデータ（説明変数）を C 列にコピーする。コピーの方法としては，A1 にマウスを持っていき，マウスの左ボタンを押し続けて，A5 で左ボタンを離す。次に，A5 にマウスがある状態で，マウスの右ボタンを押し，「コピー（C）」を選択する。C1 で右ボタンを押し，「貼り付けのオプション」の一番左のアイコン「貼り付け（P）」を選ぶと，次のように，A 列が C 列にコピーできる。

次に，D 列に，例えば，1，1，0，1，0 という適当なデータを入力する。B 列を被説明変数，C 列・D 列を説明変数として回帰分析する。

「データ」タブ，「データ分析」，「回帰分析」，「OK」と順番に選択していくと，次のように前回のものが残ったままになっている。

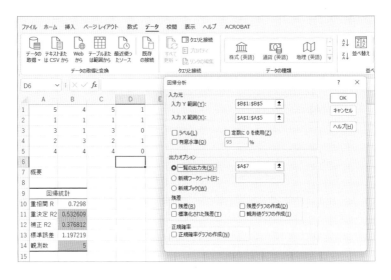

「入力 X 範囲 (X)」の欄を削除して，C1 にマウスを置いて，マウスの右ボタンを押し続けて，D5 に移動する（選択範囲を C1 から D5 とする）。下記の画面になる。

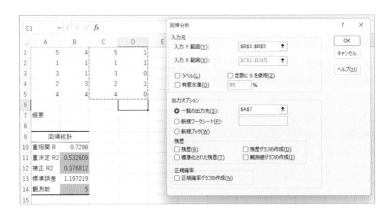

次に，「一覧の出力先 (S)」の欄を削除して，例えば，A26 でマウスの左ボタンを押す。次の画面となる。

右の「OK」ボタンを押す。A26 以下に次の結果が出力される。

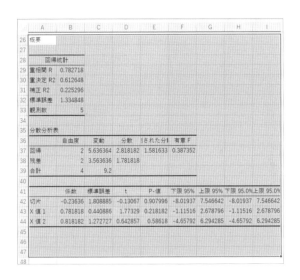

D 列の変数を Z_i とすると，$Y_i = -0.236 + 0.782X_i + 0.818Z_i$ という結果となっている。D 列の説明変数を加えたことにより，決定係数 R^2 は 0.5326 から 0.6126 に増えたが，自由度修正済み決定係数 $\overline{R}^2$ は 0.3768 から 0.2253 へ低下した。したがって，D 列（説明変数）は B 列（被説明変数）に影響を与える変数ではないと言える。言い換えると，B 列にとって，D 列は重要な変数ではないという結果になる。

補足：「都合により，A 列のデータ（説明変数）を C 列にコピーする」と述べた。そして，C 列・D 列を説明変数として回帰分析を行った。A 列と D 列を説明変数とするとどうなるかを見る。

「入力 Y 範囲(Y)」は B 列（これは今までと同様），「一覧の出力先(S)」を A26 のままにしておく。「入力 X 範囲(X)」に，C 列・D 列の代わりに，A 列・D 列を選択する（A1 から A5 までをマウスの左ボタンを押し続けて選択して，次に，Ctrl キーを押しながら D1 から D5 までをマウスの左ボタンを押し続けて選択する）。

「入力 X 範囲(X)」には，「$D$1:$D$5」だけが見えているが，隠れて見えない部分も含めると「$A$1:$A$5,$D$1:$D$5」と入力されている。そして，この状態で「OK」を押すと，下記のメッセージが出てくる。

このように，計算結果が出力されない。

Excel の場合，「入力 X 範囲(X)」の選択の際に，説明変数データを隣に並べておく必要がある（説明変数が 3 つであれば，3 列連続に並べなければならない）。これは，試行錯誤で説明変数の種類を変えて，数多くの式を推定する場合はかなり手間がかかる（推定の度に，毎回，説明変数を連続になるように並べ直すことになる）。この状況を避けるためには，専門の計量経済ソフトを使うことを勧め

る。時間の節約にもなり，簡単に推定結果を出すこともできるようになる。専門の計量経済ソフトとは，

- 有料 → Stata，EViews，GAUSS，LIMDEP，RATS など（しかし，高価）
- 無料 → R，Python，Gretl など（ただし，R や Python は若干のプログラミングの知識が必要）

などがある。R，Python は計量経済ソフトというよりは，プログラミング言語という方がより適切である。

筆者は，総合的に，Gretl を勧める。次節では Gretl の最小限の使い方を解説する。

● 2.3.4 **Gretl による回帰分析**

本節では，無料の計量経済ソフト Gretl（Gnu Regression, Econometrics and Time-series Library の頭文字で，グレーテルと読む）の使い方を解説する。https://gretl.sourceforge.net/からダウンロードすることができる。Windows版だけでなく，Linux 版や MacOS 版も利用することができる。一年に数回バージョンアップされ，Windows 版の場合では 64 ビット用や 32 ビット用が用意されている。

Windows 版の場合，2023 年 4 月の時点では，gretl-2023a-64.exe または gretl-2023a-32.exe が用意されている（随時更新されている）。2023a の部分がバージョンを表す。また，64 ビット版の Windows であれば gretl-2023a-64.exe がインストール可能である。よくわからない人は gretl-2023a-32.exe をインストールするとよい。64 ビット版 Windows 上でも，32 ビット版ソフトは問題なく動作する。64 ビット版 Windows 上で，64 ビット版ソフトの方が 32 ビット版ソフトより早く動作する（ただし，最小二乗法程度であれば，64 ビット版も 32 ビット版も大差ない）。インストール後，デスクトップに というアイコンができる。これを選択すると，次の画面が出る。

2.2.6 節，2.3.3 節で扱った Excel のデータ・ファイルを，下図のようにそれぞれの列の 1 行目にデータ名を x，y と付けて，Book1.xlsx という名前で保存する。

	A	B
1	x	y
2	5	4
3	1	1
4	3	1
5	2	3
6	4	4

Gretl の画面で，「ファイル」（一番上のタブ），「データを開く（O）」，「ユーザー・ファイル（U）」を選ぶ。さらに，Book1.xlsx を保存した場所を選ぶ。すると，Gretl 画面の右下に拡張子を選択する「Gretl データファイル（*.gdt, *.gdtb）」の箇所を選択すると次の画面が現れる。

Gretlデータファイル (*.gdt, *.gdtb)

カンマ区切りテキストファイル (*.csv)

テキストファイル (*.txt)

Gnumericファイル (*.gnumeric)

オープンドキュメント・ファイル (*.ods)

Excelファイル (*.xls)

Excelファイル (*.xlsx)

Stataファイル (*.dta)

Eviewsファイル (*.wf1)

SPSSファイル (*.sav)

SAS xportファイル (*.xpt)

JMulTi ファイル (*.dat)

シェイプファイル (*.shp)

GeoJSON files (*.geojson, *.json)

全てのファイル (*.*)

「Excel ファイル（*.xlsx)」を選択すると，Excel ファイルを選べるようになる。

ここでは，Book1.xlsx を選び，さらに，「インポートを開始する場所：」の画面で「OK」とすると，

クロスセクションデータか時系列データかで「いいえ（N)」か「はい（Y)」を押す。「はい（Y)」を押して，時系列データを選ぶと，いろいろ聞いてくるので

その都度対応する。次に、Gretl画面の最下行にアイコンが並んでいるが、左から3番目のアイコンを選択する（マウスをこのアイコンの上に乗せると下のように「gretlコンソールを開く（Ctrl+S）」というメッセージが出る）。

左から3番目のアイコンを選択すると、新たに次の画面が出てくる。

この画面で赤色で表示される「?」の横に続けて「ols y const x」とタイプし、Enterキーを押すと、予約語（ここでは、olsとconst）は自動的に色づけされ、下の画面の結果が得られる。

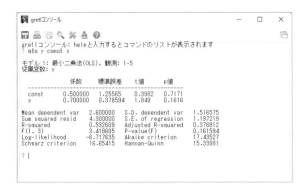

「ols」とは，ordinary least squares（最小二乗法）を意味する。「ols」のコマンドと合わせて，「y const x」は被説明変数 y を定数項 const と説明変数 x で回帰させるという意味になる。40 ページの Excel の結果の数字を比較してみるとよいだろう。また，重回帰の場合であれば，例えば，$y = \alpha + \beta x + \gamma z$ を推定したい場合，「ols y const x z」のように説明変数を横に並べればよい。

　Gretl の英語は略して書かれている部分が多いので，その正式用語と日本語訳を次の表にまとめた。

Gretl 出力		正式用語	日本語訳
Mean dependent var	$\longrightarrow$	Mean of dependent variable	従属変数または被説明変数の平均（$\overline{Y}$）
S.D. dependent var	$\longrightarrow$	Standard deviation of dependent variable	従属変数または被説明変数の標準偏差
Sum squared resid	$\longrightarrow$	Sum of squared residuals	残差平方和（$\sum \hat{u}_i^2$）
S.E. of regression	$\longrightarrow$	Standard error of regression	回帰式の標準誤差（s，3.3.8 節参照）
R-squared	$\longrightarrow$		決定係数（R^2）
Adjusted R-squared	$\longrightarrow$		自由度修正済み決定係数（$\overline{R}^2$）
F(1, 3)	$\longrightarrow$	F distribution with (1,3) degrees of freedom	自由度（1, 3）の F 分布（4.4 節の 116 ページの例 3 参照）
P-value(F)	$\longrightarrow$		上記の F 統計値の p 値（4.4 節の 116 ページの例 3 参照）
Log-likelihood	$\longrightarrow$	Log-likelihood function	対数尤度関数（6.1 節参照）
Akaike criterion	$\longrightarrow$	Akaike information criterion（AIC）	赤池の情報量基準（本書では省略）
Schwarz criterion	$\longrightarrow$	Schwarz information criterion，または，Bayesian information criterion（BIC），または，Schwarz Bayesian information criterion（SBIC）	シュバルツ情報量基準，または，ベイズ情報量基準，または，シュバルツのベイズ情報量基準（本書では省略）
Hannan-Quinn	$\longrightarrow$	Hannan-Quinn information criterion（HQIC）	Hannan-Quinn 情報量基準（本書では省略）

表の最後の 3 つは回帰モデルの説明変数の選択に関する指標として用いられるが，本書では省略する。

2.1 $(X_1, Y_1), (X_2, Y_2), \cdots, (X_n, Y_n)$ の n 組のデータがある。このとき，最小二乗法によって X と Y との関係を表す直線 $Y = \alpha + \beta X$ を求めたい。

(1) 最小二乗法による推定値 $\hat{\alpha}, \hat{\beta}$ を導出しなさい。どのような基準で求めたかについても説明しなさい。

(2) 決定係数が 0 以上 1 以下になることを証明しなさい。

2.2 下記の表のように，$(X_1, Y_1), (X_2, Y_2), \cdots, (X_n, Y_n)$ の $n = 5$ 組のデータがある。

i	1	2	3	4	5
Y_i	2	1	2	3	4
X_i	1	2	3	2	3

このとき，最小二乗法によって X と Y との関係を表す直線 $Y = \alpha + \beta X$ を求めたい。

(1) α, β の最小二乗推定値 $\hat{\alpha}, \hat{\beta}$ をそれぞれ求めなさい。

(2) 決定係数 R^2 を求めなさい。

(3) 自由度修正済み決定係数 $\overline{R}^2$ を求めなさい。

2.3 $(X_1, Y_1), (X_2, Y_2), \cdots, (X_n, Y_n)$ の n 組のデータがある。$n = 15$ としてデータから，$\sum X_i = 45$，$\sum Y_i = 30$，$\sum X_i^2 = 150$，$\sum Y_i^2 = 70$，$\sum X_i Y_i = 100$ が得られたとする。このとき，最小二乗法によって X と Y との関係を表す直線 $Y = \alpha + \beta X$ を求めたい。

(1) α, β の最小二乗推定値 $\hat{\alpha}, \hat{\beta}$ をそれぞれ求めなさい。

(2) 決定係数 R^2 を求めなさい。

第 3 章
統計学の回帰分析への応用

本章からは，統計学を回帰分析に応用して，パラメータに関する分析を行う。

■ 3.1　確率的モデル：単回帰モデル

再び，話を簡単にするために単回帰モデルを考えることにしよう。すなわち，(X_1, Y_1), (X_2, Y_2), $\cdots$, (X_n, Y_n) のように n 組のデータがあり，X_i と Y_i との間に線型関係を想定する。

$$Y_i = \alpha + \beta X_i$$

前章では，最小二乗法を用いて，データに直線の当てはめを行った。その結果，$\hat{\alpha}$, $\hat{\beta}$ を求めるための最小二乗法による公式は，

$$\hat{\beta} = \frac{\sum_{i=1}^{n}(X_i - \overline{X})(Y_i - \overline{Y})}{\sum_{i=1}^{n}(X_i - \overline{X})^2} = \frac{\sum_{i=1}^{n}(X_i - \overline{X})Y_i}{\sum_{i=1}^{n}(X_i - \overline{X})^2}$$

$$\hat{\alpha} = \overline{Y} - \hat{\beta}\overline{X}$$

となった。$\hat{\beta}$ の式の 2 つ目の等式には，**補論 A.3.5**（244 ページ）の項目 5 が利用されている。

これも繰り返しになるが，Y_i の予測値を $\hat{Y}_i = \hat{\alpha} + \hat{\beta}X_i$ とするとき，Y_i, $\hat{Y}_i$, $\hat{u}_i$, $\hat{\alpha}$, $\hat{\beta}$ の関係は以下のとおりであった。

$$\begin{aligned} Y_i &= \hat{Y}_i + \hat{u}_i \\ &= \hat{\alpha} + \hat{\beta}X_i + \hat{u}_i \end{aligned} \tag{3.1}$$

このように，観測された実績値（または，実現値）Y_i と回帰直線による予測値 $\hat{Y}_i$ が一致することは稀で，残差 $\hat{u}_i$ が含まれる。$\hat{\alpha}$, $\hat{\beta}$ をその未知パラメータ α, β で置き換えた場合，X と Y との真の関係を表す回帰モデルを

$$Y_i = \alpha + \beta X_i + u_i \tag{3.2}$$

として誤差項，または，攪乱項 u_i を含め確率変数として考える。残差 $\hat{u}_i$ は確率変数である誤差項 u_i の実現値としてみなすことができる。u_i は平均 0，分散 σ^2 の正規分布が仮定されることが多い。確率変数である誤差項 u_i が加えられているので，Y_i も確率変数となる。

　ある確率密度分布（ここでは正規分布）があって，その分布に従い，データ（ここでは Y_i）が生成されるモデルのことを確率的モデルと呼ぶ。すなわち，回帰式を確率的モデルとして捉える。前章と同じであるが，それぞれの変数の呼び名をもう一度以下にまとめておく。

- Y_i：被説明変数，または，従属変数
- X_i：説明変数，または，独立変数
- u_i：誤差項，または，攪乱項
- $\hat{u}_i$：残差
- α, β：未知母数，または，未知パラメータ
- $\hat{\alpha}$, $\hat{\beta}$：推定量（特に，最小二乗推定量），時には，推定値（最小二乗推定値）

推定量，推定値については，**補論 B.4**（260 ページ）で説明している。大雑把に述べると，データを代入して得られた数値のことを推定値，X_i や Y_i を用いた記号のまま（すなわち，確率変数 Y_i の関数）であれば推定量とそれぞれ呼ぶ。誤差項 u_i を導入することによって，$\hat{\alpha}$, $\hat{\beta}$ の性質を統計学的に考察することが可能となる。すなわち，$\hat{\alpha}$, $\hat{\beta}$ から α, β に関する推論を行うことができる。

■3.2　回帰モデルの仮定

(3.2)式で表される回帰モデルの仮定は次のとおりである。

(i) X_i は確率変数でない（すなわち，非確率変数）と仮定する。言い換えると，X_i は固定された値，もしくは，与えられた値である。

　(*)　この仮定はよく考えてみると，少しおかしな仮定である。本節後半では，誤差項を含める理由の一つに，データには測定上の誤差が含まれると述べる。しかし，ここでは「説明変数には測定上の誤差を考えない」という仮定になっている。同じ経済データを用いているにもかかわらず，被説明変数は確率変数，説明変数は非確率変数と仮定する。しかし，話を前に進めるために，当面，このような仮定を置くことにする。この件は **5.4 節**で取り上げられる。

(ii) すべての i について，平均 $\mathrm{E}(u_i) = 0$ とする。

(iii) すべての i について，分散 $\mathrm{V}(u_i) = \sigma^2$ とする（$\mathrm{E}(u_i) = 0$ なので，$\mathrm{V}(u_i) = \mathrm{E}(u_i^2)$ に注意）。

(iv) すべての $i \neq j$ について，共分散 $\mathrm{Cov}(u_i, u_j) = 0$ とする（$\mathrm{E}(u_i) = 0$ なので，$\mathrm{Cov}(u_i, u_j) = \mathrm{E}(u_i u_j)$ に注意）。

(v) すべての i について，$u_i \sim N(0, \sigma^2)$ とする（「u_i は平均ゼロ，分散 σ^2 の正規分布に従う」と読む）。(ii) と (iii) で u_i の平均，分散を仮定しているが，ここでは u_i に正規分布の仮定を追加している。

(vi) $n \longrightarrow \infty$ のとき（すなわち，n が大きくなるとき），$\sum_{i=1}^{n}(X_i - \overline{X})^2 \longrightarrow \infty$ とする。これは技術的な仮定であるが，現実的な仮定でもある。

(ii)〜(v) を合わせて，「攪乱項 $u_1,\ u_2,\ \cdots,\ u_n$ はそれぞれ独立に平均ゼロ，分散 σ^2 の正規分布に従う」ということを意味する。

　特に，回帰直線は，両辺に期待値を取って，

$$\mathrm{E}(Y_i) = \mathrm{E}(\alpha + \beta X_i + u_i) = \alpha + \beta X_i + \mathrm{E}(u_i) = \alpha + \beta X_i$$

として解釈される。この直線は未知である。なぜなら，切片 α，傾き β 共に未知だからである。未知であるために，観測されたデータを用いて推定することになる。

誤差項（攪乱項）の経済学的意味：データが与えられたとき，最小二乗法によって直線の式を求めることができる。実際のデータと直線の式との間には乖離があり，データと直線との差（縦軸方向の差）が残差と呼ばれるものである。し

たがって，Y_i，X_i，$\hat{\alpha}$，$\hat{\beta}$，$\hat{u}_i$ の関係は (3.1) 式で表される。また，$\hat{\alpha}$，$\hat{\beta}$ を α，β で置き換えると，$\hat{u}_i$ は u_i で置き換えられることになり，Y_i，X_i，α，β，u_i の関係は (3.2) 式で表される。(3.2) 式になぜ誤差項を加えるのかという疑問が出てくるが，様々な理由が考えられる。代表的な理由として，次のものが考えられる。

1. 経済理論自身が不完全：X 以外にも他の説明変数が必要であるにもかかわらず，それを誤って除いている可能性がある。除いた部分を誤差項として捉える。

2. モデルの定式化が不完全：Y と X との間の線型関係が誤りかもしれない。これまで回帰モデルは直線として話を進めてきたが，直線というのも一つの仮定に過ぎない。実際は，二次式，三次式，双曲線，その他の非線型関数かもしれない。この関数型自体も未知である。直線として近似したために生じる誤差を誤差項として捉える。

3. 理論モデルとデータとの対応：理論モデルで考えられる変数と実際に用いたデータが適当でないかもしれない。例えば，所得のデータについては国民総生産，国民所得，可処分所得，労働所得，…，金利では基準割引率および基準貸付利率，国債利回り，定期預金金利，全国銀行平均約定金利，…，など同じようなデータが公表される。どのデータを使えばよいかも時には判断が難しい場合がある。

4. 測定上の誤差：経済データは一般的に推計されているため完全ではない。例えば，国内総支出の項目の一つの家計最終消費支出を例に取ると，家計最終消費支出とは家計（個人企業を除いた消費主体としての家計）の新規の財貨・サービスに対する支出である。しかし，日本の全部の家計を一つ一つ（一軒一軒）調べて，足し合わせてデータを作成することは現実的には不可能である（時間的にも不可能）。ある期間内でデータを作成するためには，推計する必要がある。そのため，データには誤差が含まれる。この誤差のことを測定誤差，または，観測誤差と呼ぶ。

■3.3 $\hat{\alpha}$, $\hat{\beta}$ の統計的性質

● 3.3.1 準 備

最小二乗推定量 $\hat{\beta}$ の説明変数 X_i に関連する部分を ω_i として次のように定義する。

$$\omega_i = \frac{X_i - \overline{X}}{\sum_{j=1}^{n}(X_j - \overline{X})^2} \tag{3.3}$$

このとき,

$$\sum_{i=1}^{n} \omega_i = 0$$

となる。なぜなら,分子だけに注目すると,$\overline{X} = \frac{1}{n}\sum_{i=1}^{n}X_i$ から $\sum_{i=1}^{n}(X_i - \overline{X}) = 0$ となるので,$\sum_{i=1}^{n} \omega_i = 0$ が得られる。また,

$$\sum_{i=1}^{n} \omega_i X_i = 1$$

となる。なぜなら,$\overline{X}\sum_{i=1}^{n}\omega_i$ を差し引くと ($\sum \omega_i = 0$ に注意),$\sum_{i=1}^{n}\omega_i X_i = \sum_{i=1}^{n}\omega_i X_i -$

$\overline{X}\sum_{i=1}^{n}\omega_i = \sum_{i=1}^{n}\omega_i X_i - \sum_{i=1}^{n}\omega_i \overline{X} = \sum_{i=1}^{n}\omega_i(X_i - \overline{X}) = \dfrac{\sum_{i=1}^{n}(X_i - \overline{X})^2}{\sum_{j=1}^{n}(X_j - \overline{X})^2} = 1$ が得られる。最

後の等式は $\sum_{i=1}^{n}(X_i - \overline{X})^2 = \sum_{j=1}^{n}(X_j - \overline{X})^2$ を用いている (添え字を代えても,1 から n まで足し合わせることは共に同じ)。

● 3.3.2 $\hat{\beta}$ について

ω_i を用いると,β の最小二乗推定量 $\hat{\beta}$ は,

$$\hat{\beta} = \frac{\displaystyle\sum_{i=1}^{n}(X_i - \overline{X})(Y_i - \overline{Y})}{\displaystyle\sum_{i=1}^{n}(X_i - \overline{X})^2} = \sum_{i=1}^{n}\omega_i(Y_i - \overline{Y})$$

$$= \sum_{i=1}^{n}\omega_i Y_i \tag{3.4}$$

となる。2 行目では，$\sum \omega_i = 0$ が利用されている。

(3.4) 式の右辺は，Y_1，Y_2，$\cdots$，Y_n の線型関数となっている。このことから，最小二乗推定量 $\hat{\beta}$ は線型推定量ということが言える。

● 3.3.3 $\hat{\alpha}$ について

α の最小二乗推定量 $\hat{\alpha}$ については，

$$\hat{\alpha} = \overline{Y} - \hat{\beta}\overline{X} = \frac{1}{n}\sum_{i=1}^{n}Y_i - \overline{X}\sum_{i=1}^{n}\omega_i Y_i = \sum_{i=1}^{n}(\frac{1}{n} - \overline{X}\omega_i)Y_i$$

$$= \sum_{i=1}^{n}\lambda_i Y_i \tag{3.5}$$

と書き換えられる。ただし，$\lambda_i = \dfrac{1}{n} - \overline{X}\omega_i$ とする。すなわち，(3.5) 式から，$\hat{\alpha}$ もまた Y_1，Y_2，$\cdots$，Y_n の線型推定量となっている。

一般的に，説明変数が増えたとしても（重回帰モデルでも），最小二乗推定量は Y_1，Y_2，$\cdots$，Y_n の線型推定量であると言える。

● 3.3.4 $\hat{\alpha}$, $\hat{\beta}$ の平均

$\hat{\beta}$ は (3.4) 式のように書き換えられた。さらに，$Y_i = \alpha + \beta X_i + u_i$ を代入して，(3.4) 式は，

$$\hat{\beta} = \sum_{i=1}^{n}\omega_i Y_i = \sum_{i=1}^{n}\omega_i(\alpha + \beta X_i + u_i) = \alpha\sum_{i=1}^{n}\omega_i + \beta\sum_{i=1}^{n}\omega_i X_i + \sum_{i=1}^{n}\omega_i u_i$$

$$= \beta + \sum_{i=1}^{n}\omega_i u_i \tag{3.6}$$

と書き換えられる。最後の等式では，$\displaystyle\sum_{i=1}^{n}\omega_i = 0$，$\displaystyle\sum_{i=1}^{n}\omega_i X_i = 1$ を利用している。

(3.6) 式を用いて，$\hat{\beta}$ の平均，分散，分布を求めることになる。

(3.6) 式の両辺に期待値を取る。ω_i は非確率変数，256 ページの補論 B.2.2 の定理 (B.3)，(B.6)，さらに，3.2 節の誤差項の仮定 (ii) を利用すると，

$$
\begin{aligned}
\mathrm{E}(\hat{\beta}) &= \mathrm{E}(\beta + \sum_{i=1}^{n} \omega_i u_i) \quad \longleftarrow \text{(3.6)式を代入} \\
&\qquad\qquad\qquad\qquad \Big\rangle \text{補論の定理(B.3)を利用} \\
&= \beta + \mathrm{E}(\sum_{i=1}^{n} \omega_i u_i) \\
&\qquad\qquad\qquad\qquad \Big\rangle \text{補論の定理(B.6)を利用} \\
&= \beta + \sum_{i=1}^{n} \omega_i \mathrm{E}(u_i) \\
&\qquad\qquad\qquad\qquad \Big\rangle \text{3.2節の誤差項の仮定(ii) } \mathrm{E}(u_i)=0 \text{ を利用} \\
&= \beta
\end{aligned}
$$

が得られる。すなわち，最小二乗推定量 $\hat{\beta}$ の期待値は β になるということから，$\hat{\beta}$ は β の不偏推定量（推定量の持つべき望ましい性質の一つ）であると言える（263 ページの補論 B.6.1 参照）。

α の最小二乗推定量 $\hat{\alpha}$ については，

$$
\begin{aligned}
\hat{\alpha} &= \sum_{i=1}^{n} \lambda_i Y_i = \alpha \sum_{i=1}^{n} \lambda_i + \beta \sum_{i=1}^{n} \lambda_i X_i + \sum_{i=1}^{n} \lambda_i u_i \\
&= \alpha + \sum_{i=1}^{n} \lambda_i u_i
\end{aligned}
\tag{3.7}
$$

と書き換えられる。途中の計算で，

$$
\sum_{i=1}^{n} \lambda_i = \sum_{i=1}^{n} (\frac{1}{n} - \overline{X}\omega_i) = \sum_{i=1}^{n} \frac{1}{n} - \overline{X} \sum_{i=1}^{n} \omega_i = 1
$$

$$
\sum_{i=1}^{n} \lambda_i X_i = \sum_{i=1}^{n} (\frac{1}{n} - \overline{X}\omega_i) X_i = \frac{1}{n} \sum_{i=1}^{n} X_i - \overline{X} \sum_{i=1}^{n} \omega_i X_i = 0
$$

が使われる。

$\hat{\alpha}$ の平均を求める。(3.7) 式の両辺に期待値を取ると，補論 B.2.2 の定理 (B.3)–(B.6) と 3.2 節の仮定 (ii) を用いて，

$$
\mathrm{E}(\hat{\alpha}) = \alpha + \sum_{i=1}^{n} \lambda_i \mathrm{E}(u_i) = \alpha
$$

となる。$\hat{\alpha}$ もまた α の不偏推定量であると言える。

ここまでで言えることは，最小二乗推定量 $\hat{\alpha}$, $\hat{\beta}$ は未知パラメータ α, β の線型不偏推定量となっているということである。

● 3.3.5 $\hat{\alpha}$, $\hat{\beta}$ の分散

$\hat{\beta}$ の分散について，補論 B.2.3 の定理 (B.10)，(B.18)，3.2 節の誤差項の仮定 (iii)，(iv) を用いると，

$$
\begin{aligned}
\mathrm{V}(\hat{\beta}) &= \mathrm{V}(\beta + \sum_{i=1}^{n} \omega_i u_i) \quad \longleftarrow \text{(3.6)式を代入} \\
&\qquad\qquad\qquad \Big\rangle \text{補論の定理 (B.10) を利用} \\
&= \mathrm{V}(\sum_{i=1}^{n} \omega_i u_i) \\
&\qquad\qquad\qquad \Big\rangle \text{3.2 節の誤差項の仮定 (iv) } \mathrm{Cov}(u_i, u_j) = 0, \text{ 補論の定理 (B.18) を利用} \\
&= \sum_{i=1}^{n} \mathrm{V}(\omega_i u_i) \\
&\qquad\qquad\qquad \Big\rangle \text{再度，補論の定理 (B.10) を利用} \\
&= \sum_{i=1}^{n} \omega_i^2 \mathrm{V}(u_i) \\
&\qquad\qquad\qquad \Big\rangle \text{3.2 節の誤差項の仮定 (iii) } \mathrm{V}(u_i) = \sigma^2 \text{ を利用} \\
&= \sigma^2 \sum_{i=1}^{n} \omega_i^2 \\
&\qquad\qquad\qquad \Big\rangle \text{(3.3)式の}\omega_i\text{を代入} \\
&= \frac{\sigma^2}{\displaystyle\sum_{i=1}^{n}(X_i - \overline{X})^2}
\end{aligned}
$$

が得られる。1 つ目の等式は (3.6) 式を代入，2 つ目の等式は $\sum_{i=1}^{n} \omega_i u_i$ を一つの確率変数とみなし補論の定理 (B.10) を当てはめる。3 つ目の等式では $\omega_i u_i$, $i = 1, 2, \cdots,$ n は互いに独立なので，補論の定理 (B.18) を当てはめる。4 つ目の等式では再度，補論の定理 (B.10) を当てはめる。5 つ目の等式では，誤差項（または，攪乱項）の仮定より，$\mathrm{V}(u_i) = \sigma^2$ を用いる。最後の等式は，$\omega_i = \dfrac{X_i - \overline{X}}{\sum(X_j - \overline{X})^2}$ に注意して，

$$
\sum \omega_i^2 = \sum \Big(\frac{X_i - \overline{X}}{\sum(X_j - \overline{X})^2}\Big)^2 = \sum \frac{(X_i - \overline{X})^2}{\big(\sum(X_j - \overline{X})^2\big)^2} = \frac{\sum(X_i - \overline{X})^2}{\big(\sum(X_j - \overline{X})^2\big)^2} = \frac{1}{\sum(X_i - \overline{X})^2}
$$

を用いている。途中で，$\sum(X_i - \overline{X})^2 = \sum(X_j - \overline{X})^2$ を利用している。

よって，前節と本節を合わせて，$\hat{\beta}$ の平均は β，分散は $\dfrac{\sigma^2}{\displaystyle\sum_{i=1}^{n}(X_i - \overline{X})^2}$ となることが示された。

$\hat{\alpha}$ の分散は，

$$
\mathrm{V}(\hat{\alpha}) = \mathrm{V}(\alpha + \sum_{i=1}^{n} \lambda_i u_i) = \sigma^2 \sum_{i=1}^{n} \lambda_i^2 = \sigma^2 \Big(\frac{1}{n} + \frac{\overline{X}^2}{\sum(X_i - \overline{X})^2}\Big)
$$

となる。1 つ目の等式は (3.7) 式を代入，2 つ目の等式は $\mathrm{V}(\hat{\beta})$ の計算と全く同じで，ω_i を λ_i で置き換えればよい。最後の 3 つ目の等式は，

$$\sum \lambda_i^2 = \sum (\frac{1}{n} - \overline{X}\omega_i)^2 = \sum (\frac{1}{n^2} - \frac{2}{n}\overline{X}\omega_i + \overline{X}^2\omega_i^2) = \frac{1}{n} + \overline{X}^2 \sum \omega_i^2 = \frac{1}{n} + \frac{\overline{X}^2}{\sum (X_i - \overline{X})^2}$$

となる。途中で $\sum \omega_i = 0$ が使われている。

よって，前節と本節を合わせて，$\hat{\alpha}$ の平均は α，分散は $\sigma^2 (\dfrac{1}{n} + \dfrac{\overline{X}^2}{\sum (X_i - \overline{X})^2})$ となることが示された。

さらに，$\hat{\alpha}$ と $\hat{\beta}$ の共分散を求めると，

$$
\begin{aligned}
\mathrm{Cov}(\hat{\alpha}, \hat{\beta}) &= \mathrm{E}\big((\hat{\alpha} - \mathrm{E}(\hat{\alpha}))(\hat{\beta} - \mathrm{E}(\hat{\beta}))\big) &&\longleftarrow \text{共分散の定義 (B.12)} \\
& &&\mathrm{E}(\hat{\alpha}) = \alpha,\ \mathrm{E}(\hat{\beta}) = \beta \text{を代入} \\
&= \mathrm{E}\big((\hat{\alpha} - \alpha)(\hat{\beta} - \beta)\big) &&\text{(3.6) 式，(3.7) 式を代入} \\
&= \mathrm{E}\big((\sum_{i=1}^{n} \lambda_i u_i)(\sum_{i=1}^{n} \omega_i u_i)\big) &&\text{片方の足し算記号の添え字を} i \text{から} j \text{に変更} \\
&= \mathrm{E}\big((\sum_{i=1}^{n} \lambda_i u_i)(\sum_{j=1}^{n} \omega_j u_j)\big) &&\text{足し算記号を移動} \\
&= \mathrm{E}(\sum_{i=1}^{n}\sum_{j=1}^{n} \lambda_i \omega_j u_i u_j) &&\text{確率変数に期待値} \\
&= \sum_{i=1}^{n}\sum_{j=1}^{n} \lambda_i \omega_j \mathrm{E}(u_i u_j) &&\text{3.2 節の誤差項の仮定 (iv) } i \neq j \text{について} \\
& && \qquad \mathrm{E}(u_i u_j) = 0 \text{を利用} \\
&= \sum_{i=1}^{n} \lambda_i \omega_i \mathrm{E}(u_i^2) &&\lambda_i = \frac{1}{n} - \overline{X}\omega_i,\ \text{3.2 節の誤差項の} \\
& && \qquad \text{仮定 (iii) } \mathrm{E}(u_i) = \sigma^2 \text{を利用} \\
&= \sigma^2 \sum_{i=1}^{n} (\frac{1}{n} - \overline{X}\omega_i)\omega_i &&\sum \omega_i = 0 \text{を利用} \\
&= -\sigma^2 \overline{X} \sum_{i=1}^{n} \omega_i^2 &&\text{(3.3) 式の } \omega_i \text{を代入} \\
&= -\frac{\sigma^2 \overline{X}}{\sum_{i=1}^{n} (X_i - \overline{X})^2}
\end{aligned}
$$

となる。1 行目は**補論 B.2.3** の共分散の定義 (B.12) を利用し，2 行目の等式は $\hat{\alpha}$，$\hat{\beta}$ の期待値は前節で求めたとおり α，β を代入している。3 行目の等式は (3.6) 式と (3.7) 式を代入，4 行目の等式は片方の添え字を i から j に変更（総和は添え字に依存しない），5 行目の等式は**補論 A.2** の項目 8 を利用している。6 行目の等式は $u_i u_j$ を一つの確率変数とみなして**補論 B.2.2** の定理 (B.3)，(B.4) を利用，7 行目の等式は仮定の一つの $i \neq j$ について $\mathrm{Cov}(u_i, u_j) = \mathrm{E}(u_i u_j) = 0$ を利用，8 行目の等式は仮定の一つの $\mathrm{V}(u_i) = \mathrm{E}(u_i^2) = \sigma^2$ と λ_i を代入している。9 行目の等式では $\sum \omega_i = 0$ を利用，最後の行の等式は ω_i を X_i で表している。

数値例：これまでの数値例を用いて，$\hat{\beta}$, $\hat{\alpha}$ の分散，共分散を求めよう。

i	X_i	Y_i	X_i^2	X_iY_i
1	5	4	25	20
2	1	1	1	1
3	3	1	9	3
4	2	3	4	6
5	4	4	16	16
合計	$\sum X_i$	$\sum Y_i$	$\sum X_i^2$	$\sum X_iY_i$
	15	13	55	46
平均	$\overline{X}$	$\overline{Y}$		
	3	2.6		

誤差項 u_i の分散 σ^2 はそのまま使う。

$$\mathrm{V}(\hat{\beta}) = \frac{\sigma^2}{\sum_{i=1}^{n}(X_i - \overline{X})^2} = \frac{\sigma^2}{\sum_{i=1}^{n}X_i^2 - n\overline{X}^2} = \frac{\sigma^2}{55 - 5 \times 3^2} = \frac{\sigma^2}{10} = 0.1\sigma^2$$

$$\mathrm{V}(\hat{\alpha}) = \sigma^2\left(\frac{1}{n} + \frac{\overline{X}^2}{\sum(X_i - \overline{X})^2}\right) = \sigma^2\left(\frac{1}{5} + \frac{3^2}{55 - 5 \times 3^2}\right) = 1.1\sigma^2$$

$$\mathrm{Cov}(\hat{\alpha}, \hat{\beta}) = -\frac{\sigma^2\overline{X}}{\sum_{i=1}^{n}(X_i - \overline{X})^2} = -\frac{3\sigma^2}{55 - 5 \times 3^2} = -0.3\sigma^2$$

注意：残差平方和 $S(\hat{\alpha}, \hat{\beta})$ を最小にする $\hat{\alpha}$, $\hat{\beta}$ は (2.1) 式，(2.2) 式を満たすということは既に見たとおりである。(2.1) 式，(2.2) 式を行列を用いて解いたものは (2.8) 式によって表される。(2.8) 式で出てくる逆行列と $\hat{\alpha}$, $\hat{\beta}$ の分散，共分散には密接な関係がある。逆行列に σ^2 を掛けたもののそれぞれの要素は，

$$\sigma^2 \begin{pmatrix} n & \sum X_i \\ \sum X_i & \sum X_i^2 \end{pmatrix}^{-1} = \frac{\sigma^2}{n\sum X_i^2 - (\sum X_i)^2} \begin{pmatrix} \sum X_i^2 & -\sum X_i \\ -\sum X_i & n \end{pmatrix}$$

$$= \begin{pmatrix} \sigma^2\left(\dfrac{1}{n} + \dfrac{\overline{X}^2}{\sum(X_i - \overline{X})^2}\right) & -\dfrac{\sigma^2\overline{X}}{\sum(X_i - \overline{X})^2} \\ -\dfrac{\sigma^2\overline{X}}{\sum(X_i - \overline{X})^2} & \dfrac{\sigma^2}{\sum(X_i - \overline{X})^2} \end{pmatrix}$$

$$= \begin{pmatrix} \mathrm{V}(\hat{\alpha}) & \mathrm{Cov}(\hat{\alpha},\ \hat{\beta}) \\ \mathrm{Cov}(\hat{\alpha},\ \hat{\beta}) & \mathrm{V}(\hat{\beta}) \end{pmatrix}$$

となる（2×2 行列の逆行列の計算については，**補論 A.4** の 249 ページ参照）。

　このように，(2.1)式，(2.2)式を行列を用いて解く際に出てくる逆行列に誤差項の分散 σ^2 を掛けたものは，対角要素が分散 $\mathrm{V}(\hat{\alpha})$，$\mathrm{V}(\hat{\beta})$，非対角要素が共分散 $\mathrm{Cov}(\hat{\alpha},\ \hat{\beta})$ に対応する。この結果は偶然ではなく，重回帰の場合も同様のことが言える。重回帰モデルの場合の β_1，β_2，$\cdots$，β_k の最小二乗推定量は (2.13) 式の $\hat{\beta}_1$，$\hat{\beta}_2$，$\cdots$，$\hat{\beta}_k$ で与えられるが，それぞれの分散 $\mathrm{V}(\hat{\beta}_1)$，$\mathrm{V}(\hat{\beta}_2)$，$\cdots$，$\mathrm{V}(\hat{\beta}_k)$ は (2.13)式の逆行列の対角要素に誤差項の分散 σ^2 を掛け合わせたものに等しい。すなわち，(2.13) 式の右辺の逆行列の i 行 j 列の要素を a_{ij} とした場合，$j = 1$, 2, $\cdots$, k について $\hat{\beta}_j$ の分散は $\mathrm{V}(\hat{\beta}_j) = \sigma^2 a_{jj}$，$i \neq j = 1, 2, \cdots, k$ について $\hat{\beta}_i$ と $\hat{\beta}_j$ の共分散は $\mathrm{Cov}(\hat{\beta}_i, \hat{\beta}_j) = \sigma^2 a_{ij}$ となることが証明できる。

● 3.3.6　$\hat{\alpha}$, $\hat{\beta}$ の分布（σ^2 が既知の場合）

　単回帰モデルについて，これまでに，最小二乗推定量の切片 $\hat{\alpha}$，傾き $\hat{\beta}$ の平均・分散をそれぞれ求めた。

　まとめると，$\hat{\beta}$ は次のように表される。

$$\hat{\beta} = \sum \omega_i Y_i = \beta + \sum \omega_i u_i$$

ただし，$\omega_i = \dfrac{X_i - \overline{X}}{\sum (X_j - \overline{X})^2}$ とする。平均・分散は，それぞれ，

$$\mathrm{E}(\hat{\beta}) = \beta, \qquad \mathrm{V}(\hat{\beta}) = \sigma^2 \sum \omega_i^2 = \frac{\sigma^2}{\sum (X_i - \overline{X})^2}$$

となった。

　一方，$\hat{\alpha}$ については，

$$\hat{\alpha} = \sum \lambda_i Y_i = \alpha + \sum \lambda_i u_i$$

と書き表される。ただし，$\lambda_i = \dfrac{1}{n} - \overline{X}\omega_i$ とする。平均・分散は，それぞれ，

$$\mathrm{E}(\hat{\alpha}) = \alpha, \qquad \mathrm{V}(\hat{\alpha}) = \sigma^2 \sum \lambda_i^2 = \sigma^2 \left(\frac{1}{n} + \frac{\overline{X}^2}{\sum (X_i - \overline{X})^2} \right)$$

であった。

本書の範囲を超えるので，証明はしないが，補論 B.3 の (B.22) 式のように，正規分布に従う n 個の確率変数の加重和もまた正規分布に従うことが知られている。このことから，「n 個の確率変数 u_1, u_2, $\cdots$, u_n の加重和＋未知パラメータ」となっているので，$\hat{\beta}$, $\hat{\alpha}$ も正規分布に従う確率変数である。したがって，

$$\hat{\beta} \sim N\left(\beta, \frac{\sigma^2}{\sum(X_i - \overline{X})^2}\right) \tag{3.8}$$

$$\hat{\alpha} \sim N\left(\alpha, \sigma^2\left(\frac{1}{n} + \frac{\overline{X}^2}{\sum(X_i - \overline{X})^2}\right)\right) \tag{3.9}$$

が得られる。

● 3.3.7　$\hat{\alpha}$, $\hat{\beta}$ の性質：最良線型不偏性と一致性

最小二乗推定量が望ましい推定量かどうかを調べる。一般に，(i) 不偏性 (unbiasedness)，(ii) 有効性 (efficiency)，(iii) 一致性 (consistency) の 3 つの性質を持った推定量が望ましいと言われている。一つずつ確認していこう。これらの性質については，263 ページの補論 B.6 にまとめている。

(i) **不偏性 (unbiasedness)**：既に証明したとおり，$\mathrm{E}(\hat{\beta}) = \beta$, $\mathrm{E}(\hat{\alpha}) = \alpha$ なので，$\hat{\beta}$, $\hat{\alpha}$ は β, α の不偏推定量である。

(ii) **最良線型不偏性 (best linear unbiasedness)**：有効推定量 (efficiency) というのは，不偏推定量の中で最も小さな分散を持つ推定量のことを言う。ただし，一般に，有効推定量が存在するとは限らない。詳しく知りたければ，数理統計学の教科書を参照されたい。

有効性よりもう少し強い条件で，線型不偏推定量に限定して考える（最小二乗推定量は線型推定量となっていることを思い出そう）。線型不偏推定量の中で最も小さな分散を持つ推定量のことを最良線型不偏推定量と言う。本節では，最小二乗推定量が，最良線型不偏推定量となっているかどうかを調べる。

まずは，$\hat{\beta}$ を取り上げる。前述のとおり，$\hat{\beta}$ を変形すると以下のとおりとなる。

$$\hat{\beta} = \frac{\displaystyle\sum_{i=1}^{n}(X_i - \overline{X})(Y_i - \overline{Y})}{\displaystyle\sum_{i=1}^{n}(X_i - \overline{X})^2} = \frac{\displaystyle\sum_{i=1}^{n}(X_i - \overline{X})Y_i}{\displaystyle\sum_{i=1}^{n}(X_i - \overline{X})^2} = \sum_{i=1}^{n}\omega_i Y_i$$

ただし，$\omega_i = \dfrac{(X_i - \overline{X})}{\displaystyle\sum_{i=1}^{n}(X_i - \overline{X})^2}$ とする。このように，$\hat{\beta}$ は線型不偏推定量であると言える。

もう一つ別の線型推定量を次のように考える。

$$\tilde{\beta} = \sum_{i=1}^{n} c_i Y_i$$

ただし，$c_i = \omega_i + d_i$ とする。d_i は，ω_i を基準として，ω_i からの乖離部分と捉える。

$Y_i = \alpha + \beta X_i + u_i$，$\displaystyle\sum_{i=1}^{n}\omega_i = 0$，$\displaystyle\sum_{i=1}^{n}\omega_i X_i = 1$ を利用して，$\tilde{\beta}$ を書き換えていくと，次のようになる。

$$\begin{aligned}
\tilde{\beta} &= \sum_{i=1}^{n} c_i Y_i = \sum_{i=1}^{n}(\omega_i + d_i)(\alpha + \beta X_i + u_i) \\
&= \alpha\sum_{i=1}^{n}\omega_i + \beta\sum_{i=1}^{n}\omega_i X_i + \sum_{i=1}^{n}\omega_i u_i + \alpha\sum_{i=1}^{n} d_i + \beta\sum_{i=1}^{n} d_i X_i + \sum_{i=1}^{n} d_i u_i \\
&= \beta + \alpha\sum_{i=1}^{n} d_i + \beta\sum_{i=1}^{n} d_i X_i + \sum_{i=1}^{n}\omega_i u_i + \sum_{i=1}^{n} d_i u_i
\end{aligned}$$

と変形される。

次に，両辺の期待値を取ると，

$$\begin{aligned}
\mathrm{E}(\tilde{\beta}) &= \beta + \alpha\sum_{i=1}^{n} d_i + \beta\sum_{i=1}^{n} d_i X_i + \sum_{i=1}^{n}\omega_i \mathrm{E}(u_i) + \sum_{i=1}^{n} d_i \mathrm{E}(u_i) \\
&= \beta + \alpha\sum_{i=1}^{n} d_i + \beta\sum_{i=1}^{n} d_i X_i
\end{aligned}$$

となる。$\tilde{\beta}$ が β の不偏推定量であるためには，

$$\sum_{i=1}^{n} d_i = 0, \qquad \sum_{i=1}^{n} d_i X_i = 0$$

の 2 つの条件が必要となる。

この 2 つの条件が成り立っていれば，$\tilde{\beta}$ は，

$$\tilde{\beta} = \beta + \sum_{i=1}^{n}(\omega_i + d_i)u_i$$

となる。このように，2つの条件さえ満たせば，d_i がどのような値であったとしても，$\tilde{\beta}$ は β の線型不偏推定量となっていることがわかる。その意味で，β の線型不偏推定量は無数に存在すると言える。

さて，$\tilde{\beta}$ の分散は，**補論 B.2.3** の定理 (B.10)，(B.20)，誤差項の仮定 (iii) を利用して，

$$
\begin{aligned}
\mathrm{V}(\tilde{\beta}) &= \mathrm{V}\Big(\beta + \sum_{i=1}^{n}(\omega_i + d_i)u_i\Big) &&\longleftarrow \tilde{\beta} \text{ を代入} \\
&&&\Big\} \text{補論の定理 (B.10) を利用} \\
&= \mathrm{V}\Big(\sum_{i=1}^{n}(\omega_i + d_i)u_i\Big) \\
&&&\Big\} \text{補論の定理 (B.20) を利用} \\
&= \sum_{i=1}^{n}(\omega_i + d_i)^2 \mathrm{V}(u_i) \\
&&&\Big\} \text{誤差項の仮定 (iii) } \mathrm{V}(u_i) = \sigma^2 \text{ を利用，} \\
&&&\quad \text{括弧内の展開} \\
&= \sigma^2\Big(\sum_{i=1}^{n}\omega_i^2 + 2\sum_{i=1}^{n}\omega_i d_i + \sum_{i=1}^{n}d_i^2\Big) \\
&&&\Big\} \omega_i,\ d_i \text{ の性質を利用} \\
&= \sigma^2 \sum_{i=1}^{n}\omega_i^2 + \sigma^2 \sum_{i=1}^{n}d_i^2
\end{aligned}
$$

となる。最後の等式では，$\tilde{\beta}$ の不偏性の条件 $\sum d_i = 0$，$\sum d_i X_i = 0$ を利用して，

$$
\sum \omega_i d_i = \frac{\sum\limits_{i=1}^{n}(X_i - \overline{X})d_i}{\sum\limits_{j=1}^{n}(X_j - \overline{X})^2} = \frac{\sum\limits_{i=1}^{n}X_i d_i - \overline{X}\sum\limits_{i=1}^{n}d_i}{\sum\limits_{j=1}^{n}(X_j - \overline{X})^2} = 0
$$

が得られる。まとめると，$\tilde{\beta}$ の分散は，

$$
\mathrm{V}(\tilde{\beta}) = \sigma^2 \sum_{i=1}^{n}\omega_i^2 + \sigma^2 \sum_{i=1}^{n}d_i^2
$$

となる。一方，$\hat{\beta}$ の分散は，

$$
\mathrm{V}(\hat{\beta}) = \sigma^2 \sum_{i=1}^{n}\omega_i^2
$$

であったので，

$$
\mathrm{V}(\tilde{\beta}) - \mathrm{V}(\hat{\beta}) = \sigma^2 \sum_{i=1}^{n}d_i^2 \geqq 0
$$

となる。$\mathrm{V}(\tilde{\beta})$ と $\mathrm{V}(\hat{\beta})$ が等しくなる場合は，$\sum\limits_{i=1}^{n}d_i^2 = 0$，すなわち，$d_1 = d_2 = \cdots = d_n = 0$ の場合となり，このとき $\tilde{\beta}$ は $\hat{\beta}$ に一致する。

よって，$\hat{\beta}$ は最小分散線型不偏推定量（minimum variance linear unbiased estimator），または，最良線型不偏推定量（best linear unbiased estimator）となっている。最小二乗推定量が最良線型不偏推定量になるという定理をガウス=マルコ

フの定理（Gauss-Markov theorem）と呼ぶ。

$\hat{\alpha}$ についても，同様で，α の最小分散線型不偏推定量となる。証明は，まず，α のもう一つの線型不偏推定量 $\tilde{\alpha}$ を次のように表す。

$$\tilde{\alpha} = \sum_{i=1}^{n} c_i Y_i = \sum_{i=1}^{n} (\lambda_i + d_i) Y_i$$

そして，$d_1 = d_2 = \cdots d_n = 0$ のときを除いて，$V(\tilde{\alpha}) > V(\hat{\alpha})$ となることを示せばよい。証明の手順は $\hat{\beta}$ のときと全く同じである（証明略）。

今まで，様々な名称の推定量が出てきたが，それらの関係を集合の包含関係を用いて表すと，

最良線型不偏推定量，または，最小分散線型不偏推定量

$\subset$ 線型不偏推定量 $\subset$ 線型推定量 $\subset$ 推定量

となる。

(iii) **一致性（consistency）**：標本のサイズ n が大きくなると，推定量はその母数（パラメータ）に近づくというものが一致性という性質である。不偏推定量で，かつ，n が大きくなるにつれてその分散がゼロに収束するとき，一致推定量となることが知られている。分散がゼロに近づくにつれて，分布の幅がどんどん狭くなり，その代わりに，分布の高さがどんどん高くなっていく。分散がゼロの分布というのは，分布の幅がないという分布で，ある一点に集中した分布（概念上の分布）である。不偏推定量の場合は，その母数（パラメータ）に一点集中するような分布ということになる。

最小二乗推定量に関しては，$E(\hat{\beta}) = \beta$，$E(\hat{\alpha}) = \alpha$ となることがわかった。次に，n が大きくなると，$V(\hat{\beta})$，$V(\hat{\alpha})$ がゼロに収束するかどうかを調べる。既に求めたとおり，$V(\hat{\beta})$ は，

$$V(\hat{\beta}) = \frac{\sigma^2}{\displaystyle\sum_{i=1}^{n}(X_i - \overline{X})^2}$$

となる。53 ページの仮定 (vi) は，右辺の分母 $\displaystyle\sum_{i=1}^{n}(X_i - \overline{X})^2$ は n が大きくなるにつれて無限に大きくなるというものである。これを技術的な仮定と述べた。ただ，技術的な仮定ではあるが，n が増えるにつれて，二乗したものがどんどん足し合

わされていくので，無限大になるという仮定は現実的な仮定である。したがって，$n \longrightarrow \infty$ のとき，$V(\hat{\beta}) \longrightarrow 0$ となり，$\hat{\beta}$ は β の一致推定量となる。記号では，

$$\text{plim } \hat{\beta} = \beta$$

と書く。plim（ピーリム）とは英語で probability limit の略である。日本語では確率極限と言い，「$\hat{\beta}$ の確率極限は β である」のように使う。

$\hat{\alpha}$ についても，同様に，その分散がゼロに収束するかどうかを調べる。

$$V(\hat{\alpha}) = \sigma^2 \left(\frac{1}{n} + \frac{\overline{X}^2}{\sum\limits_{i=1}^{n}(X_i - \overline{X})^2} \right)$$

となり，$n \longrightarrow \infty$ のとき，$V(\hat{\alpha}) \longrightarrow 0$ となる。したがって，$\hat{\alpha}$ も α の一致推定量であると言える。すなわち，

$$\text{plim } \hat{\alpha} = \alpha$$

と書くこともできる。

● 3.3.8　誤差項（または，攪乱項）u_i の分散 σ^2 について

単回帰モデル：

$$Y_i = \alpha + \beta X_i + u_i$$

について，誤差項（または，攪乱項）u_1, u_2, $\cdots$, u_n は互いに独立で，すべての $i = 1, 2, \cdots, n$ について $u_i \sim N(0, \sigma^2)$ を仮定した。

α, β を最小二乗法で推定した場合，

$$Y_i = \hat{\alpha} + \hat{\beta} X_i + \hat{u_i}$$

と書き表せることは，既に説明したとおりである。

u_i の分散 σ^2 の不偏推定量（以下では，s^2 で表す）は，

$$s^2 = \frac{\sum\limits_{i=1}^{n} \hat{u_i}^2}{\text{自由度}}$$

として与えられる。ただし，単回帰の場合，

自由度 = 標本数（n）− 推定すべき係数パラメータの数（2）= $n - 2$

推定すべき係数パラメータの数とは，α と β の 2 つなので 2 となる。$\hat{u}_i$ を書き換えると，誤差項（または，攪乱項）の分散 σ^2 の不偏推定量 s^2 は，

$$s^2 = \frac{1}{n-2} \sum_{i=1}^{n} \hat{u}_i^2 = \frac{1}{n-2} \sum_{i=1}^{n} (Y_i - \hat{\alpha} - \hat{\beta} X_i)^2$$

によって与えられる。

単回帰の場合，推定すべき係数パラメータの数は α，β の 2 であるが，重回帰の場合は β_1，β_2，$\cdots$，β_k の k となる。したがって，重回帰の場合，自由度は $n - k$ となる。

s^2 の不偏性の証明：単回帰の場合，まず，次のように書き直す。

$$\begin{aligned} u_i &= Y_i - \alpha - \beta X_i = (\hat{\alpha} + \hat{\beta} X_i + \hat{u}_i) - \alpha - \beta X_i \\ &= (\hat{\alpha} - \alpha) + (\hat{\beta} - \beta) X_i + \hat{u}_i \end{aligned}$$

2 つ目の等式では $Y_i = \hat{\alpha} + \hat{\beta} X_i + \hat{u}_i$ が代入されている。次に，左辺の u_i と 2 行目の右辺を二乗する。

$$u_i^2 = (\hat{\alpha} - \alpha)^2 + (\hat{\beta} - \beta)^2 X_i^2 + \hat{u}_i^2 + 2(\hat{\alpha} - \alpha)(\hat{\beta} - \beta) X_i + 2(\hat{\alpha} - \alpha)\hat{u}_i + 2(\hat{\beta} - \beta) X_i \hat{u}_i$$

さらに，両辺の総和を取る。

$$\begin{aligned} \sum_{i=1}^{n} u_i^2 &= n(\hat{\alpha} - \alpha)^2 + (\hat{\beta} - \beta)^2 \sum_{i=1}^{n} X_i^2 + \sum_{i=1}^{n} \hat{u}_i^2 + 2(\hat{\alpha} - \alpha)(\hat{\beta} - \beta) \sum_{i=1}^{n} X_i \\ &\quad + 2(\hat{\alpha} - \alpha) \sum_{i=1}^{n} \hat{u}_i + 2(\hat{\beta} - \beta) \sum_{i=1}^{n} X_i \hat{u}_i \\ &= n(\hat{\alpha} - \alpha)^2 + (\hat{\beta} - \beta)^2 \sum_{i=1}^{n} X_i^2 + \sum_{i=1}^{n} \hat{u}_i^2 + 2n(\hat{\alpha} - \alpha)(\hat{\beta} - \beta)\overline{X} \end{aligned}$$

最後の行では，15 ページの **2.2.3 節**の $\sum_{i=1}^{n} \hat{u}_i = 0$，$\sum_{i=1}^{n} X_i \hat{u}_i = 0$ という残差の性質を使っている。最後に，両辺について期待値を取る。

$$\mathrm{E}(\sum_{i=1}^{n} u_i^2) = n\mathrm{E}((\hat{\alpha}-\alpha)^2) + \mathrm{E}((\hat{\beta}-\beta)^2)\sum_{i=1}^{n} X_i^2 + \mathrm{E}(\sum_{i=1}^{n}\hat{u}_i^2)$$

$$+ 2n\mathrm{E}((\hat{\alpha}-\alpha)(\hat{\beta}-\beta))\overline{X}$$

$$= n\mathrm{V}(\hat{\alpha}) + \mathrm{V}(\hat{\beta})\sum_{i=1}^{n} X_i^2 + \mathrm{E}(\sum_{i=1}^{n}\hat{u}_i^2) + 2n\mathrm{Cov}(\hat{\alpha},\hat{\beta})\overline{X} \qquad (3.10)$$

$\hat{\alpha}$ の分散，$\hat{\beta}$ の分散，$\hat{\alpha}$ と $\hat{\beta}$ の共分散の定義が用いられている。既に求めたように，$\mathrm{V}(\hat{\alpha})$，$\mathrm{V}(\hat{\beta})$，$\mathrm{Cov}(\hat{\alpha},\hat{\beta})$ を ω_i で表すとそれぞれ次のようになる。

$$\mathrm{V}(\hat{\alpha}) = \sigma^2\sum_{i=1}^{n}\lambda_i^2 = \sigma^2\sum_{i=1}^{n}(\frac{1}{n}-\overline{X}\omega_i)^2 = \sigma^2(\frac{1}{n}+\overline{X}^2\sum_{i=1}^{n}\omega_i^2)$$

$$\mathrm{V}(\hat{\beta}) = \sigma^2\sum_{i=1}^{n}\omega_i^2$$

$$\mathrm{Cov}(\hat{\alpha},\hat{\beta}) = -\sigma^2\overline{X}\sum_{i=1}^{n}\omega_i^2$$

これらを，(3.10)式に代入して，計算すると，

$$\mathrm{E}(\sum_{i=1}^{n} u_i^2) = n\sigma^2(\frac{1}{n}+\overline{X}^2\sum_{i=1}^{n}\omega_i^2) + \sigma^2\sum_{i=1}^{n}\omega_i^2(\sum_{i=1}^{n} X_i^2) + \mathrm{E}(\sum_{i=1}^{n}\hat{u}_i^2) - 2n\sigma^2\overline{X}^2\sum_{i=1}^{n}\omega_i^2$$

$$= \sigma^2 + \sigma^2(\sum_{i=1}^{n} X_i^2 - n\overline{X}^2)\sum_{i=1}^{n}\omega_i^2 + \mathrm{E}(\sum_{i=1}^{n}\hat{u}_i^2)$$

$$= 2\sigma^2 + \mathrm{E}(\sum_{i=1}^{n}\hat{u}_i^2)$$

が得られる。最後の行では，$(\sum_{i=1}^{n} X_i^2 - n\overline{X}^2)\sum_{i=1}^{n}\omega_i^2 = \sum_{i=1}^{n}(X_i-\overline{X})^2\sum_{i=1}^{n}\omega_i^2 = 1$ が利用されている。したがって，$\mathrm{E}(\sum u_i^2) = \sum\mathrm{E}(u_i^2) = n\sigma^2$ が $2\sigma^2 + \mathrm{E}(\sum_{i=1}^{n}\hat{u}_i^2)$ に等しいということから，σ^2 は，

$$\sigma^2 = \mathrm{E}(\frac{1}{n-2}\sum_{i=1}^{n}\hat{u}_i^2) = \mathrm{E}(s^2)$$

となる。すなわち，s^2 は σ^2 の不偏推定量となることがわかる。

s^2 に関連する分布の導出：次に，s^2 の分布を考える。

1. すべての $i = 1, 2, \cdots, n$ について $u_i \sim N(0, \sigma^2)$ なので，基準化すると $\dfrac{u_i}{\sigma} \sim N(0, 1)$ となり（**補論 B.3** の (B.21) 式参照），標準正規分布に従う確率変数の二乗をすると

$$\frac{u_i^2}{\sigma^2} \sim \chi^2(1)$$

となる。

(*) $\chi^2(1)$ を「自由度 1 のカイ二乗分布」と読む。χ^2 分布については，266 ページの **補論 B.7.2** を参照されたい。

2. さらに，$u_1, u_2, \cdots, u_n$ は互いに独立を仮定しているので，それぞれの基準化の二乗和は，

$$\frac{\sum u_i^2}{\sigma^2} \sim \chi^2(n)$$

となる（すなわち，自由度 n のカイ二乗分布）。

また，$u_i = Y_i - \alpha - \beta X_i$ を代入すると，

$$\frac{\sum u_i^2}{\sigma^2} = \frac{\sum (Y_i - \alpha - \beta X_i)^2}{\sigma^2} \sim \chi^2(n)$$

となる。

3. ここで，α，β をその最小二乗推定量 $\hat{\alpha}$，$\hat{\beta}$ で置き換えると，自由度が推定したパラメータ数分減るので，

$$\frac{\sum \hat{u}_i^2}{\sigma^2} = \frac{\sum (Y_i - \hat{\alpha} - \hat{\beta} X_i)^2}{\sigma^2} \sim \chi^2(n-2)$$

となる。

最後に，s^2 を使って，書き換えると，

$$\frac{\sum \hat{u}_i^2}{\sigma^2} = \frac{(n-2)s^2}{\sigma^2} \sim \chi^2(n-2)$$

が得られる。

手順を追って考えると，以上のようになる。今後，使うことになるのは，最後の分布に出てきた $\chi^2(n-2)$ 分布である。

s^2 の一致性の証明：σ^2 の推定量として，s^2 を

$$s^2 = \frac{1}{n-2}\sum_{i=1}^n \hat{u}_i^2 = \frac{1}{n-2}\sum_{i=1}^n (Y_i - \hat{\alpha} - \hat{\beta}X_i)^2$$

とした。s^2 が σ^2 の不偏推定量となることは既に証明したとおりであるが，誤差項 u_i に正規分布の仮定を置かなくても不偏性の証明はできた。しかし，正規分布の仮定を置くと，より簡単に s^2 の不偏性の証明をすることができる。$\frac{(n-2)s^2}{\sigma^2} \sim \chi^2(n-2)$ なので，χ^2 分布に従う確率変数の平均は自由度に等しく，その分散は自由度の 2 倍になることが知られている（証明略）。すなわち，

$$\mathrm{E}\left(\frac{(n-2)s^2}{\sigma^2}\right) = n-2, \qquad \mathrm{V}\left(\frac{(n-2)s^2}{\sigma^2}\right) = 2(n-2)$$

となる。書き直すと，

$$\mathrm{E}(s^2) = \sigma^2, \qquad \mathrm{V}(s^2) = \frac{2\sigma^4}{n-2}$$

を得る。「$\mathrm{E}(s^2) = \sigma^2$ で，しかも，$n \longrightarrow \infty$ のとき $\mathrm{V}(s^2) \longrightarrow 0$」が言えるので，$s^2$ は σ^2 の一致推定量である。記号では，

$$\mathrm{plim}\, s^2 = \sigma^2$$

と書くことができる。

　このように，χ^2 分布の自由度と平均・分散との関係から，s^2 の不偏性と一致性は簡単に証明することができる。

標準誤差について：分散の推定値（または，推定量）の平方根を標準誤差と呼ぶ。回帰モデルの場合，2 種類の標準誤差がある。一つは誤差項 u_i の分散 σ^2 の推定値 s^2 の平方根 s，もう一つは回帰係数の推定量（すなわち，$\hat{\alpha}$, $\hat{\beta}$）の分散の推定値の平方根（後の記号では，単回帰で $s_{\hat{\alpha}}$, $s_{\hat{\beta}}$，重回帰で $s_{\hat{\beta}_j}$）である。区別するために，前者を回帰式の標準誤差（standard error of regression）と呼び，後者を回帰係数の標準誤差（standard error of coefficient）と呼ぶ。回帰係数の標準誤差については後述する。

数値例：$\hat{\alpha} = 0.5$, $\hat{\beta} = 0.7$ なので，$\hat{Y}_i = 0.5 + 0.7X_i$, $\hat{u}_i = Y_i - \hat{Y}_i$ により，$\hat{Y}_i$, $\hat{u}_i$ を計算する。

i	X_i	Y_i	X_i^2	X_iY_i	$\hat{Y}_i$	$\hat{u}_i$
1	5	4	25	20	4.0	0.0
2	1	1	1	1	1.2	-0.2
3	3	1	9	3	2.6	-1.6
4	2	3	4	6	1.9	1.1
5	4	4	16	16	3.3	0.7
合計	$\sum X_i$	$\sum Y_i$	$\sum X_i^2$	$\sum X_iY_i$	$\sum \hat{Y}_i$	$\sum \hat{u}_i$
	15	13	55	46	13	0.0
平均	$\overline{X}$	$\overline{Y}$				
	3	2.6				

誤差項（または，攪乱項）の分散 σ^2 の不偏推定値 s^2 は，

$$s^2 = \frac{1}{n-2}\sum_{i=1}^{n}\hat{u}_i^2 = \frac{1}{5-2}\left(0.0^2 + (-0.2)^2 + (-1.6)^2 + 1.1^2 + 0.7^2\right) = 1.43333$$

によって与えられる。回帰式の標準誤差は $s = \sqrt{1.43333} = 1.197$ となる。

● 3.3.9 $\hat{\alpha}$, $\hat{\beta}$ の分散の不偏推定量

$\hat{\alpha}$ と $\hat{\beta}$ の分散は，

$$\mathrm{V}(\hat{\alpha}) = \sigma_{\hat{\alpha}}^2 = \sigma^2\left(\frac{1}{n} + \frac{\overline{X}^2}{\sum(X_i - \overline{X})^2}\right), \qquad \mathrm{V}(\hat{\beta}) = \sigma_{\hat{\beta}}^2 = \frac{\sigma^2}{\sum(X_i - \overline{X})^2}$$

となった。

σ^2 をその不偏分散 s^2 に置き換えることによって，$\hat{\alpha}$, $\hat{\beta}$ の分散 $\sigma_{\hat{\alpha}}^2$, $\sigma_{\hat{\beta}}^2$ の不偏推定量 $s_{\hat{\alpha}}^2$, $s_{\hat{\beta}}^2$ をそれぞれ次のように得ることができる。

$$s_{\hat{\alpha}}^2 = s^2\left(\frac{1}{n} + \frac{\overline{X}^2}{\sum(X_i - \overline{X})^2}\right), \qquad s_{\hat{\beta}}^2 = \frac{s^2}{\sum(X_i - \overline{X})^2}$$

さらに，平方根を取って，$\hat{\alpha}$, $\hat{\beta}$ の標準誤差はそれぞれ，

$$s_{\hat{\alpha}} = s\sqrt{\frac{1}{n} + \frac{\overline{X}^2}{\sum(X_i - \overline{X})^2}}, \qquad s_{\hat{\beta}} = \frac{s}{\sqrt{\sum(X_i - \overline{X})^2}}$$

となる。

数値例：σ^2 の不偏分散は $s^2 = 1.43333$ なので，回帰係数の不偏分散は，

$$s_{\hat{\beta}}^2 = \frac{s^2}{\sum (X_i - \overline{X})^2} = 1.433333 \times 0.1 = 0.1433333$$

$$s_{\hat{\alpha}}^2 = s^2 \left(\frac{1}{n} + \frac{\overline{X}^2}{\sum (X_i - \overline{X})^2} \right) = 1.433333 \times 1.1 = 1.5766667$$

となる。$\hat{\alpha}$，$\hat{\beta}$ の標準誤差はそれぞれ，平方根を取って，回帰係数の標準誤差はそれぞれ

$$s_{\hat{\beta}} = \sqrt{0.1433333} = 0.3786, \qquad s_{\hat{\alpha}} = \sqrt{1.5766667} = 1.25565$$

となる。

● 3.3.10 $\hat{\alpha}$，$\hat{\beta}$ の分布（σ^2 が未知の場合）

σ^2 が既知のとき，$\hat{\beta}$，$\hat{\alpha}$ の分布は (3.8) 式，(3.9) 式であるが，σ^2 が既知であるというのは現実的ではない。本節では，σ^2 が未知の場合，$\hat{\beta}$，$\hat{\alpha}$ の分布を考える。σ^2 が未知の場合は t 分布（ティー分布）を利用することになるが，t 分布については**補論 B.7.3**（267 ページ）を参照されたい。

$\hat{\beta}$ **の分布について**：(3.8) 式によると，$\hat{\beta}$ は平均 β，分散 $\sigma^2 \sum \omega_i^2$ である。このとき，$\hat{\beta}$ から平均 β を差し引いて，分散 $\sigma^2 \sum \omega_i^2$ の平方根で割ると（この変換を，正規化，標準化，または，基準化と呼ばれる），平均 0，分散 1 に変換される。さらに，259 ページの定理 (B.21) によると，正規分布の確率変数の線型変換もまた正規分布になるので，

$$\frac{\hat{\beta} - \beta}{\sqrt{\sigma^2 \sum \omega_i^2}} = \frac{\hat{\beta} - \beta}{\sqrt{\sigma^2 / \sum (X_i - \overline{X})^2}} \sim N(0, 1)$$

となる。

さらに，前節で見たように，

$$\frac{(n-2)s^2}{\sigma^2} \sim \chi^2(n-2)$$

となる。

s^2 と $\hat{\beta}$ とは独立である。ただし，この証明はかなり煩雑になるので省略する。標準正規分布に従う確率変数，χ^2 分布に従う確率変数，両者が独立，加えて，この 2 つの確率変数にある変換を行えば，t 分布に従う確率変数を導出することができる（補論 B.7.3 参照）。すなわち，

$$T = \frac{Z}{\sqrt{U/m}} = \frac{\dfrac{\hat{\beta} - \beta}{\sigma/\sqrt{\sum(X_i - \overline{X})^2}}}{\sqrt{\dfrac{(n-2)s^2}{\sigma^2}/(n-2)}} = \frac{\hat{\beta} - \beta}{s/\sqrt{\sum(X_i - \overline{X})^2}} \sim t(n-2) \quad (3.11)$$

補論 B.7.3 の Z, U, m はそれぞれ次のような対応となる。

$$Z = \frac{\hat{\beta} - \beta}{\sigma/\sqrt{\sum(X_i - \overline{X})^2}} \sim N(0, 1)$$

$$U = \frac{(n-2)s^2}{\sigma^2} \sim \chi^2(n-2)$$

$$m = n - 2$$

結果だけを眺めると，σ を s で置き換えることによって，

$$\frac{\hat{\beta} - \beta}{\sigma/\sqrt{\sum(X_i - \overline{X})^2}} \sim N(0, 1) \implies \frac{\hat{\beta} - \beta}{s/\sqrt{\sum(X_i - \overline{X})^2}} \sim t(n-2)$$

となることがわかる。

$\hat{\alpha}$ **について**：$\hat{\alpha}$ についても，$\hat{\beta}$ の分布の導出と同じ手順によって得られる。

$$T = \frac{Z}{\sqrt{U/m}} = \frac{\dfrac{\hat{\alpha} - \alpha}{\sigma\sqrt{\dfrac{1}{n} + \dfrac{\overline{X}^2}{\sum(X_i - \overline{X})^2}}}}{\sqrt{\dfrac{(n-2)s^2}{\sigma^2}/(n-2)}} = \frac{\hat{\alpha} - \alpha}{s\sqrt{\dfrac{1}{n} + \dfrac{\overline{X}^2}{\sum(X_i - \overline{X})^2}}} \sim t(n-2) \quad (3.12)$$

補論 B.7.3 の Z, U, m はそれぞれ次のような対応となる。

$$Z = \frac{\hat{\alpha} - \alpha}{\sigma \sqrt{\dfrac{1}{n} + \dfrac{\overline{X}^2}{\sum (X_i - \overline{X})^2}}} \sim N(0, 1)$$

$$U = \frac{(n-2)s^2}{\sigma^2} \sim \chi^2(n-2)$$

$$m = n - 2$$

結果的には，σ を s で置き換えて，

$$\frac{\hat{\alpha} - \alpha}{\sigma \sqrt{\dfrac{1}{n} + \dfrac{\overline{X}^2}{\sum (X_i - \overline{X})^2}}} \sim N(0, 1) \implies \frac{\hat{\alpha} - \alpha}{s \sqrt{\dfrac{1}{n} + \dfrac{\overline{X}^2}{\sum (X_i - \overline{X})^2}}} \sim t(n-2)$$

となる。

まとめ：

$\hat{\beta}$, $\hat{\alpha}$ は次の分布に従う。

$$\frac{\hat{\beta} - \beta}{s_{\hat{\beta}}} \sim t(n-2), \qquad \frac{\hat{\alpha} - \alpha}{s_{\hat{\alpha}}} \sim t(n-2)$$

ただし，

$$s_{\hat{\beta}} = \frac{s}{\sqrt{\sum (X_i - \overline{X})^2}}, \quad s_{\hat{\alpha}} = s \sqrt{\frac{1}{n} + \frac{\overline{X}^2}{\sum (X_i - \overline{X})^2}}, \quad s^2 = \frac{1}{n-2} \sum (y_i - \hat{\alpha} - \hat{\beta} X_i)^2$$

とする。$s_{\hat{\beta}}$ は $\hat{\beta}$ の標準誤差，$s_{\hat{\alpha}}$ は $\hat{\alpha}$ の標準誤差，s は回帰式の標準誤差とそれぞれ呼ばれる。

● 3.3.11 α, β の区間推定（信頼区間）

$\hat{\beta}$, $\hat{\alpha}$ の分布は，以下のように得られた。

$$\frac{\hat{\beta} - \beta}{s_{\hat{\beta}}} \sim t(n-2), \qquad \frac{\hat{\alpha} - \alpha}{s_{\hat{\alpha}}} \sim t(n-2)$$

$t_{\alpha/2}(n-2)$, $t_{1-\alpha/2}(n-2)$ をそれぞれ自由度 $n-2$ の t 分布の上側から $100 \times \dfrac{\alpha}{2}\%$

点，$100 \times (1 - \dfrac{\alpha}{2})$％点の値とする。ただし，同じ記号で紛らわしいが，この α と切片の α は異なるものなので注意されたい。このとき，自由度 $n-2$ の t 分布に従う確率変数が，区間 $(t_{1-\alpha/2}(n-2),\ t_{\alpha/2}(n-2))$ に入る確率は $1-\alpha$ となる。すなわち，次のように表される。

$$P\left(t_{1-\alpha/2}(n-2) < \frac{\hat{\beta} - \beta}{s_{\hat{\beta}}} < t_{\alpha/2}(n-2)\right) = 1 - \alpha$$

t 分布はゼロを中心として左右対称なので，$t_{1-\alpha/2}(n-2) = -t_{\alpha/2}(n-2)$ となり，

$$P\left(-t_{\alpha/2}(n-2) < \frac{\hat{\beta} - \beta}{s_{\hat{\beta}}} < t_{\alpha/2}(n-2)\right) = 1 - \alpha$$

を得る。自由度 $n-2$ と両端の確率 α が決まれば，$t_{\alpha/2}(n-2)$ は t 分布表（277 ページの**付表** 3）から得られる表中の数値である。

　書き直して，

$$P\left(\hat{\beta} - t_{\alpha/2}(n-2) \times s_{\hat{\beta}} < \beta < \hat{\beta} + t_{\alpha/2}(n-2) \times s_{\hat{\beta}}\right) = 1 - \alpha$$

と表される。

　したがって，$\hat{\beta}$, $s_{\hat{\beta}}$ を推定値で置き換えて，信頼係数 $1-\alpha$ の β の信頼区間は，

$$\left(\hat{\beta} - t_{\alpha/2}(n-2) \times s_{\hat{\beta}},\quad \hat{\beta} + t_{\alpha/2}(n-2) \times s_{\hat{\beta}}\right)$$

となる。

　同様に，信頼係数 $1-\alpha$（この α は確率）の α（この α は切片）の信頼区間は，$\hat{\alpha}$, $s_{\hat{\alpha}}$ を推定値で置き換えて，

$$\left(\hat{\alpha} - t_{\alpha/2}(n-2) \times s_{\hat{\alpha}},\quad \hat{\alpha} + t_{\alpha/2}(n-2) \times s_{\hat{\alpha}}\right)$$

となる。

数値例：今までと同様に，以下の数値例を取り上げる。

i	X_i	Y_i
1	5	4
2	1	1
3	3	1
4	2	3
5	4	4

この数値例をもとにして，回帰モデル $Y_i = \alpha + \beta X_i + u_i$ を推定した結果，13ページで係数推定値が得られ，72ページではその標準誤差が次のように求められた。

$$\hat{\beta} = 0.7, \qquad s_{\hat{\beta}} = \sqrt{0.1433333} = 0.3786$$
$$\hat{\alpha} = 0.5, \qquad s_{\hat{\alpha}} = \sqrt{1.5766667} = 1.25565$$

277ページの**付表3**から，自由度 $3\ (=5-2)$ の t 分布の上側 2.5% 点は 3.1824 なので，$t_{0.025}(3) = 3.1824$ となる。したがって，信頼係数 0.95 の傾き β の信頼区間は，

$$(0.7 - 3.1824 \times 0.3786,\ 0.7 + 3.1824 \times 0.3786) = (-0.505,\ 1.905)$$

となる。

　切片 α については，信頼係数 0.95 の切片 α の信頼区間は，

$$(0.5 - 3.1824 \times 1.25565,\ 0.5 + 3.1824 \times 1.25565) = (-3.496,\ 4.496)$$

となる。

　信頼係数の値を変えて，信頼係数 0.90 とすると，**付表3**から $t_{0.05}(3) = 2.3534$ なので，信頼係数 0.90 の傾き β の信頼区間は，

$$(0.7 - 2.3534 \times 0.3786,\ 0.7 + 2.3534 \times 0.3786) = (-0.191,\ 1.591)$$

となる。信頼係数 0.90 の切片 α の信頼区間は，

$$(0.5 - 2.3534 \times 1.25565,\ 0.5 + 2.3534 \times 1.25565) = (-2.455,\ 3.455)$$

となる。

注意：信頼係数 0.90 の傾き β の信頼区間を例に取る。**付表3**から $t_{0.05}(3) = 2.3534$ なので，

　(i)　$P(\hat{\beta} - 2.3534 \times s_{\hat{\beta}} < \beta < \hat{\beta} + 2.3534 \times s_{\hat{\beta}}) = 0.90$

と書き表すことはできる。しかし，$\hat{\beta}$, $s_{\hat{\beta}}$ をその推定値で置き換えて，

(ⅱ) $P(\,0.7 - 2.3534 \times 0.3786 < \beta < 0.7 + 2.3534 \times 0.3786\,)$
$$= P(\,-0.191 < \beta < 1.591\,) = 0.90$$

とするのは間違いである。

（ⅰ）はもともと，$T \sim t(3)$ のとき，T から生成される値が $-2.3534 \sim 2.3534$ の範囲に入る確率が 0.9 という意味である。ただし，ここでの場合は $T = \dfrac{\hat{\beta} - \beta}{s_{\hat{\beta}}}$ である。（ⅰ）では $\hat{\beta}$ や $s_{\hat{\beta}}$ が確率変数である。（ⅱ）については，β は確率変数ではなく，未知ではあるがある値をとるパラメータである。不等式 $-0.191 < \beta < 1.591$ の中に確率変数は存在しない。信頼係数 0.9 の β の信頼区間は $(-0.191,\ 1.591)$ と書くべきであって，$-0.191 < \beta < 1.591$ とするべきではない。

● 3.3.12 α, β の仮説検定

β_0 にはある値が与えられているものとしよう。「未知パラメータの β は β_0 の値を取る」という仮説を検定したい場合を考えよう。検定したい仮説を帰無仮説（H_0 で表す）と呼び，この帰無仮説に対する仮説を対立仮説（H_1 で表す）と呼ぶ。主に次のような仮説の立て方が一般的である。

（ⅰ）帰無仮説 $H_0 : \beta = \beta_0$，対立仮説 $H_1 : \beta \neq \beta_0$
（ⅱ）帰無仮説 $H_0 : \beta = \beta_0$，対立仮説 $H_1 : \beta > \beta_0$
（ⅲ）帰無仮説 $H_0 : \beta = \beta_0$，対立仮説 $H_1 : \beta < \beta_0$

帰無仮説は 3 つとも同じで「β が β_0 に等しい」である。対立仮説については，（ⅰ）は「β は β_0 と異なる」（どちらが大きいかは問わない），（ⅱ）は「β は β_0 より大きい」（小さい方は考えない），（ⅲ）は「β は β_0 より小さい」（大きい方は考えない）である。

（ⅱ）は，β の最小二乗推定値 $\hat{\beta}$ の方が β_0 より大きい場合に用いられることが多い。（ⅲ）は逆に，β の最小二乗推定値 $\hat{\beta}$ の方が β_0 より小さい場合に用いられることが多い。（ⅱ）や（ⅲ）は片方の場合（大きい場合，または，小さい場合）だけを考えればよく，片側検定という方法が使われる。それに対して，（ⅰ）は β が大きい場合，小さい場合の両方を考える必要があり，両側検定が用いられる。本書では，両側検定のみを扱う。片側検定については統計学の入門の教科書を参照されたい。

帰無仮説 $H_0 : \beta = \beta_0$ に対して，対立仮説 $H_1 : \beta \neq \beta_0$ を検定する。前節から，

$$\frac{\hat{\beta} - \beta}{s_{\hat{\beta}}} \sim t(n-2)$$

という結果が得られた。この結果を利用すると，帰無仮説：$H_0 : \beta = \beta_0$ が正しいとき，β_0 を β に代入しても，

$$\frac{\hat{\beta} - \beta_0}{s_{\hat{\beta}}} \sim t(n-2) \tag{3.13}$$

が成り立つ。

確率変数の関数は統計量と呼ばれる。統計量の中でも，検定のために使われる統計量のことを検定統計量と言う。本節で扱う帰無仮説を検定するための統計量，すなわち，検定統計量は (3.13) 式の $\dfrac{\hat{\beta} - \beta_0}{s_{\hat{\beta}}}$ となる。

検定の手順は，次のとおりである。

1. データから推定値 $\hat{\beta}$，$s_{\hat{\beta}}$ を求めて，検定統計値 $\dfrac{\hat{\beta} - \beta_0}{s_{\hat{\beta}}}$ を計算する。ただし，

$$\hat{\beta} = \frac{\sum (X_i - \overline{X})(Y_i - \overline{Y})}{\sum (X_i - \overline{X})^2}, \qquad \hat{\alpha} = \overline{Y} - \hat{\beta}\overline{X}$$

$$\hat{u}_t = Y_i - \hat{\alpha} - \hat{\beta}X_i, \qquad s^2 = \frac{1}{n-2} \sum \hat{u}_t^2, \qquad s_{\hat{\beta}}^2 = \frac{s^2}{\sum (X_i - \overline{X})^2}$$

である。

2. 有意水準 α を決めて（この α は，回帰式の定数項の α とは異なることに注意），自由度 $n-2$ の t 分布表（277 ページの**付表 3**）から上側 $100 \times \dfrac{\alpha}{2}$ ％点の値を求める。通常，$\alpha = 0.01$，0.05 とする場合が多い。

   (*) 有意水準とは，帰無仮説が正しいときに棄却する確率のことであり，α で表すことが多い。

3. 自由度 $n-2$ の t 分布表から得られた $100 \times \dfrac{\alpha}{2}$ ％点の値と検定統計値の大小を比較する。すなわち，

$$\left| \frac{\hat{\beta} - \beta_0}{s_{\hat{\beta}}} \right| > t_{\alpha/2}(n-2)$$

ならば，有意水準 α で帰無仮説 $H_0 : \beta = \beta_0$ を棄却する。

(*)　上の不等式が成り立つ場合は，帰無仮説 $H_0 : \beta = \beta_0$ を中心とした分布を考えるとき，データから得られた検定統計値は自由度 $n-2$ の t 分布の端にあり，H_0 は確率的に起こりにくいと考えられる。そのために，最初に立てた帰無仮説 H_0 は間違いだと判断することになる。

定数項 α の検定についても同様である。ただし，通常，定数項に関する区間推定や仮説検定を行うことは稀である。未知の関数を線型近似して最小二乗法を当てはめることになるので，データが存在する近傍で線型近似していて，説明変数 X がゼロというデータから遠く離れた切片の分析を行うことは実践ではあまり見られない。

以上のように，検定方法をまとめると次のようになる。帰無仮説を立てて，帰無仮説が正しいときの検定統計量の分布を求め，データから得られた検定統計値と検定統計量の分布を比較する。検定統計値が検定統計量の分布の端（右端でも左端でも）にあれば，帰無仮説が正しくないと判断し，帰無仮説を棄却する。有意水準によって，検定結果が変わることもあり得る。

t 値について：特に，「帰無仮説：$H_0 : \beta = 0$，対立仮説：$H_1 : \beta \neq 0$」の検定は特別な意味を持つ。帰無仮説のもとでは（「帰無仮説が正しいとき」と同じ意味），$\beta = 0$ を代入して，

$$\frac{\hat{\beta}}{s_{\hat{\beta}}} \sim t(n-2)$$

の分布に従う。このときの検定統計量の値（すなわち，データで置き換えた $\frac{\hat{\beta}}{s_{\hat{\beta}}}$）を t 値と呼ぶ。Excel の出力結果では「t」，Gretl では「t 値」が，ここでの t 値に相当する。

$H_0 : \beta = 0$ という帰無仮説は，回帰式

$$Y_i = \alpha + \beta X_i + u_i$$

において，「X_i が Y_i に何の影響も与えない」という仮説であることを意味する。

有意水準 α のもとで（この α は，回帰式の定数項の α とは異なることに注意），

$$\left|\frac{\hat{\beta}}{s_{\hat{\beta}}}\right| > t_{\alpha/2}(n-2)$$

ならば，有意水準 α で帰無仮説 $H_0 : \beta = 0$ を棄却する。

実証分析の手順は大まかに下記のとおりとなる。

1. 回帰モデル

$$Y_i = \alpha + \beta X_i + u_i$$

において，経済理論から $\beta > 0$ という符号条件が想定されたとする。

2. 有意水準 α を決める。（例えば，$\alpha = 0.05, 0.01$）

3. 実際のデータから，$\hat{\beta} > 0$ が得られた場合：

(a) t 値が，

$$\frac{\hat{\beta}}{s_{\hat{\beta}}} > t_{\alpha/2}(n-2)$$

となった場合，帰無仮説 $H_0 : \beta = 0$ が棄却され，$\beta > 0$ が統計的にも証明され，経済理論は現実経済をサポートする結果となる。

(b) t 値が，

$$\frac{\hat{\beta}}{s_{\hat{\beta}}} < t_{\alpha/2}(n-2)$$

となった場合，帰無仮説 $H_0 : \beta = 0$ を棄却できず，$\hat{\beta} > 0$ にもかかわらず，$\beta < 0$ の可能性もあるため，経済理論が現実経済を積極的には支持しない。

4. 実際のデータから，$\hat{\beta} < 0$ が得られた場合：

(a) t 値が，

$$-t_{\alpha/2}(n-2) < \frac{\hat{\beta}}{s_{\hat{\beta}}}$$

となった場合，帰無仮説 $H_0 : \beta = 0$ を棄却できず，$\hat{\beta} < 0$ にもかかわらず，$\beta > 0$ の可能性もあるため，得られた推定結果と経済理論は完全に矛盾しているとは言えない。

(b) t 値が,

$$-t_{\alpha/2}(n-2) > \frac{\hat{\beta}}{s_{\hat{\beta}}}$$

となった場合,帰無仮説 $H_0: \beta = 0$ は棄却され,統計的には $\beta < 0$ となり,得られた推定結果と経済理論は完全に矛盾している。すなわち,この場合,経済理論の立て直しが必要となる。

数値例：今までと同様に,以下の数値例を取り上げる。

i	X_i	Y_i
1	5	4
2	1	1
3	3	1
4	2	3
5	4	4

回帰モデル $Y_i = \alpha + \beta X_i + u_i$ を推定した結果,以下の推定値を得た。

$$\hat{\beta} = 0.7, \qquad s_{\hat{\beta}} = \sqrt{0.1433333} = 0.3786$$

帰無仮説 $H_0: \beta = 0$,対立仮説 $H_0: \beta \neq 0$ の検定を行う。t 値は $0.7/0.3786 = 1.849$,有意水準 5%の $t_{\alpha/2}(n-2)$ の値は 3.1824 となり（$\alpha = 0.05$, $n = 5$),

$$\frac{\hat{\beta}}{s_{\hat{\beta}}} = \frac{0.7}{\sqrt{0.1433333}} = 1.849 < t_{\alpha/2}(n-2) = 3.1824$$

を得る。このように,有意水準 5%で帰無仮説 $H_0: \beta = 0$ は棄却されない。よって,β の符号は統計学的に確定できない。

また,α についても同様に,t 値を計算できる。

$$\hat{\alpha} = 0.5, \qquad s_{\hat{\alpha}} = \sqrt{1.5766667} = 1.25565$$

なので,t 値は,

$$\frac{\hat{\alpha}}{s_{\hat{\alpha}}} = \frac{0.5}{\sqrt{1.5766667}} = 0.398 < t_{\alpha/2}(n-2) = 3.1824$$

となり,有意水準 5%で $H_0: \alpha = 0$ を棄却できない。よって,α の符号も確定で

きないことになる。しかし，前述のとおり，定数項については，一般的に経済学的には意味がない場合が多いので，定数項に関して仮説検定を行うことは少ない。

推定結果の表記方法：回帰モデル：

$$Y_i = \alpha + \beta X_i + u_i$$

の推定の結果，$\hat{\alpha} = 0.5$，$\hat{\beta} = 0.7$，$s_{\hat{\alpha}} = \sqrt{1.5766667} = 1.25565$，$s_{\hat{\beta}} = \sqrt{0.1433333} = 0.3786$，$\dfrac{\hat{\alpha}}{s_{\hat{\alpha}}} = 0.398$，$\dfrac{\hat{\beta}}{s_{\hat{\beta}}} = 1.849$，$s^2 = 1.433333$（すなわち，$s = 1.197$），$R^2 = 0.5326$，$\overline{R}^2 = 0.3768$ を得た。これらをまとめて，

$$Y_i = \underset{(0.398)}{0.5} + \underset{(1.849)}{0.7} X_i$$
$$R^2 = 0.5326, \qquad \overline{R}^2 = 0.3768, \qquad s = 1.197$$

ただし，係数の推定値の下の括弧内は t 値を表すものとする。

または，

$$Y_i = \underset{(1.256)}{0.5} + \underset{(0.379)}{0.7} X_i$$
$$R^2 = 0.5326, \qquad \overline{R}^2 = 0.3768, \qquad s = 1.197$$

ただし，係数の推定値の下の括弧内は標準誤差を表すものとする。

のように書く。

p 値について：Excel，Gretl 共に p 値というものが出力される。Excel では「P-値」と表記される。検定の際に，帰無仮説 $H_0 : \beta = 0$ のもとで，

$$\frac{\hat{\beta}}{s_{\hat{\beta}}} \sim t(n-2)$$

であった。まず，$\hat{\beta}$，$s_{\hat{\beta}}$ をデータで置き換えて，検定統計値の t 値 $= \dfrac{\hat{\beta}}{s_{\hat{\beta}}}$ を計算する。$T \sim t(n-2)$ としたとき，$|T| > \dfrac{\hat{\beta}}{s_{\hat{\beta}}}$ となる確率を p 値と呼ぶ。すなわち，$T \sim t(n-2)$ とするとき，

$$P\left(|T| > \left|\frac{\hat{\beta}}{s_{\hat{\beta}}}\right|\right) = P\left(T < -\left|\frac{\hat{\beta}}{s_{\hat{\beta}}}\right|\right) + P\left(T > \left|\frac{\hat{\beta}}{s_{\hat{\beta}}}\right|\right)$$

を p 値と呼ぶ。ただし、$\hat{\beta}$, $s_{\hat{\beta}}$ は推定値である。すなわち、t 値、p 値、自由度 $n-2$ に従う確率変数 T の関係は、

$$p \text{ 値} = P(|T| > |t \text{ 値}|) = P(T < -|t \text{ 値}|) + P(T > |t \text{ 値}|)$$

となる。$|t \text{ 値}|$ とは t 値の絶対値である。グラフで示すと、下図の黒塗りの確率が p 値である。

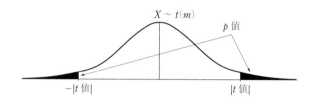

もし p 値が 0.05（または、0.01）より小さければ、有意水準 5%（または、1%）で帰無仮説 $H_0 : \beta = 0$ を棄却するということになる。

● 3.3.13 Excel, Gretl の出力結果の読み方

本節では、今までで扱った数値例をもとにして、出力結果の読み方を解説する。40 ページの下図は Excel の出力結果、48 ページの下図は Gretl の出力結果である。まずは両者を比較してみよう。

Excel の出力結果の 19 行目の青字のセル 1.433333 は、左隣の「変動」（= 4.3）を「自由度」（= 3）で割ったもので、誤差項 u_i の分散 σ^2 の不偏分散 s^2 が出力されている。13 行目の青字のセル 1.197219 は s^2 の平方根 $\sqrt{1.433333} = 1.197219$ であり、回帰式の標準誤差を表す。23, 24 行目の「標準誤差」は係数の標準誤差 $(s_{\hat{\alpha}}, s_{\hat{\beta}})$ を表す。その右隣の t は t 値を表し、「係数 ÷ 標準誤差 = t 値」という関係がある。その右横の方にある「下限 95%」「上限 95%」の 2 列で、対応する行のパラメータの 95% 信頼区間が出力されている。

その右横に 2 列同じ「下限 95%」「上限 95%」があるが、39 ページの回帰分析の設定画面のときに、「有意水準（O）」にチェックを入れて、その右横の欄に例えば 99 と記入すれば、出力の際に「下限 95%」「上限 95%」の右横に「下限 99%」「上限 99%」という項目ができて、99% 信頼区間が表示されるようになる。

何も触らなければ，初期設定では 95 と薄い文字で書かれて 95% 信頼区間が表示される（95% 信頼区間が 2 つ表示されているのはこのためである）。

　Gretl について，「係数」「標準誤差」「t 値」「p 値」の並びは，Excel の出力結果と同様である。**2.3.4 節**の 49 ページの表に，Gretl の英語表記の日本語訳を載せたが，「S.E. of regression」とは「Standard error of regression」が正式表記で，「回帰式の標準誤差」，すなわち，誤差項 u_i の分散 σ^2 の推定値 s^2 の平方根 s である（Excel では，40 ページの出力結果で 13 行目の標準誤差に対応する）。

■ 3.4　確率的モデル：重回帰モデル

　n 組のデータ $(Y_i, X_{1i}, X_{2i}, \cdots, X_{ki})$，$i = 1, 2, \cdots, n$ を用いて，k 変数の多重回帰モデルを考える。

$$Y_i = \beta_1 X_{1i} + \beta_2 X_{2i} + \cdots + \beta_k X_{ki} + u_i$$

ただし，X_{ji} は j 番目の説明変数の第 i 番目の観測値を表す。u_i は誤差項（または，攪乱項）で，これまでと同じ仮定を用いる（すなわち，$u_1, u_2, \cdots, u_n$ は互いに独立に，平均ゼロ，分散 σ^2 の正規分布に従う）。$\beta_1, \beta_2, \cdots, \beta_k$ は推定されるべきパラメータである。すべての i について，$X_{1i} = 1$ とすれば，β_1 は定数項として表される。

推定量の性質：$\beta_1, \beta_2, \cdots, \beta_k$ の最小二乗推定量は $\hat{\beta}_1, \hat{\beta}_2, \cdots, \hat{\beta}_k$ とする。誤差項（または，攪乱項）u_i の分散 σ^2 の推定量 s^2 は，

$$s^2 = \frac{1}{n-k} \sum_{i=1}^{n} \hat{u}_i^2 = \frac{1}{n-k} \sum_{i=1}^{n} (Y_i - \hat{\beta}_1 X_{1i} - \hat{\beta}_2 X_{2i} - \cdots - \hat{\beta}_k X_{ki})^2$$

として表される。

　このとき，$\hat{\beta}_j$ は β_j の不偏推定量・一致推定量であること，s^2 は σ^2 の不偏推定量・一致推定量であることを示すことができる。すなわち，

$$\mathrm{E}(\hat{\beta}_j) = \beta_j, \qquad \mathrm{plim}\ \hat{\beta}_j = \beta_j, \qquad \mathrm{E}(s^2) = \sigma^2, \qquad \mathrm{plim}\ s^2 = \sigma^2$$

を証明することができる（証明略）。

さらに，$\hat{\beta}_j$ は β_j の最良線型不偏推定量（または，最小分散線型不偏推定量）であることも知られている（証明略）。

分布について：27 ページの (2.13) 式を解いた $\hat{\beta}_1$, $\hat{\beta}_2$, $\cdots$, $\hat{\beta}_k$ の解が重回帰モデルにおける最小二乗推定量である。(2.13) 式の右辺の逆行列と $\hat{\beta}_1$, $\hat{\beta}_2$, $\cdots$, $\hat{\beta}_k$ の分散・共分散には密接な関係がある。このことは単回帰モデルのときにも述べたとおりである（60 ページ参照）。

(2.13) 式の逆行列の i 行 j 列要素を a_{ij} とする（a_{ij} は X_{ji} の関数で非確率変数）。このとき，$j = 1, 2, \cdots, k$ について，$\hat{\beta}_j$ の分散は，

$$\mathrm{V}(\hat{\beta}_j) = \sigma^2 a_{jj}$$

と表される（証明略）。さらに，$i \neq j$ について，$\hat{\beta}_i$ と $\hat{\beta}_j$ の共分散は，

$$\mathrm{Cov}(\hat{\beta}_i, \hat{\beta}_j) = \sigma^2 a_{ij}$$

となる（証明略）。

このとき，$j = 1, 2, \cdots, k$ について，

$$\hat{\beta}_j \sim N(\beta_j, \sigma^2 a_{jj})$$

となり，標準化すると，

$$\frac{\hat{\beta}_j - \beta_j}{\sigma \sqrt{a_{jj}}} \sim N(0, 1)$$

が得られる。さらに，

$$\frac{(n-k)s^2}{\sigma^2} \sim \chi^2(n-k)$$

となり（証明略），しかも，$\hat{\beta}_j$ と s^2 は独立となるので（証明略），

$$\frac{\hat{\beta}_j - \beta_j}{s \sqrt{a_{jj}}} = \frac{\hat{\beta}_j - \beta_j}{s_{\hat{\beta}_j}} \sim t(n-k) \tag{3.14}$$

となる。$s_{\hat{\beta}_j} = s \sqrt{a_{jj}}$ は j 番目のパラメータ推定値の標準誤差を表す。この自由度 $n-k$ の t 分布を用いて，通常の区間推定や仮説検定を行うことができる。自由

度が $n-k$ になることを除いて，Excel や Gretl の出力結果の見方は単回帰モデルのときと全く同じである。

注意：u_1, u_2, $\cdots$, u_n は互いに独立で，$u_i \sim N(0, \sigma^2)$ を仮定する。$\dfrac{u_i}{\sigma} \sim$ $N(0, 1)$ なので，n 個の互いに独立な標準正規分布に従う確率変数の二乗和は自由度 n の χ^2 分布に従う。すなわち，

$$\sum_{i=1}^{n} (\frac{u_i}{\sigma})^2 \sim \chi^2(n)$$

となる。$u_i = Y_i - \beta_1 X_{1i} - \beta_2 X_{2i} - \cdots - \beta_k X_{ki}$ をその推定量 $\hat{u}_i = Y_i - \hat{\beta}_1 X_{1i} - \hat{\beta}_2 X_{2i} - \cdots - \hat{\beta}_k X_{ki}$ で置き換えると，

$$\sum_{i=1}^{n} (\frac{\hat{u}_i}{\sigma})^2 = \frac{(n-k)s^2}{\sigma^2} \sim \chi^2(n-k)$$

ただし，s^2 は σ^2 の推定量で，$s^2 = \dfrac{1}{n-k} \sum_{i=1}^{n} \hat{u}_i^2$ である。$\hat{u}_i$ を得るためには，$\hat{\beta}_1$, $\hat{\beta}_2$, $\cdots$, $\hat{\beta}_k$（k 個のパラメータの推定量）を求めなければならない。この場合，$n-k$（＝データ数 − パラメータ数）を自由度と呼ぶ。

◆ 練 習 問 題

3.1 次の回帰式を考える。

$$Y_i = \alpha + \beta X_i + u_i, \qquad i = 1, 2, \cdots, n$$

ただし，誤差項 u_1, u_2, $\cdots$, u_n は互いに独立で，それぞれ $N(0, \sigma^2)$ の分布に従うものとする。α, β はパラメータである。

$n = 15$ とする。X_i, Y_i のデータから，$\sum_{i=1}^{n} Y_i = 45$, $\sum_{i=1}^{n} Y_i^2 = 164$, $\sum_{i=1}^{n} X_i = 75$, $\sum_{i=1}^{n} X_i^2 = 400$, $\sum_{i=1}^{n} X_i Y_i = 245$ が得られた。このとき，次の問いに答えなさい。

(1) α, β の最小二乗推定値 $\hat{\alpha}$, $\hat{\beta}$ を求めなさい。

(2) σ^2 の不偏推定値 s^2 を求めなさい。

(3) 決定係数 R^2，自由度修正済み決定係数 $\overline{R}^2$ を求めなさい。

(4) 回帰式の標準誤差を求めなさい。

(5) $\hat{\beta}$ の標準誤差を求めなさい。

(6) β の 90% 信頼区間を求めなさい。

(7) 帰無仮説 $H_0 : \beta = 0$，対立仮説 $H_1 : \beta \neq 0$ を有意水準 5% で検定しなさい。

3.2 t 値とは何か，p 値とは何かそれぞれ説明しなさい。

3.3 下記の定式化で投資関数を推定することにした。

$$I_t = \alpha + \beta Y_t + \gamma r_t + \delta K_{t-1} + u_t, \qquad t = 1, 2, \cdots, T$$

α，β，γ，δ は未知パラメータとする。u_t は誤差項とし，u_1，u_2，$\cdots$，u_T は互いに独立で，$u_t \sim N(0, \sigma^2)$ と仮定する。さらに，I_t，Y_t，r_t，K_t は，

$\quad$ I_t：t 期の実質民間設備投資（単位 10 億円）

$\quad$ Y_t：t 期の実質 GDP（単位 10 億円）

$\quad$ r_t：t 期の実質全国銀行貸出約定平均金利（物価上昇率を引いて実質化，単位%）

$\quad$ K_t：t 期末の全産業資本ストック（進捗ベース，単位 10 億円）

とする。17 年分の暦年データを用いて，下記の推定結果が得られた。

$$I_t = \underset{(15372)}{-49756} + \underset{(0.046)}{0.308}\, Y_t - \underset{(939)}{1749}\, r_t - \underset{(0.0094)}{0.0279}\, K_{t-1}$$
$$R^2 = 0.8476, \ \overline{R}^2 = 0.8124, \ s = 2107.2$$

ただし，推定値の下の（ ）内の数字は推定値の標準誤差とする。このとき，以下の問いに答えなさい。

(1) β，γ，δ の予想される符号とその理由を述べながら，それぞれの推定値の結果を評価しなさい。

(2) R^2，$\overline{R}^2$，s の記号の意味を説明しながら推定結果の評価をしなさい。

(3) 帰無仮説 $H_0 : \beta = 0$，対立仮説 $H_1 : \beta \neq 0$ を有意水準 1% で検定しなさい。

(4) 信頼係数 0.95 で γ の信頼区間を求めなさい。

3.4 次の回帰モデルを考える。

$$Y_i = \alpha + \beta X_i + u_i, \qquad i = 1, 2, \cdots, n$$

ただし，u_1，u_2，$\cdots$，u_n は互いに独立で，$u_i \sim N(0, \sigma^2)$ を仮定する。

$\quad$ α，β の最小二乗推定量を $\hat{\alpha}$，$\hat{\beta}$ とする。β の別の推定量 $\tilde{\beta} = \sum_{i=1}^{n}(\omega_i + d_i)Y_i$ を考える。ただし，$\omega_i = \dfrac{X_i - \overline{X}}{\sum_{j=1}^{n}(X_j - \overline{X})^2}$，$\overline{X} = \dfrac{1}{n}\sum_{i=1}^{n}X_i$ とする。また，σ^2 の推定量 $s^2 = $

$\dfrac{1}{n-2}\sum_{i=1}^{n}(Y_i - \hat{\alpha} - \hat{\beta}X_i)^2$ を考える。このとき，下記の問いに答えなさい。

(1) $\mathrm{E}(\hat{\alpha})$, $\mathrm{E}(\hat{\beta})$ を求めなさい。

(2) $\mathrm{V}(\hat{\alpha})$, $\mathrm{V}(\hat{\beta})$ を求めなさい。

(3) $\tilde{\beta}$ が線型不偏推定量であるための条件を求めなさい。

(4) $\tilde{\beta}$ が線型不偏推定量であるとき，$\mathrm{V}(\tilde{\beta})$ を求めなさい。

(5) $\hat{\beta}$ と $\tilde{\beta}$ のうち，どちらがよい推定量と言えるか説明しなさい。

(6) $\mathrm{E}(s^2)$, $\mathrm{V}(s^2)$ を求めなさい。

(7) s^2 は σ^2 の一致推定量であることを証明しなさい。

第4章
ダミー変数，関数型，
多重共線性，F 検定など

前章までで一通りの実証分析の方法を学んだ。本章では実践でよく使う事柄や問題点などを解説する。

■ 4.1　ダミー変数

ダミー変数とは，0 と 1 から成る変数のことである。様々な場面で，ダミー変数が利用される。例えば，異常値が含まれる場合の推定，経済構造が変化する場合の推定，地域間で差があるかどうかを調べたい場合の推定，男女間に差（例えば，賃金格差）があるかどうかを調べたい場合，データに季節性が含まれる場合の推定など，その他にも分析内容によって様々な使い道がある。

異常値があれば異常値を除外すればいいのではないか，経済構造が変化しているとするのであればデータを 2 分割して推定すればいいのではないか，地域間で差があるかどうかを見るのであれば地域ごとに推定すればどうかなど，ダミー変数を使う必要はないのではないかという疑問が生じないだろうか。ダミー変数を使う理由として，多くの場合，経済データは数が少ないというのが最大の理由である。

例えば，GDP データについて年データであれば 10 年間ではたかだか 10 個，四半期データであれば 10 年間では 40 個のデータしか観測されない。実験を繰り返せばデータが増えるというようなことはできない。アンケート調査などでも，データを集める場合，一人一人（または，一軒一軒）にアンケートを取るにも相当な労力がかかる。経済データの場合は，基本的にはデータの制約がかなり大きいと言える。利用可能なデータをすべて利用するために，ダミー変数が有用となる。

● 4.1.1 異常値ダミー

データに異常値が含まれている場合，ダミー変数を使う。例えば，データが20組あるとして，9組目のデータが，回帰直線から離れている場合（異常値の場合）を考えてみよう。

$$D_i = \begin{cases} 1, & i = 9\,\text{のとき} \\ 0, & i = 1,\,\cdots,\,8,\,10,\,\cdots,\,20\,\text{のとき} \end{cases}$$

という変数を作り，

$$Y_i = \alpha + \delta D_i + \beta X_i + u_i$$

を推定する。これは2つの式を同時に推定していることになる。

$$Y_i = \begin{cases} (\alpha + \delta) + \beta X_i + u_i, & i = 9\,\text{のとき} \\ \alpha + \beta X_i + u_i, & i = 1,\,\cdots,\,8,\,10,\,\cdots,\,20\,\text{のとき} \end{cases}$$

9組目のデータで，傾きは同じで，定数項がシフトするという回帰モデルになっている。δ の推定値 $\hat{\delta}$ の有意性を調べることによって，9組目のデータが異常値かどうかの検定ができる。

数値例：今までと同様に，以下の数値例を取り上げる。$(x_6, y_6) = (5, 0)$ として6組目に新たなデータが追加されたとしよう。

i	Y_i	X_i	D_i
1	5	4	0
2	1	1	0
3	3	1	0
4	2	3	0
5	4	4	0
6	5	0	1

追加された6組目のデータが異常値かどうかを調べる。上の表では，ダミー変数 D_i が次のように作成されている。

図 4-1　異 常 値

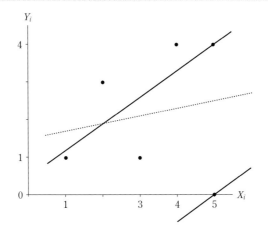

$$D_i = \begin{cases} 1, & i = 6 \text{ のとき} \\ 0, & i = 1, 2, 3, 4, 5 \text{ のとき} \end{cases}$$

グラフに描くと図 4-1 となる。

　6 組全部のデータを用いて，回帰直線を推定すると，下の結果が得られる。

$$Y_i = \underset{(0.793)}{1.5} + \underset{(0.719)}{0.2} X_i$$

$$R^2 = 0.0360, \quad \overline{R}^2 = -0.2051, \quad s = 1.8908$$

　　ただし，係数の推定値の下の括弧内は t 値を表すものとする。

この推定結果は，図 4-1 では点線で表される直線に対応する。

　$i = 6$ が異常値と考えて，ダミー変数を加えて推定した結果は下のとおりである。

$$Y_i = \underset{(0.398)}{0.5} + \underset{(1.849)}{0.7} X_i - \underset{(2.641)}{4.0} D_i$$

$$R^2 = 0.7101, \quad \overline{R}^2 = 0.5169, \quad s = 1.1972$$

　　ただし，係数の推定値の下の括弧内は t 値を表すものとする。

この推定結果は，図 4-1 では実線で表される 2 本の直線に対応する。この場合，

$i = 6$ について，$\hat{Y}_6 = Y_6$，すなわち，$\hat{u}_6 = 0$ となる。2 つの直線の切片の差がダミー変数の係数 -4.0 に等しくなっている。ダミー変数の係数値の t 値は 2.641 である。自由度 $n - k = 6 - 3 = 3$ の t 分布（277 ページ**付表 3**）の上から 2.5％点は 3.1824 である。2.641 < 3.1824 なので，ダミー変数の係数 $\delta = 0$ という帰無仮説を棄却できない。したがって，この例では 6 組目のデータは異常値ではないと判断することになる。6 組目のデータは異常値でないと判定されたが，図 4-1 から，ダミー変数を使うか使わないかで推定結果が大幅に変わる（点線と実線の傾きが大きく異なる）ことがわかる。

● 4.1.2　構造変化ダミー

経済構造がある時期から変化した場合もダミー変数を使って，処理することができる。この場合，添え字 i は時間を表す。すなわち，時系列データを扱うときに，構造変化ダミーが使われることがある。

$n = 20$ として，例えば，9 期目以前と以降とで，経済構造が変化している場合を考えてみよう。まず，

$$D_i = \begin{cases} 0, & i = 1, 2, \cdots, 9 \text{ のとき} \\ 1, & i = 10, 11, \cdots, 20 \text{ のとき} \end{cases}$$

というダミー変数を作る。定数項だけが変化したと考える場合，定数項と X_i だけでなく，D_i を説明変数に加えて，

$$Y_i = \alpha + \delta D_i + \beta X_i + u_i$$

を推定する。この回帰式は，次の 2 つの式を同時に推定することを意味する。

$$Y_i = \begin{cases} \alpha + \beta X_i + u_i, & i = 1, 2, \cdots, 9 \text{ のとき} \\ (\alpha + \delta) + \beta X_i + u_i, & i = 10, 11, \cdots, 20 \text{ のとき} \end{cases}$$

このように，ダミー変数を用いることによって，2 本の式を 1 本にまとめて表すことができる。また，δ の推定値の有意性を調べることによって，定数項がシフトするという構造変化の検定を行うことができる。

または，切片・傾き共に変化したと考える場合には，あらかじめ $D_i X_i$ という

変数を作成しておき，D_i と $D_i X_i$ を追加して，

$$Y_i = \alpha + \delta D_i + \beta X_i + \gamma D_i X_i + u_i$$

を推定すればよい。この回帰式は，次の2つの式を同時に推定している。

$$Y_i = \begin{cases} \alpha + \beta X_i + u_i, & i = 1, 2, \cdots, 9 \text{のとき} \\ (\alpha + \delta) + (\beta + \gamma) X_i + u_i, & i = 10, 11, \cdots, 20 \text{のとき} \end{cases}$$

δ や γ の推定値の有意性を調べることによって，定数項がシフトしたかどうかや係数が変化したかどうかの構造変化の検定を行うことができる。

　この例では，ダミー変数 D_i は次のように作成し，$D_i X_i$ も D_i と X_i を掛け合わせて，データとして作成しておけばよい。

i	Y_i	X_i	D_i	$D_i X_i$
1	Y_1	X_1	0	0
2	Y_2	X_2	0	0
⋮	⋮	⋮	⋮	⋮
9	Y_9	X_9	0	0
10	Y_{10}	X_{10}	1	X_{10}
11	Y_{11}	X_{11}	1	X_{11}
⋮	⋮	⋮	⋮	⋮
20	Y_{20}	X_{20}	1	X_{20}

数値例：次のデータを例として考えてみよう。$i = 1, 2, \cdots, n$（ただし，$n = 20$）とする架空のデータである。

i	X_i	Y_i	D_i	$D_i X_i$	i	X_i	Y_i	D_i	$D_i X_i$	i	X_i	Y_i	D_i	$D_i X_i$
1	1	1	0	0	8	3	3	0	0	15	5	7	1	5
2	1	2	0	0	9	3	4	0	0	16	6	5	1	6
3	1	0	0	0	10	4	4	1	4	17	6	6	1	6
4	2	1	0	0	11	4	5	1	4	18	6	7	1	6
5	2	2	0	0	12	4	6	1	4	19	7	6	1	7
6	2	3	0	0	13	5	5	1	5	20	7	7	1	7
7	3	2	0	0	14	5	6	1	5					

D_i と X_i を用いて，表には $D_i X_i$ が前もって計算されている。ダミー変数を使わずに，20組全部のデータを用いて推定すると，

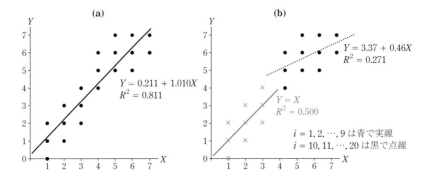

図 4-2　散布図と回帰直線

$$Y_i = 0.211 + 1.010 X_i$$
$$\underset{(0.427)}{} \quad \underset{(8.784)}{}$$

$$R^2 = 0.8108, \quad \overline{R}^2 = 0.8003, \quad s = 0.9928$$

という推定結果となる（自由度は $n-k = 20-2 = 18$）。ただし，係数の推定値の下の括弧内は t 値を表すものとする。

この場合，散布図と回帰直線は図 4-2(a) であるが，一見何の問題もないように見える。数値例の表によると，左下の方のデータは推定期間の前半のデータ（$i = 1, 2, \cdots, 9$），右上のデータは後半のデータ（$i = 10, 11, \cdots, 20$）と想定している。2 つの部分の回帰式は同じになるかどうか。図 4-2(b) では，× のデータから得られた直線と ● のデータからの直線では，切片・傾き共に異なるようにも見える。2 つの期に分けて，別々に推定したものを，図 4-2(b) 中に記す。この場合，前半部分の自由度は $n-k = 9-2 = 7$，後半部分は $n-k = 11-2 = 9$ となる。

また，ダミー変数を用いて，切片と傾きの両方が変化したと考えて，2 つの式を同時に推定すると，

$$Y_i = 0.000 + 1.000 X_i + 3.370 D_i - 0.543 D_i X_i$$
$$\underset{(0.000)}{} \quad \underset{(2.715)}{} \quad \underset{(2.101)}{} \quad \underset{(1.214)}{}$$

$$R^2 = 0.8612, \quad \overline{R}^2 = 0.8351, \quad s = 0.9021$$

となる（自由度は $n-k = 20-4 = 16$）。ただし，係数の推定値の下の括弧内は t 値を表すものとする。右辺第一項目の切片の推定値が 0.000 となったのは単なる偶然であり，実際のデータを用いた推定ではこのようなことはまず間違いなく起

こらない。

277 ページの**付表 3** から，$t_{0.025}(16) = 2.120$ である。2.101 < 2.120，1.214 < 2.120 なので，$H_0: \delta = 0$，$H_0: \gamma = 0$ の帰無仮説を共に有意水準 5%，両側検定で棄却できない。したがって，切片・傾き共に構造変化があったとは言えないという結論になる。これは個別に検定した結果であるが，帰無仮説 $H_0: \delta = \gamma = 0$ という同時検定を考えることもできる。同時検定に関する検定方法は **4.4 節**で解説する。

Gretl を利用して：上の例の場合，$D_i X_i$ という新しい変数を作る必要がある。「y」，「x」，「d」のデータは入力されていて，それぞれ Y_i, X_i, D_i に対応するものとする。Gretl では，48 ページの「gretl コンソール」画面で，左端の「?」（モニタ上では赤色で表示される）に続けて，「genr dx=d*x」とタイプして Enter キーを押すと，「d」と「x」の 2 つの変数から「dx」という新しい変数 $D_i X_i$ が作成される。ここでは「dx」という変数名にしているが，分析者が任意に決めることができる。ただし，Gretl の予約語は除く。予約語かどうかの見極めは，コンソール画面で変数名をタイプしたときに色が変わるかどうかで判断できる（色が変われば予約語）。さらに，「ols y const d x dx」として Enter キーを押すと，切片・傾き共に変化したと考える場合の推定結果が得られる。

Gretl において，「genr」は変数を作成するというコマンドである。例えば，x という変数を対数変換したものを lx という変数名にする場合，「genr lx =log(x)」とすれば lx という変数が作成される。この場合の対数は自然対数である。常用対数に変換したい場合は「log」の代わりに「log10」を使えばよい。

その他にも様々な関数が用意されている。具体的には，48 ページの「gretl コンソール」画面の右上に「ヘルプ（H)」を開いて参考にされたい。

● 4.1.3　季節ダミー

時系列データで，しかも，季節性のあるデータ（例として四半期データ）を扱う場合を考えよう。次のように 3 つのダミー変数を作成する（月次データの場合は 11 個のダミー変数を作成する）。

$$
D_{1i} = \begin{cases} 1, & i \text{ が第一四半期のとき} \\ 0, & \text{その他} \end{cases}
$$

$$
D_{2i} = \begin{cases} 1, & i \text{ が第二四半期のとき} \\ 0, & \text{その他} \end{cases}
$$

$$
D_{3i} = \begin{cases} 1, & i \text{ が第三四半期のとき} \\ 0, & \text{その他} \end{cases}
$$

3つのダミー変数を説明変数に加えて，

$$
Y_i = \alpha + \alpha_1 D_{1i} + \alpha_2 D_{2i} + \alpha_3 D_{3i} + \beta X_i + u_i \tag{4.1}
$$

を推定する（この場合，i は時間を表す）。これは次の4本の式を同時に推定していることになる。

$$
Y_i = \begin{cases} (\alpha + \alpha_1) + \beta X_i + u_i, & i \text{ 期が第1四半期のとき} \\ (\alpha + \alpha_2) + \beta X_i + u_i, & i \text{ 期が第2四半期のとき} \\ (\alpha + \alpha_3) + \beta X_i + u_i, & i \text{ 期が第3四半期のとき} \\ \alpha \quad\quad + \beta X_i + u_i, & i \text{ 期が第4四半期のとき} \end{cases}
$$

数値例：データは図4-3の黒丸 ● で表される40組の (X, Y) のデータ（架空のデータ）とする。四半期データを想定している。まず初めに，$i = 1, 2, \cdots, 40$ として，四半期の区別をせずに全部のデータを使って一本の直線を求めてみよう。すなわち，

$$
Y_i = \alpha + \beta X_i + u_i
$$

を最小二乗法で推定する。結果は図4-3の実線で表される。図4-3の直線の推定結果は次のとおりとなった。

$$
Y_i = \underset{(0.805)}{0.8094} + \underset{(5.002)}{0.5200} X_i
$$
$$
R^2 = 0.3971, \quad \overline{R}^2 = 0.3812, \quad s = 2.2882
$$

次に，四半期データなので4つのグループにデータを分けて，図4-4に表す。第1四半期のデータは ● で表され，第2四半期データは ×，第3四半期データは

図 4-3　四半期データの例

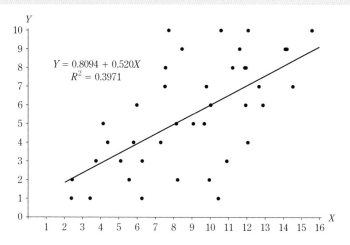

図 4-4　四半期ごとに別々に推定

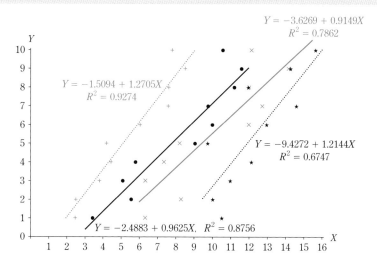

★，第4四半期データは + とする。それぞれのデータだけを用いて最小二乗法で推定する。それぞれの直線は，10 個のデータを用いて推定することになる（この場合，自由度は $n - k = 10 - 2 = 8$）。直線の太さと点線・実線で，それぞれのグループの推定式を区別する。

4つの式を次のように1本の回帰モデルで表すこともできる。

$$Y_i = -\underset{(1.272)}{1.5094} - \underset{(0.541)}{0.9788}D_{1i} - \underset{(1.054)}{2.1175}D_{2i} - \underset{(2.611)}{7.9177}D_{3i}$$

$$+ \underset{(6.349)}{1.2705}X_i - \underset{(1.214)}{0.3080}D_{1i}X_i - \underset{(1.400)}{0.3556}D_{2i}X_i - \underset{(0.187)}{0.0561}D_{3i}X_i$$

$$R^2 = 0.8160, \quad \overline{R}^2 = 0.7757, \quad s = 1.3776$$

ただし，係数の推定値の下の括弧内は t 値を表すものとする。この場合の自由度は $n-k = 40-8 = 32$ である。定数項と X_i の係数は，第4四半期の切片と傾きを表す。一つだけ例に取ると，D_{1i}，$D_{1i}X_i$ の係数推定値の括弧内の t 値は第4四半期の切片・傾きと比べて有意に異なるかどうかを表すものとなる。自由度32の t 分布の上側 2.5% 点は，277 ページの**付表 3** によると，$t_{0.025}(32) = 2.0369$ である。$D_{1i}X_i$，$D_{2i}X_i$，$D_{3i}X_i$ の係数推定値は，第4四半期の X_i の係数値（傾き）との差を表すが，t 値はそれぞれ 1.214，1.400，0.187 なのでどれも有意ではない。したがって，傾きは第1四半期から第4四半期まで同じと考えても差し支えない。傾きが一定で，季節によって定数項がシフトするというモデルを推定することにする。その結果，次のような推定結果が得られた。

$$Y_i = -\underset{(0.426)}{0.2784} - \underset{(4.402)}{2.9145}D_{1i} - \underset{(6.393)}{4.6697}D_{2i} - \underset{(8.262)}{7.0951}D_{3i} + \underset{(11.825)}{1.0474}X_i$$

$$R^2 = 0.7998, \quad \overline{R}^2 = 0.7769, \quad s = 1.3739$$

ただし，係数の推定値の下の括弧内は t 値を表すものとする。この場合，自由度は $n-k = 40-5 = 35$ となる。グラフに表すと図 4-5 となる。前述のとおり，D_{1i}，D_{2i}，D_{3i} の係数値は第4四半期の定数項との差を表すものであり，係数値の下の括弧内の t 値も第4四半期の定数項と異なるかどうかを統計的に示したものである。そのため，D_{1i}，D_{2i}，D_{3i} の t 値で季節性のあるなしを判断することはできない。3つのダミー変数を含めるか，または，3つとも含めないかの仮説検定をする必要がある。すなわち，(4.1) 式において，「帰無仮説 $H_0 : \alpha_1 = \alpha_2 = \alpha_3 = 0$，対立仮説 $H_1 : H_0$ でない」を検定する必要がある。この検定の方法は **4.4 節**で扱う。

注意：(4.1) 式の定数項 α とダミー変数を全部除いた $Y_i = \alpha + \beta X_i + u_i$ の定数項 α とは意味合いが異なる。(4.1) 式の定数項 α は第4四半期の定数項を表すが，ダミー変数を除いた場合は全部のデータをまとめて推定した定数項を表す。すなわち，後者の場合は，第1〜4四半期の平均的な定数項を表すことになる。

図 4-5 傾きは同じで，切片は四半期ごとに異なる推定

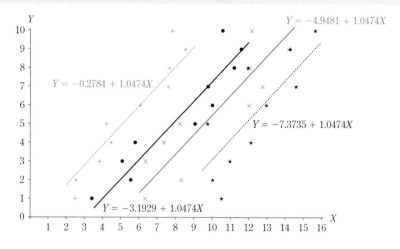

● 4.1.4 地域差ダミー

関西と関東とで賃金格差があるかどうかを調べたい。w_i を賃金，D_i を地域ダミー，$Year_i$ を勤続年数とすると，例として，下記のような賃金関数を考えることができる（説明変数に他の変数を追加することもできるが，ここでは省略する）。

$$w_i = \alpha + \beta D_i + \gamma Year_i + u_i$$

添え字 i は個人を表すものとする。

地域ダミー D_i を下記のように定義する。

$$D_i = \begin{cases} 1, & i \text{ 番目の人が関東に住んでいるとき} \\ 0, & i \text{ 番目の人が関西に住んでいるとき} \end{cases}$$

β の有意性検定を行うことによって，賃金に格差があるかどうかを検定できる。

● 4.1.5 男女別ダミー

男女間で賃金格差があるかどうかを調べたい。この場合も，添え字 i は個人を表す。w_i を賃金，D_i を男女別ダミー，$Year_i$ を勤続年数とすると，例として，下

記のような賃金関数を考えることができる。

$$w_i = \alpha + \beta D_i + \gamma Year_i + u_i$$

添え字 i は個人を表すものとする。男女別ダミー D_i は,

$$D_i = \begin{cases} 1, & i \text{番目の人が女性のとき} \\ 0, & i \text{番目の人が男性のとき} \end{cases}$$

となるダミー変数とする。

　さらに,学歴ダミーを加えて,下記のような賃金関数を考えることもできる。

$$w_i = \alpha + \beta D_i + \gamma Year_i + \delta Edu_i + u_i$$

添え字 i は個人を表すものとする。Edu_i は,

$$Edu_i = \begin{cases} 1, & i \text{番目の人の最終学歴が大学卒以上のとき} \\ 0, & i \text{番目の人の最終学歴がそれ以外のとき} \end{cases}$$

となるダミー変数とする。

　この場合,定数項で 4 つのケースに分類される。

$$w_i = \begin{cases} \alpha & + \gamma Year_i + u_i, & D_i = 0, Edu_i = 0 \text{のとき（男性かつ大学卒以下）} \\ (\alpha + \delta) & + \gamma Year_i + u_i, & D_i = 0, Edu_i = 1 \text{のとき（男性かつ大学卒以上）} \\ (\alpha + \beta) & + \gamma Year_i + u_i, & D_i = 1, Edu_i = 0 \text{のとき（女性かつ大学卒以下）} \\ (\alpha + \beta + \delta) & + \gamma Year_i + u_i, & D_i = 1, Edu_i = 1 \text{のとき（女性かつ大学卒以上）} \end{cases}$$

4 つのケースを 1 つの式にまとめて推定することができる。

　以上のように,本節では,ダミー変数の利用例として,異常値の場合,構造変化の場合,地域格差,男女格差を例に取った。その他にも,分析者側の問題意識によって,様々なダミー変数が考えられる。

■ 4.2　関数型について

今まで,簡単化のために線型関数を扱った。しかし,関数型も未知と考えるの

が自然である。現実社会が線型で表されるというのは考えにくいことではあるが，何らかの仮定を置かなければ分析すらできないことになる。一つの考え方としては，現実社会は複雑な非線型関数で，しかも，未知の関数で表されるが，実際に観測されるデータの範囲内では近似的に線型関数を用いると考えることができる。

　または，非線型関数であっても，変数のある変換によって，線型に表される場合も多い。線型に変換できたとしても，回帰係数の意味が異なってくることに注意されたい。

線型：通常の回帰式：

$$Y_i = \alpha + \beta X_i + u_i$$

を考える。

　この場合，回帰係数 β の意味は，

$$\beta = \frac{\mathrm{d}Y_i}{\mathrm{d}X_i}$$

となる（Y_i を X_i で微分した値，すなわち，微分係数）。β は，X_i が一単位上昇（下落）したとき，Y_i は β 上昇（下落）するのかを表す。β は限界係数と呼ばれる。

成長率：被説明変数，または，説明変数に成長率を使いたい場合，例えば，

$$100 \times \frac{Y_i - Y_{i-1}}{Y_{i-1}} = \alpha + \beta X_i + u_i$$

では，成長率を被説明変数として用いる場合もある。$100 \times \dfrac{Y_i - Y_{i-1}}{Y_{i-1}}$ という変数をあらかじめ作っておき，これをこれまでの Y_i として扱えばよい。

　この場合，β の意味は，

$$\beta = \frac{\mathrm{d}100(Y_i - Y_{i-1})/Y_{i-1}}{\mathrm{d}X_i}$$

となり，X_i が 1 単位増加したとき，Y_i が β ％増加するということになる。

　前述したが，$Y_i = \alpha + \beta X_i + u_i$ と $100 \times \dfrac{Y_i - Y_{i-1}}{Y_{i-1}} = \alpha + \beta X_i + u_i$ では，得られる決定係数の大きさが全く異なる（被説明変数の値が異なるので）。したがって，単純に，R^2 や $\overline{R}^2$ による比較はこの場合できない。

対数線型：$Y_i = aX_i^\beta$ という関数を考えることもよくある。両辺に対数を取って，誤差項 u_i を加えると，

$$\log(Y_i) = \alpha + \beta \log(X_i) + u_i$$

となる。この場合の log は特に断りのない限り自然対数（底が e）を表すものとする（自然対数は ln，常用対数は log として区別する場合もある）。ただし，$\alpha = \log(a)$ となる。この場合，β は $\log(Y_i)$ を $\log(X_i)$ で微分したもので，次のように書き換えられる。

$$\beta = \frac{\mathrm{d}\log(Y_i)}{\mathrm{d}\log(X_i)} = \frac{\dfrac{\mathrm{d}Y_i}{Y_i}}{\dfrac{\mathrm{d}X_i}{X_i}} = \frac{100\dfrac{\mathrm{d}Y_i}{Y_i}}{100\dfrac{\mathrm{d}X_i}{X_i}}$$

2つ目の等号では，$\dfrac{\mathrm{d}\log(Y_i)}{\mathrm{d}Y_i} = \dfrac{1}{Y_i}$ が利用される。3つ目の等号の分子 $100\dfrac{\mathrm{d}Y_i}{Y_i}$ や分母 $100\dfrac{\mathrm{d}X_i}{X_i}$ は，i が時間であれば，i 時点の瞬間的な上昇率を表す（i が個人であれば，ある時点の瞬間的な上昇率を表す）。したがって，β は，X_i が 1% 上昇（下落）したとき，Y_i は何%上昇（下落）するのかを表す。β は弾力性と呼ばれる。

例：コブ=ダグラス型生産関数：

$$Q_i = \beta_1 K_i^{\beta_2} L_i^{\beta_3}$$

ただし，Q_i は生産量，K_i は資本，L_i は労働である。この場合，両辺に対数を取って，誤差項を加えると，

$$\log(Q_i) = \beta_1' + \beta_2 \log(K_i) + \beta_3 \log(L_i) + u_i$$

として，$\log(Q_i)$，$\log(K_i)$，$\log(L_i)$ のデータをあらかじめ変換しておき，最小二乗法で β_1'，β_2，β_3 を推定する。ただし，$\beta_1' = \log(\beta_1)$ とする。また，生産関数には一次同次の制約 $\beta_2 + \beta_3 = 1$ を置く場合が多い。この場合は，

$$
\begin{aligned}
\log(Q_i) &= \beta_1' + \beta_2 \log(K_i) + \beta_3 \log(L_i) \\
&= \beta_1' + \beta_2 \log(K_i) + (1 - \beta_2) \log(L_i) + u_i \\
&= \beta_1' + \beta_2 \big(\log(K_i) - \log(L_i)\big) + \log(L_i) + u_i
\end{aligned}
$$

となるので，

$$\log(Q_i) - \log(L_i) = \beta_1' + \beta_2(\log(K_i) - \log(L_i)) + u_i$$

さらに，書き換えて，

$$\log(Q_i/L_i) = \beta_1' + \beta_2 \log(K_i/L_i) + u_i$$

を最小二乗法で推定し，β_1'，β_2 を求めることになる。この場合も同様に，各変数をあらかじめ，一人当たり生産量の対数 $\log(Q_i/L_i)$，一人当たりの資本の対数 $\log(K_i/L_i)$ としてデータを作っておく必要がある。

一次同次が成り立っているかどうかの検定，すなわち，$\beta_2 + \beta_3 = 1$ の検定は **4.4 節**で扱う。

二次式：平均費用または限界費用（縦軸）と生産量（横軸）との関係は，下記のように，二次式で表される場合がある。

$$Y_i = \alpha + \beta X_i + \gamma X_i^2 + u_i$$

$X_i^2 = Z_i$ とデータをあらかじめ作っておき，X_i と Z_i を説明変数，Y_i を被説明変数として，回帰分析を行えばよい。

逆数：賃金上昇率または物価上昇率（縦軸）と失業率（横軸）との関係を表す右下がりの曲線は，フィリップス曲線と呼ばれる。次のような双曲線で表される場合が多い。

$$Y_i = \alpha + \beta \frac{1}{X_i} + u_i$$

$\frac{1}{X_i} = Z_i$ という変数をあらかじめ作っておき，説明変数を Z_i，被説明変数を Y_i として回帰分析を行う。

遅れのある変数（ラグ変数）：i が時間を表す場合を考えよう。習慣的効果を考慮に入れたモデルとして，遅れのある過去（例えば，一期前）の被説明変数を説明変数に加えることはよくある。その場合，次の式を推定することになる。

$$Y_i = \alpha + \beta X_i + \gamma Y_{i-1} + u_i$$

遅れのある被説明変数のことをラグ付き内生変数と呼ぶ。Excel などで回帰分析を行う場合は，$Z_i = Y_{i-1}$ というデータを作って，X_i と Z_i を説明変数，Y_i を被説明変数として回帰分析を行えばよい。

内生変数について少し説明しておく。内生変数に対する用語としては，外生変数と呼ばれるものがある。本節まででは，被説明変数が内生変数となり，説明変数は外生変数（外から与えられる変数）としている。しかし，内生変数が説明変数に含まれる場合もある。この場合は，説明変数の内生変数と被説明変数の内生変数が同時に決まるというものである。教科書によっては，誤差項と相関のある説明変数のことを内生変数と呼んでいる。または，内生性があるという言い方をしている。この件に関しては，5.4 節で解説する。

遅れのある変数の解釈を部分調整モデルとして，説明する場合もある。X_i が与えられたときの Y の最適水準を Y_i^* とする。

$$Y_i^* = \alpha + \beta X_i$$

現実の水準 Y_i は，最適水準 Y_i^* と前期の水準 Y_{i-1} との差の一定割合と前期の水準 Y_{i-1} との和で与えられるとする。すなわち，次の調整関数を考える。

$$Y_i - Y_{i-1} = \lambda(Y_i^* - Y_{i-1}) + u_i$$

ただし，u_i は互いに独立で同一な分布の誤差項で，$0 < \lambda < 1$ とする。よって，

$$Y_i = \lambda\alpha + \lambda\beta X_i + (1-\lambda)Y_{i-1} + u_i$$

を得る。推定するためには，

$$Y_i = \alpha' + \beta' X_i + \lambda' Y_{i-1} + u_i$$

を最小二乗法で α'，β'，λ' を推定することになる。Y_{i-1} と u_i との相関はないとしても，Y_{i-1} が説明変数の一つに入っている（説明変数が確率変数でないという仮定に反する）。そのため，最小二乗推定量は不偏推定量ではなくなる。しかし，依然として，最小二乗推定量は一致推定量であるということは満たされる（証明略）。

ラグ付き内生変数が説明変数に含まれる場合，X_i の Y_i への効果は，短期効果，長期効果の 2 つを回帰モデルから推定することができる。X_i の係数 β は，X_i の変動が同時点の Y_i への影響を表す効果，すなわち，短期効果を表す係数である。それに対して，長期効果とは $Y_i = Y_{i-1}$，$X_i = X$（添え字 i に依存しなくなる収束先，または，定常状態とも言う）となるときの効果，すなわち，X の変化が将来にわたって Y への影響を示す効果である。誤差項 u_i は無視して，

$$Y = \alpha + \beta X + \gamma Y$$

として，Y について解くと，

$$Y = \frac{\alpha}{1 - \gamma} + \frac{\beta}{1 - \gamma} X$$

となり，$\beta/(1 - \gamma)$ が X_i の Y_i への長期効果を表すこととなる。ただし，i が大きくなるにつれて Y_i が一定の値に収束するためには，$|\gamma| < 1$ となる必要がある。

　もう少し，詳しく見てみよう。一期ずらして右辺の Y_{i-1} に代入，さらに一期ずらして Y_{i-2} に代入と，繰り返し右辺のラグ変数に代入していくと，次のようになる。

$$\begin{aligned}
Y_i &= \alpha + \beta X_i + \gamma Y_{i-1} \\
&= \alpha + \beta X_i + \gamma(\alpha + \beta X_{i-1} + \gamma Y_{i-2}) \\
&= \alpha(1 + \gamma + \gamma^2) + \beta X_i + \beta\gamma X_{i-1} + \beta\gamma^2 X_{i-2} + \gamma^3 Y_{i-3} \\
&= \alpha(1 + \gamma + \gamma^2 + \gamma^3) + \beta X_i + \beta\gamma X_{i-1} + \beta\gamma^2 X_{i-2} + \beta\gamma^3 X_{i-3} + \gamma^4 Y_{i-4} \\
&= \alpha(1 + \gamma + \gamma^2 + \cdots) + \beta X_i + \beta\gamma X_{i-1} + \beta\gamma^2 X_{i-2} + \beta\gamma^3 X_{i-3} + \cdots
\end{aligned}$$

それぞれの係数を見ると，$k = 0, 1, 2, \cdots$ について，X のラグ変数の係数は，

$$\frac{\partial Y_i}{\partial X_{i-k}} = \beta\gamma^k$$

となっている。時点 i を $i + k$ として書き直すと，

$$\frac{\partial Y_{i+k}}{\partial X_i} = \beta\gamma^k$$

が得られる。時点 i で X_i が 1 増えると，Y_i は β だけ増加，Y_{i+1} は $\beta\gamma$ だけ増加，$\cdots$，Y_{i+k} は $\beta\gamma^k$ だけ増加となっている。時点 i での X_i の 1 増加が同時点 i での Y_i の β の増加となり，これが短期効果となる。他方，時点 i での X_i の 1 増加が

将来的にわたって Y は $\beta(1 + \gamma + \gamma^2 + \cdots) = \beta/(1 - \gamma)$ の増加となる。すなわち，Y_i，Y_{i+1}，Y_{i+2}，$\cdots$ のそれぞれの増加分を足し合わせたもの $\beta/(1 - \gamma)$ が長期効果となる。また，$|\gamma| < 1$ でなければならない理由は，k が大きくなるにつれて $\beta\gamma^k$ がゼロに収束する必要があるためである（将来の方が影響は小さくなる）。

最後に，ラグ付き内生変数を説明変数に加えることによって，いくつか問題が生じることを付け加えておく。次の3点をあげておく。

1. 最小二乗法の仮定の一つに，説明変数は確率変数ではないという仮定がある。ラグ付き内生変数を説明変数に加えることによって，この仮定が満たされなくなる。最小二乗推定量は最良（最小分散）線型不偏推定量ではなくなる。

2. Y_i と X_i とは，経済理論的に考えると，相関が高いはずである。Y_i と Y_{i-1} も相関が高いことが考えられる。経済構造の急激な変化は考えにくく，過去からの影響を受けやすいと考えるのが自然であるからである。そうすると，当然，Y_{i-1} と X_i も高い相関を示すはずである。説明変数間の相関が高くなると，多重共線性の可能性が高くなる（多重共線性については，次節で説明する）。

3. ダービン・ワトソン比（DW）統計量は意味をなさない（DW については，5.1節で解説する）。

■4.3 多重共線性について

説明変数間に線型従属の関係があるとき，多重共線性という問題が起こる。簡単化のため，定数項がなく，説明変数が2つの回帰式

$$Y_i = \alpha W_i + \beta X_i + u_i$$

の場合を考える。W_i，X_i が説明変数，Y_i は被説明変数，u_i は互いに独立な撹乱項とする。

W_i と X_i の相関が大きいことを多重共線性（multicollinearity）が強いと言う。結論から言えば，W_i と X_i の相関が大きい場合は，α，β の推定値は不安定にな

る。極端な場合，W_i と X_i の相関が 1 の場合（完全相関の場合）は，すべての i について，$W_i = \gamma X_i$ となる（γ は定数）。この場合，回帰式は

$$Y_i = \alpha W_i + \beta X_i + u_i$$
$$= (\alpha \gamma + \beta) X_i + u_i$$

となり，$\alpha \gamma + \beta$ を推定することは可能だが，α，β を別々に推定することはできなくなる。言い換えると，$Y_i = \alpha W_i + \beta X_i + u_i$ を推定した場合，$\alpha \gamma + \beta$ の推定値が一定値となるような $\hat{\alpha}$，$\hat{\beta}$ の組み合わせは無数に存在する。この意味で，$\hat{\alpha}$，$\hat{\beta}$ は不安定であると言える。

　より詳しく見るために，定数項なしで説明変数 2 個の場合を考える。$\hat{\alpha}$，$\hat{\beta}$ を α，β の推定量とする。W_i と X_i との相関と最小二乗推定量 $\hat{\alpha}$，$\hat{\beta}$ の分散との関係を求める。簡単化のため，$\overline{W} = \frac{1}{n} \sum W_i = 0$，$\overline{X} = \frac{1}{n} \sum X_i = 0$ とする。W_i と X_i との相関係数を r とすると，

$$r = \frac{\frac{1}{n} \sum (W_i - \overline{W})(X_i - \overline{X})}{\sqrt{\frac{1}{n} \sum (W_i - \overline{W})^2} \sqrt{\frac{1}{n} \sum (X_i - \overline{X})^2}} = \frac{\sum W_i X_i}{\sqrt{(\sum W_i^2)(\sum X_i^2)}}$$

となる。

　一方，最小二乗推定量は，

$$\sum_{i=1}^{n} \hat{u}_i^2 = \sum_{i=1}^{n} (Y_i - \hat{\alpha} W_i - \hat{\beta} X_i)^2$$

を最小にする $\hat{\alpha}$，$\hat{\beta}$ である。残差平方和を $\hat{\alpha}$，$\hat{\beta}$ について偏微分してゼロと置いて，

$$\frac{\partial \sum \hat{u}_i^2}{\partial \hat{\alpha}} = 0, \qquad \frac{\partial \sum \hat{u}_i^2}{\partial \hat{\beta}} = 0$$

の連立方程式，すなわち，

$$\sum W_i Y_i = \hat{\alpha} \sum W_i^2 + \hat{\beta} \sum W_i X_i$$
$$\sum X_i Y_i = \hat{\alpha} \sum W_i X_i + \hat{\beta} \sum X_i^2$$

を解くことになる。$\hat{\alpha}$ と $\hat{\beta}$ の分散共分散行列との関係を示すために，行列表示にすると，

$$\begin{pmatrix} \hat{\alpha} \\ \hat{\beta} \end{pmatrix} = \begin{pmatrix} \sum W_i^2 & \sum W_i X_i \\ \sum W_i X_i & \sum X_i^2 \end{pmatrix}^{-1} \begin{pmatrix} \sum W_i Y_i \\ \sum X_i Y_i \end{pmatrix}$$

となり，$\hat{\alpha}$，$\hat{\beta}$ の分散共分散行列と逆行列との関係から，

$$\begin{pmatrix} \mathrm{V}(\hat{\alpha}) & \mathrm{Cov}(\hat{\alpha},\hat{\beta}) \\ \mathrm{Cov}(\hat{\alpha},\hat{\beta}) & \mathrm{V}(\hat{\beta}) \end{pmatrix} = \sigma^2 \begin{pmatrix} \sum W_i^2 & \sum X_i W_i \\ \sum W_i X_i & \sum X_i^2 \end{pmatrix}^{-1}$$

$$= \frac{\sigma^2}{(\sum W_i^2)(\sum X_i^2) - (\sum W_i X_i)^2} \begin{pmatrix} \sum X_i^2 & -\sum W_i X_i \\ -\sum W_i X_i & \sum W_i^2 \end{pmatrix}$$

となる。逆行列については**補論 A.4** の 248 ページ，逆行列と最小二乗推定量との関係については**第 3 章**の 60 ページ，85 ページを参照されたい。

r を用いて，$\mathrm{V}(\hat{\alpha})$，$\mathrm{V}(\hat{\beta})$ を求めると，

$$\mathrm{V}(\hat{\alpha}) = \frac{\sigma^2 \sum X_i^2}{(\sum W_i^2)(\sum X_i^2) - (\sum W_i X_i)^2} = \frac{\sigma^2}{(\sum W_i^2)(1 - r^2)}$$

$$\mathrm{V}(\hat{\beta}) = \frac{\sigma^2 \sum W_i^2}{(\sum W_i^2)(\sum X_i^2) - (\sum W_i X_i)^2} = \frac{\sigma^2}{(\sum X_i^2)(1 - r^2)}$$

が得られる（$-1 \leq r \leq 1$，または，$0 \leq r^2 \leq 1$ に注意）。

これは，r が 1 または -1 に近づくにつれて（または，r^2 が 1 に近づくにつれて），$\mathrm{V}(\hat{\alpha})$，$\mathrm{V}(\hat{\beta})$ は大きくなるということを意味する。すなわち，$r^2 \longrightarrow 1$ のとき，$\mathrm{V}(\hat{\alpha}) \longrightarrow \infty$ かつ $\mathrm{V}(\hat{\beta}) \longrightarrow \infty$ となる。推定値の分散が無限大という意味は，どこにパラメータ α，β があるかわからない（α や β の信頼区間が $-\infty$ から $+\infty$ の範囲になる）ということを意味する。

分散が無限大になるというのは完全な相関がある場合で極端な例ではあるが，説明変数間の相関が強ければ最小二乗推定量の分散が大きくなり，係数の推定値の t 値が絶対値で小さくなり，係数パラメータがゼロになるという帰無仮説を棄却できなくなる。本来は W_i や X_i が Y_i に影響を与えているにもかかわらず，統計的に有意な推定値は得られなくなるので，回帰分析によって理論モデルを立証しようという試みがうまくいかなくなる。

一般化：重回帰モデル：

$$Y_i = \beta_1 X_{1i} + \beta_2 X_{2i} + \cdots + \beta_k X_{ki} + u_i$$

において，説明変数 X_{1i}, X_{2i}, $\cdots$, X_{ki} 間に線型関係（線型従属の関係）があれば，多重共線性が起こることになる。多重共線性の症状が起こっている場合，(2.13) 式の逆行列が計算できなくなる。

ダミー変数の注意点：例えば，四半期データの場合，ダミー変数を 4 つでなく，3 つにした理由は，多重共線性を回避するためである。すなわち，次の回帰式は推定可能だろうか。

$$Y_i = \alpha + \alpha_1 D_{1i} + \alpha_2 D_{2i} + \alpha_1 D_{3i} + \alpha_1 D_{4i} + \beta X_i + u_i$$

ただし，$j = 1, 2, 3, 4$ について，

$$D_{ji} = \begin{cases} 1, & i \text{ 番目のデータ（第 } i \text{ 期）が第 } j \text{ 四半期の場合} \\ 0, & \text{それ以外の場合} \end{cases}$$

である。データとして，季節ダミーは次のような入力になる。

i		定数項	D_{1i}	D_{2i}	D_{3i}	D_{4i}
1	（第 1 四半期）	1	1	0	0	0
2	（第 2 四半期）	1	0	1	0	0
3	（第 3 四半期）	1	0	0	1	0
4	（第 4 四半期）	1	0	0	0	1
5	（第 1 四半期）	1	1	0	0	0
6	（第 2 四半期）	1	0	1	0	0
7	（第 3 四半期）	1	0	0	1	0
8	（第 4 四半期）	1	0	0	0	1
$\vdots$	$\vdots$	$\vdots$	$\vdots$	$\vdots$	$\vdots$	$\vdots$

たいていの計量ソフトの場合，定数項をデータとして入力する必要はないが，もし定数項もデータとして入力するのであれば，このように入力することになる。見てのとおり，$D_{1i} + D_{2i} + D_{3i} + D_{4i} = 1$ となり，4 つのダミー変数から定数項を作ることができる。すなわち，定数項とダミー変数 D_{ji}, $j = 1, 2, 3, 4$ が線型結合の関係にある。

D_{4i} を消去して，

$$
\begin{aligned}
Y_i &= \alpha + \alpha_1 D_{1i} + \alpha_2 D_{2i} + \alpha_3 D_{3i} + \alpha_4 D_{4i} + \beta X_i + u_i \\
&= \alpha + \alpha_1 D_{1i} + \alpha_2 D_{2i} + \alpha_3 D_{3i} + \alpha_4 (1 - D_{1i} - D_{2i} - D_{3i}) + \beta X_i + u_i \\
&= (\alpha + \alpha_4) + (\alpha_1 - \alpha_4) D_{1i} + (\alpha_2 - \alpha_4) D_{2i} + (\alpha_3 - \alpha_4) D_{3i} + \beta X_i + u_i \\
&= \alpha^* + \alpha_1^* D_{1i} + \alpha_2^* D_{2i} + \alpha_3^* D_{3i} + \beta X_i + u_i
\end{aligned}
$$

α^*，α_1^*，α_2^*，α_3^*（4 つのパラメータ）を推定することはできるが，α，α_1，α_2，α_3，α_4（5 つのパラメータ）を推定することはできなくなる。

多重共線性の症状：多重共線性が起こっていると考えられる場合をまとめておくと，

1. 推定値の符号が理論と合わない。
2. 決定係数（R^2 や $\overline{R}^2$）は大きいのに，個々の t 値は小さい。
3. 観測値の数（データ数）を少し増やすと，推定値が大きく変わる。
4. 説明変数を増減すると，推定値が大きく変動する。

等となる。これらはすべて，多重共線性が起こると，最小二乗推定量の分散が大きくなることが原因である。

多重共線性に対する対策：多重共線性を回避するための様々な工夫が提案されている。例えば，回帰式の背景にある経済理論が許せば，説明変数の数を減らして推定することが考えられる。また，分散共分散行列と逆行列との関係から，逆行列が計算できないということが問題になるので，逆行列を取る前の行列の対角要素それぞれにある値を加えて，逆行列を取れるようにするなどの方法もある（興味のある人は「リッジ回帰（Ridge regression）」を調べてみるとよい）。しかし，基本的には根本的な解決策はないと言ってもいいだろう。

■ 4.4 F 検定について

個々の係数パラメータに関する仮説検定は (3.14) 式の $t(n-k)$ 分布を用いるこ

とができる。しかし，複数の線型制約の同時検定を行う場合には (3.14) 式に基づく t 検定を利用することはできず，代わりに F 検定を用いることになる。まずは，一般的な検定手順を説明する。その後で，どのような検定ができるか，いくつかの例を見てみる。

● 4.4.1 検定の方法

まずは，一般的な方法を説明する。検定を行う際に，制約付き最小二乗法，制約なし最小二乗法の 2 つの最小二乗法を推定することになる。そして，2 つの推定を比較して制約が正しいかどうかを検定する。どれが制約なしで，どれが制約付きかは後ほど例をあげて説明するが，まずは手順を先に述べる。

1. 検定したい内容は，

    帰無仮説 H_0：制約が正しい
    対立仮説 H_1：制約が正しくない

    ということである。

2. 検定を行うためには，2 つの回帰モデルを最小二乗法で推定する。一つは制約付き回帰モデル，もう一つは制約なし回帰モデルの推定を行う。帰無仮説のもとでの推定は，制約付きの推定に対応する。対立仮説のもとでの推定は，制約なしの推定に対応する。

    制約付き最小二乗法での残差を $\tilde{u}_i$ として，残差平方和 $\sum \tilde{u}_i^2$ を求める。同様に，制約なし最小二乗法での残差を $\hat{u}_i$ として，残差平方和 $\sum \hat{u}_i^2$ を求める。制約の数（G とする），制約なしのパラメータ数（k とする）をあらかじめ確認しておくことが重要である。データの数 n はどちらの回帰モデルも同じである。

3. 制約付きと制約なしの最小二乗法から得られた残差平方和を用いて，次の検定統計量（F と置く）は，

$$F = \frac{(\sum \tilde{u}_i^2 - \sum \hat{u}_i^2)/G}{\sum \hat{u}_i^2/(n-k)} \tag{4.2}$$

であり，帰無仮説が正しいもとで，F は自由度 $G, n-k$ の F 分布（エフ分布，以下では，$F(G, n-k)$ 分布と表記する）に従うことが知られているので（証明略），推定値で置き換えて，検定統計値 F を求め，$F(G, n-k)$ 分布と比較する。

$F(G, n-k)$ 分布の上側 $100 \times \alpha$ 点を $F_\alpha(G, n-k)$ とする。2 つの自由度と確率 $\alpha = 0.01, 0.05$ を与えると，278 ページ（$\alpha = 0.01$）または 282 ページ（$\alpha = 0.05$）の**付表 4** の表中の数字が $F_\alpha(G, n-k)$ に対応する。

もし $F > F_\alpha(G, n-k)$ であれば，検定統計値 F は $F(G, n-k)$ 分布の端にあり，検定統計値 F が起こり得る確率は低いので，有意水準 α で帰無仮説を棄却することになる。逆に，もし $F < F_\alpha(G, n-k)$ であれば，検定統計値 F が起こり得る可能性は十分あると言えるので，有意水準 α で帰無仮説を採択することになる。

以上が検定手順である。ステップ 2 で必要とする制約なし，制約付きのそれぞれの残差平方和は，Excel では「残差」の行と「変動」の列に出力され（40 ページの出力結果参照），Gretl では Sum squared resid として出力結果に表示される（48 ページ参照）。

より厳密な F 分布の導出について：

1. H_0 が真のとき，$\dfrac{\sum \tilde{u}_i^2 - \sum \hat{u}_i^2}{\sigma^2} \sim \chi^2(G)$ となる（証明略）。

2. また，$\dfrac{\sum \hat{u}_i^2}{\sigma^2} \sim \chi^2(n-k)$ となる（証明略）。

3. さらに，$\dfrac{\sum \tilde{u}_i^2 - \sum \hat{u}_i^2}{\sigma^2}$ と $\dfrac{\sum \hat{u}_i^2}{\sigma^2}$ とは独立に分布する（証明略）。

4. 独立な 2 つの χ^2 分布に従う確率変数をそれぞれの自由度で割った比率が F 分布に従うことが知られている（証明略とするが，F 分布については 267 ページの**補論 B.7.4** 参照）。よって，

$$\frac{(\sum \tilde{u}_i^2 - \sum \hat{u}_i^2)/G}{\sum \hat{u}_i^2/(n-k)} \sim F(G, n-k)$$

となる（証明略）。

$\dfrac{(\sum \tilde{u}_i^2 - \sum \hat{u}_i^2)/G}{\sum \hat{u}_i^2/(n-k)}$ を F 統計量と呼ぶ。観測されたデータで置き換えた場合は

$$\frac{(\sum \tilde{u}_i^2 - \sum \hat{u}_i^2)/G}{\sum \hat{u}_i^2/(n-k)}$$ を F 統計値（単に，F 値）と呼ぶ。

決定係数，残差平方和，F 統計量の関係：決定係数を用いて，上述の F 統計量
(4.2) 式を書き換えることができる。決定係数は，単回帰，重回帰にかかわらず，
(2.10) 式で表される。今までどおり，$\hat{u}_i$，$\tilde{u}_i$ をそれぞれ制約なし最小二乗法によ
る残差，制約付き最小二乗法による残差とする。制約なし最小二乗法による決定
係数，制約付き最小二乗法による決定係数をそれぞれ $\hat{R}^2$，$\tilde{R}^2$ とすると，制約なし
残差 $\hat{u}_i$ と決定係数 $\hat{R}^2$，制約付き残差 $\tilde{u}_i$ と決定係数 $\tilde{R}^2$ の関係は次のようになる。

$$\hat{R}^2 = 1 - \frac{\sum \hat{u}_i^2}{\sum (Y_i - \overline{Y})^2}, \qquad \tilde{R}^2 = 1 - \frac{\sum \tilde{u}_i^2}{\sum (Y_i - \overline{Y})^2}$$

$\hat{R}^2$，$\tilde{R}^2$ を用いて，$\sum \hat{u}_i^2$，$\sum \tilde{u}_i^2$ を消去すると，(4.2) 式は，

$$F = \frac{(\sum \tilde{u}_i^2 - \sum \hat{u}_i^2)/G}{\sum \hat{u}_i^2/(n-k)} = \frac{((1-\tilde{R}^2) - (1-\hat{R}^2))/G}{(1-\hat{R}^2)/(n-k)} = \frac{(\hat{R}^2 - \tilde{R}^2)/G}{(1-\hat{R}^2)/(n-k)} \quad (4.3)$$

と書き換えることができる。計量ソフトを用いると，残差平方和，決定係数共に
出力される。そのため，どちらを用いても同じ結果，すなわち，同じ F 統計値が
得られる。残差平方和は被説明変数 Y_i の大きさに応じて，非常に大きな数字に
なり得る。それに対して，決定係数は Y_i の値にかかわらず 0 と 1 の間にある。
その意味では，(4.3) 式を用いる方が，電卓でも簡単に計算できるということも
あって，扱いやすいと言えるだろう。

● 4.4.2　F 検定の利用方法：いくつかの例

本節では，前節で示した F 検定の利用方法について，いくつか例をあげる。基
本的には複数の仮説を同時検定する場合に F 検定が用いられる。

例 1：ゼロ制約の検定：次の重回帰モデルを考える。

$$Y_i = \beta_1 X_{1i} + \beta_2 X_{2i} + \cdots + \beta_{k-G} X_{k-G,i} + \beta_{k-G+1} X_{k-G+1,i} + \cdots + \beta_k X_{ki} + u_i$$

において，パラメータ β_1，β_2，$\cdots$，β_k に後半の G 個（ただし，$G \leqq k$）のパラ

メータがゼロという制約が妥当かどうかを検定する。この場合，帰無仮説，対立仮説は次のとおりとなる。

帰無仮説 $H_0 : \beta_{k-G+1} = \cdots = \beta_k = 0$

対立仮説 $H_1 : H_0$ でない（$\beta_{k-G+1} \neq 0$ または $\beta_{k-G+2} \neq 0$ または $\cdots$
または $\beta_k \neq 0$）

帰無仮説は後半の G 個のパラメータがゼロという仮説なので，制約の数は G となる（すなわち，$\beta_j = 0$, $j = k-G+1, k-G+2, \cdots, k$）。一方，制約なしのパラメータ数は k となる。これまでと同様に，制約なしの場合（対立仮説に対応）に得られた残差を $\hat{u}_i$ とし，制約付きの場合（帰無仮説に対応）に得られた残差を $\tilde{u}_i$ とする。

制約なし残差を求めるには，すべての k 個の説明変数を含めて，

$$Y_i = \beta_1 X_{1i} + \beta_2 X_{2i} + \cdots + \beta_{k-G} X_{k-G,i} + \beta_{k-G+1} X_{k-G+1,i} + \cdots + \beta_k X_{ki} + u_i$$

を最小二乗法によって，β_1, β_2, $\cdots$, β_k を推定し得られた残差が $\hat{u}_i$（制約なし残差）となる。また，制約付き残差を求めるには，帰無仮説を含めて（後半の G 個の説明変数を除いて），

$$Y_i = \beta_1 X_{1i} + \beta_2 X_{2i} + \cdots + \beta_{k-G} X_{k-G,i} + u_i$$

を，最小二乗法で β_1, β_2, $\cdots$, β_{k-G} を推定し得られた残差が $\tilde{u}_i$（制約付き残差）となる。

例2：t 検定との関係： 例1において，制約が一つの場合，すなわち，$G = 1$ の場合の検定を考えてみよう。重回帰モデル

$$Y_i = \beta_1 X_{1i} + \beta_2 X_{2i} + \cdots + \beta_k X_{ki} + u_i$$

において，

帰無仮説 $H_0 : \beta_j = 0$

対立仮説 $H_1 : \beta_j \neq 0$

を検定する（制約数 $G = 1$）。k 個の説明変数のうち j 番目の変数の係数がゼロと

いう仮説を考える（**例 1** では後半の G 個のパラメータがゼロという仮説に対して，今回は j 番目のパラメータがゼロという仮説）。

すべての項を含めて，

$$Y_i = \beta_1 X_{1i} + \cdots + \beta_{j-1} X_{j-1,i} + \beta_j X_{ji} + \beta_{j+1} X_{j+1,i} + \cdots + \beta_k X_{ki} + u_i$$

を推定することによって得られた残差を $\hat{u}_i$（制約なし残差）と置く。次に，β_j の項を除いて（除いたところを空白に），

$$Y_i = \beta_1 X_{1i} + \cdots + \beta_{j-1} X_{j-1,i} \qquad\qquad + \beta_{j+1} X_{j+1,i} + \cdots + \beta_k X_{ki} + u_i$$

を推定することによって得られた残差を $\tilde{u}_i$（制約付き残差）とする。

このとき，

$$\frac{(\sum \tilde{u}_i^2 - \sum \hat{u}_i^2)/G}{\sum \hat{u}_i^2/(n-k)} \sim F(G, n-k)$$

となることは既に述べたとおりである。今回は $G = 1$ の例を考えているので，この検定で用いる分布は $F(1, n-k)$ 分布となる。

他方，$H_0 : \beta_j = 0$ のような 1 つのパラメータに関する検定は，(3.14) 式で既に見たようにこれまでは t 検定を使った。ここで示した例は，F 分布を用いても同様の検定が行えるというものである。

まずは，t 分布と F 分布の関係を見るために，それぞれの分布は次のようにして求められることを思い出してもらいたい。

t 分布：$Z \sim N(0, 1)$，$U \sim \chi^2(k)$，Z と U は独立のとき，$T = \dfrac{Z}{\sqrt{U/k}} \sim t(k)$
　　$\longrightarrow$ 補論 B.7.3 参照（267 ページ）

F 分布：$V \sim \chi^2(m)$，$U \sim \chi^2(k)$，V と U は独立のとき，$F = \dfrac{V/m}{U/k} \sim F(m,k)$
　　$\longrightarrow$ 補論 B.7.4 参照（267 ページ）

導出方法に興味があるならば，例えば，**補論 B** の冒頭（252 ページ）で紹介している数理統計学の教科書を参考にされたい。

このように，t 分布と F 分布の構成を眺めると，2 つの分布の関係が理解しやすい。t 分布の分子・分母を二乗すると，$T^2 = \dfrac{Z^2}{U/k}$ となる。分子 Z^2 は標準正規分布の確率変数の二乗であり，自由度 1 の χ^2 分布となる。すなわち，$V = Z^2$ とすると，$V \sim \chi^2(1)$ である。Z と U が独立ならば，$V = Z^2$ と U も独立になる。

よって，

$$T^2 = \left(\frac{Z}{\sqrt{U/k}} \right)^2 = \frac{V/1}{U/k} \sim F(1, k)$$

となる。これは，$t(k)$ 分布に従う確率変数を二乗すると，$F(1, k)$ 分布に従う確率変数となることを意味する。すなわち，計量ソフトの t 値と $t(n-k)$ 分布表を比較することと，t 値の二乗と $F(1, n-k)$ 分布表との比較は完全に同じ結果をもたらすことになる。F 値の方は，t 値の二乗になるため，常に両側検定を行っていることになる。

例3：定数項を除いて，説明変数の係数がすべてゼロという同時検定：$X_{1i} = 1$（定数項）とする。定数項を除くすべての説明変数の係数がゼロの検定を考えてみよう。

制約なしの場合は，定数項と他すべての説明変数を含めて，

$$Y_i = \beta_1 + \beta_2 X_{2i} + \cdots + \beta_k X_{ki} + u_i$$

を推定することによって得られた残差を $\hat{u}_i$（制約なし残差）と置く。

定数項を除いて，他すべての説明変数の係数がゼロ，すなわち，$\beta_2 = \cdots = \beta_k = 0$ という制約付きの場合（$G = k - 1$）では，

$$Y_i = \beta_1 + u_i$$

を推定することによって得られた残差を $\tilde{u}_i$（制約付き残差）とする。

この場合，帰無仮説，対立仮説はそれぞれ，

帰無仮説 $H_0 : \beta_2 = \cdots = \beta_k = 0$
対立仮説 $H_1 : H_0$ でない（$\beta_2 \neq 0$ または $\beta_3 \neq 0$ または $\cdots$ または $\beta_k \neq 0$）

となる。

制約付き回帰式の場合，β_1 の最小二乗推定量を $\tilde{\beta}_1$ とすると，$\tilde{\beta}_1 = \overline{Y}$（すなわち，$\beta_1$ の最小二乗推定量は Y の標本平均に等しい）となることを示すことができる。証明は以下のとおりである。この場合，残差は $\tilde{u}_i = Y_i - \tilde{\beta}_1$ となる。

$$S(\tilde{\beta}_1) = \sum \tilde{u}_i^2 = \sum (Y_i - \tilde{\beta}_1)^2$$

として，

$$\min_{\tilde{\beta}_1} S(\tilde{\beta}_1)$$

を解く $\tilde{\beta}_1$ が制約付き最小二乗推定量となる。$\tilde{\beta}_1$ について微分してゼロと置くと，

$$\frac{\mathrm{d}S(\tilde{\beta}_1)}{\mathrm{d}\tilde{\beta}_1} = -2 \sum (Y_i - \tilde{\beta}_1) = 0$$

を解く。

$$\sum (Y_i - \tilde{\beta}_1) = \sum Y_i - \sum \tilde{\beta}_1 = \sum Y_i - n\tilde{\beta}_1 = 0$$

すなわち，

$$\tilde{\beta}_1 = \frac{1}{n} \sum Y_i = \overline{Y}$$

となり，$\tilde{\beta}_1$ は $\overline{Y}$ に一致する。また，残差平方和は，$\tilde{u}_i = Y_i - \overline{Y}$ なので，

$$\sum \tilde{u}_i^2 = \sum (Y_i - \overline{Y})^2$$

となる。決定係数の定義を思い起こすと，制約付き最小二乗法による決定係数 $\tilde{R}^2$ は，

$$\tilde{R}^2 = 1 - \frac{\sum \tilde{u}_i^2}{\sum (Y_i - \overline{Y})^2} = 0$$

が得られる。したがって，(4.3) 式から，

$$\frac{(\sum \tilde{u}_i^2 - \sum \hat{u}_i^2)/G}{\sum \hat{u}_i^2/(n-k)} = \frac{(\hat{R}^2 - \tilde{R}^2)/G}{(1 - \hat{R}^2)/(n-k)} = \frac{\hat{R}^2/G}{(1 - \hat{R}^2)/(n-k)} \sim F(G, n-k)$$

となる。ただし，制約数は $G = k - 1$ である。

　この場合は，制約付きの決定係数は必ずゼロになるので，制約付きの最小二乗法を改めて推定する必要はなく，制約なしの最小二乗法の出力結果のみで，定数項を除く説明変数の係数がすべてゼロという同時検定を行うことができる。

　Gretl の出力結果において，48 ページの出力結果を例に取ると，「F(1,3) 3.418605」と「P-value(F)　0.161594」の項目があるが，この 2 つは，定数項を除く説明変数の係数がすべてゼロという同時検定の検定結果に関連している。「F(1,3)　3.418605」は帰無仮説（定数項を除く説明変数の係数がすべてゼロという仮説）が正しいもとでの F 統計値（F 値）を表す。この F 値が自由度

$(1, 3)$ の F 分布と比較される。この 2 つの項目を合わせると,「確率変数 F が $F \sim F(1, 3)$ のとき,$P(F > 3.418605) = 0.161594$」という意味になる。すなわち,もし「P-value(F)」の値が 0.05 より小さければ,「有意水準 0.05 で,定数項を除く説明変数の係数がすべてゼロという帰無仮説は棄却される」という結論になる(48 ページの例では p 値が 0.161594 なので,定数項を除く説明変数の係数がすべてゼロという帰無仮説を棄却することはできない)。82 ページでは個々の係数に関する p 値であったが,ここでは係数の同時仮説に関する p 値となる。

例 4:構造変化の検定:

D_i をある時点までゼロそれ以降 1 とする構造変化ダミーとする。定数項,傾き共に変化したかどうかを検定したい。制約なしの場合は,次の回帰式

$$Y_i = \alpha + \beta X_i + \gamma D_i + \delta D_i X_i + u_i$$

を推定する。この例では $k = 4$ である。得られた残差を $\hat{u}_i$(制約なし残差)と置く。

次に,$\gamma = \delta = 0$ という制約(制約数は $G = 2$)を置いて,

$$Y_i = \alpha + \beta X_i + u_i$$

を推定することによって得られた残差を $\tilde{u}_i$(制約付き残差)とする。したがって,この場合の帰無仮説,対立仮説はそれぞれ,

帰無仮説 $H_0 : \gamma = \delta = 0$
対立仮説 $H_1 : \gamma \neq 0$ または $\delta \neq 0$

となり,

$$\frac{(\sum \tilde{u}_i^2 - \sum \hat{u}_i^2)/G}{\sum \hat{u}_i^2/(n - k)} \sim F(G, n - k)$$

となる。ただし,$G = 2$,$k = 4$ となる。この検定は**例 1** と同じで,後半の 2 つのパラメータがゼロであるという帰無仮説の検定になっている。

例 5:季節性の検定:四半期データを例にとって,季節性があるかどうかの検定を考えよう。制約なしの回帰モデルは,

$$Y_i = \alpha + \alpha_1 D_{1i} + \alpha_2 D_{2i} + \alpha_3 D_{3i} + \beta X_i + u_i \tag{4.4}$$

に対して，制約付きの回帰モデルは，

$$Y_i = \alpha + \beta X_i + u_i \tag{4.5}$$

となる。この場合，$G = 3$，$k = 5$ である。帰無仮説，対立仮説は下記のとおりとなる。

　　帰無仮説 H_0：定数項が一定（定数項は 1 つ）
　　対立仮説 H_1：定数項が季節に依存（定数項は 4 つ）

この季節性があるかどうかの検定は，厳密に言うと，単純に $\alpha_1 = \alpha_2 = \alpha_3 = 0$ の検定ではないことに注意されたい。**4.1.3 節**で説明したように，(4.4) 式の α と (4.5) 式の α とは意味がやや異なる。(4.4) 式の α は第 4 四半期の定数項を表している。対して，(4.5) 式の α は全データの平均的な定数項（大雑把に言えば，それぞれの四半期の定数項の平均）を表す。(4.4) 式について，α_1 は第 4 四半期の定数項 α との差を表し，α_2，α_3 も同様で第 4 四半期の定数項との違いを表しているに過ぎない。(4.4) 式では，第 4 四半期の定数項が基準となっている。したがって，(4.4) 式における個々のダミー変数の係数の有意性の検定はあまり意味のあるものではない。季節性の検定とは，ダミー変数を 3 つとも含めるか，または，3 つとも除くかの検定と言ってもよいだろう。

例 6：コブ=ダグラス型生産関数：これまでの 3 つの例では，複数のゼロ制約の検定を扱った。ここでは，コブ=ダグラス型生産関数で，一次同次かどうかの検定を行う。資本 K，労働 L を投入すれば，Q の量が生産されるという生産関数を考えよう。すなわち，生産関数を $f(K, L)$ とした場合，$Q = f(K, L)$ となる。一次同次とは，K と L を t 倍に増やすと，生産量も t 倍になるというものであり（規模に関して収穫一定ともいう），式で表すと $f(tK, tL) = tf(K, L)$ となる。コブ=ダグラス型生産関数 $f(K, L) = \beta_1 K^{\beta_2} L^{\beta_3}$ のとき，$\beta_2 + \beta_3 = 1$ が一次同次（規模に関して収穫一定）の条件となる。なぜなら，$f(tK, tL) = t^{\beta_2 + \beta_3} \beta_1 K^{\beta_2} L^{\beta_3}$ と $tf(K, L) = t\beta_1 K^{\beta_2} L^{\beta_3}$ とが等しくなるためには，$t^{\beta_2 + \beta_3} = t$，すなわち，$\beta_2 + \beta_3 = 1$ とならなければならないからである。

コブ=ダグラス型生産関数を推定するためには，対数を取って線型変換する。制約なしの場合は，

$$\log(Q_i) = \beta'_1 + \beta_2 \log(K_i) + \beta_3 \log(L_i) + u_i$$

を推定することになる。得られた残差を $\hat{u}_i$（制約なし残差）と置く。

$\beta_2 + \beta_3 = 1$ という制約（制約数は $G = 1$）を含めた場合，β_3 を消去すると，

$$\log(\frac{Q_i}{L_i}) = \beta'_1 + \beta_2 \log(\frac{K_i}{L_i}) + u_i$$

となる。得られた残差を $\tilde{u}_i$（制約付き残差）とする。この場合の帰無仮説，対立仮説は，

帰無仮説 H_0： $\beta_2 + \beta_3 = 1$

対立仮説 H_1： $\beta_2 + \beta_3 \neq 1$

となり，

$$\frac{(\sum \tilde{u}_i^2 - \sum \hat{u}_i^2)/G}{\sum \hat{u}_i^2/(n-k)} \sim F(G, n-k)$$

となる。この場合は $G = 1$，$k = 3$ となる。

この検定は，$\beta_2 + \beta_3 = 1$ という制約を検定するものであって，個々の係数の有意性を検定するものではない。$\beta_2 + \beta_3 = 1$ が成り立ちさえすれば，β_2 や β_3 はどんな値を取ってもよいという帰無仮説になっている。今までのようなゼロ制約の仮説とは種類が異なる。

例 7：需要関数について：Q_{1i}, Y_i, P_{1i}, P_{2i} をそれぞれ，第 i 期の財 1 の需要量，所得，財 1 の価格，財 2 の価格とする。$i = 1, 2, \cdots, n$ は時間を表すものとする（すなわち，時系列データ）。各変数に対数を取って，

$$\log Q_{i1} = \alpha + \beta \log Y_i + \gamma_1 \log P_{1i} + \gamma_2 \log P_{2i} + u_i \tag{4.6}$$

を推定する。u_i は誤差項で通常の仮定を満たしているものとする。

また，財 1 と財 2 の関係を代替関係にあると想定した場合，P_{1i}, P_{2i} の代わりに，相対価格 $\dfrac{P_{1i}}{P_{2i}}$ を用いて，

$$\log Q_{i1} = \alpha + \beta \log Y_i + \gamma_1 \log \frac{P_{1i}}{P_{2i}} + u_i \tag{4.7}$$

を推定することもできる。この回帰式は「財2の価格が上昇すれば,相対的に財1の価格が下落し,財1の需要が増加する」ということを表している。変数の数を減らすために(すなわち,多重共線性を回避するために),このような操作を行う場合がある。

(4.6)式,(4.7)式の2つの定式化のどちらが正しいと言えるかの検定を考えてみよう。この場合,(4.6)式について,

帰無仮説 H_0: $\gamma_1 + \gamma_2 = 0$
対立仮説 H_1: $\gamma_1 + \gamma_2 \neq 0$

とすればよい。(4.6)式に帰無仮説を代入すれば,(4.7)式が得られる。

したがって,(4.7)式に最小二乗推定を当てはめると,制約付き残差平方和 $\sum \tilde{u}_i^2$,制約付き決定係数 $\tilde{R}^2$ が得られる。一方,(4.6)式に最小二乗推定を当てはめると,制約なし残差平方和 $\sum \hat{u}_i^2$,制約なし決定係数 $\hat{R}^2$ が得られる。この場合,$G = 1$,$k = 4$ となる。

このように,個々のパラメータに適用する t 検定は「パラメータがある値に等しい」かどうかの検定を行う場合に使われるのに対して,F 検定はより広く「パラメータ間の線型制約が正しい」かどうかの検定に用いることができる。ここでは,F 検定の利用方法の例を7つほど説明したが,分析者がどのような仮説を検定したいかによって様々な利用が可能となる。以下では,上の例を含めて具体例として,数値例を用いて検定の仕方を見てみよう。

数値例1:「4.1.1節 異常値ダミー」

$i = 6$ のとき $D_i = 1$,その他は $D_i = 0$ となるダミー変数 D_i を用いて,6期目のデータが異常値かどうかの検定を行う。**4.1.1節**の異常値ダミーの数値例を利用する。**4.1.1節**で得られた結果を,再度,以下に示しておく。

$$Y_i = \underset{(0.793)}{1.5} + \underset{(0.719)}{0.2} X_i$$
$$R^2 = 0.0360, \quad \overline{R}^2 = -0.2051, \quad s = 1.8908$$

$$Y_i = \underset{(0.398)}{0.5} + \underset{(1.849)}{0.7}\ X_i - \underset{(2.641)}{4.0}\ D_i$$

$$R^2 = 0.7101, \quad \overline{R}^2 = 0.5169, \quad s = 1.1972$$

ただし，係数の推定値の下の括弧内は t 値を表すものとする。

回帰モデル $Y_i = \alpha + \beta X_i + \gamma D_i + u_i$ について，

帰無仮説 $H_0 : \gamma = 0$

対立仮説 $H_1 : \gamma \neq 0$

の有意性検定を F 分布を用いて行う。データ数は $n = 6$，制約の数は $G = 1$，制約なしの回帰モデルのパラメータ数は $k = 3$ となる。

それぞれの回帰式の標準誤差 s から残差平方和を逆算する。

$$\sum \tilde{u}_i^2 = (6-2) \times 1.8908^2 = 14.3, \qquad \sum \hat{u}_i^2 = (6-3) \times 1.1972^2 = 4.3$$

となる。$\tilde{u}_i$ を求めるためにはパラメータを 2 つ推定するが，$\hat{u}_i$ を求めるにはパラメータを 3 つ推定する。パラメータ数の差が制約数になるので，$G = 1$ となり，F 値は，

$$\frac{(\sum \tilde{u}_i^2 - \sum \hat{u}_i^2)/G}{\sum \hat{u}_i^2/(n-k)} = \frac{(14.3 - 4.3)/1}{4.3/(6-3)} = 6.977$$

が得られ，$F_{0.05}(1, 3) = 10.1$ と比較する（282 ページの**付表4**参照）。その結果，$6.977 < 10.1$ なので，有意水準 5％ で帰無仮説を棄却できない。

D_i の係数推定値の t 値は 2.641（括弧内の数字）となっている。先に述べたとおり，t 分布と F 分布の関係は $t(k)^2 = F(1, k)$ であり，$2.641^2 \fallingdotseq 6.977$ となることが確認できる。

決定係数を用いても同じ検定が可能である。制約なしの最小二乗法による決定係数は $\hat{R}$，制約付きの最小二乗法による決定係数は $\tilde{R}$ とすると，

$$\frac{(\hat{R}^2 - \tilde{R}^2)/G}{(1 - \hat{R}^2)/(n-k)} \sim F(G, n-k)$$

が成り立つことは既に見たとおりである。

$$\frac{(\hat{R}^2 - \tilde{R}^2)/G}{(1 - \hat{R}^2)/(n-k)} = \frac{(0.7101 - 0.0360)/1}{(1 - 0.7101)/(6-3)} = 6.976$$

残差平方和を用いて計算したものと同じ値となっている（0.001 は計算上の誤差の範囲）。

このように，残差平方和を用いた検定統計値，決定係数を用いた検定統計値は同じ値になることが確認できた。また，制約の数が 1 つの場合の有意性検定で用いる t 値を二乗すると，F 値に一致することも確認できた。

数値例 2：「4.1.2 節　構造変化ダミー」

$i = 1, 2, \cdots, 9$ のとき $D_i = 0$，$i = 10, 11, \cdots, 20$ のとき $D_i = 1$ というダミー変数を作って，「4.1.2 節　構造変化ダミー」の数値例で用いたデータで，構造変化の検定を行う。

$$Y_i = \underset{(0.427)}{0.211} + \underset{(8.784)}{1.010} X_i$$
$$R^2 = 0.8108, \quad \overline{R}^2 = 0.8003, \quad s = 0.9928$$

$$Y_i = \underset{(0.000)}{0.000} + \underset{(2.715)}{1.000} X_i + \underset{(2.101)}{3.370} D_i - \underset{(1.214)}{0.543} D_i X_i$$
$$R^2 = 0.8612, \quad \overline{R}^2 = 0.8351, \quad s = 0.9021$$

となる。ただし，係数の推定値の下の括弧内は t 値を表すものとする。

回帰式 $Y_i = \alpha + \beta X_i + \gamma D_i + \delta D_i X_i + u_i$ について，

帰無仮説 $H_0 : \gamma = \delta = 0$
対立仮説 $H_1 : \gamma \neq 0$ または $\delta \neq 0$

D_i と $D_i X_i$ の係数 γ，δ の有意性の同時検定を F 分布を用いて行う。$n = 20$，$G = 2$，$k = 4$ を利用して，s からそれぞれの残差平方和を逆算する。

$$\sum \tilde{u}_i^2 = (20 - 2) \times 0.9928^2 = 17.74, \qquad \sum \hat{u}_i^2 = (20 - 4) \times 0.9021^2 = 13.02$$

となり，

$$\frac{(\sum \tilde{u}_i^2 - \sum \hat{u}_i^2)/G}{\sum \hat{u}_i^2/(n - k)} = \frac{(17.74 - 13.02)/2}{13.02/(20 - 4)} = 2.90$$

と $F_{0.05}(2, 16) = 3.63$ を比較する（282 ページの**付表 4** 参照）。$2.90 < 3.63$ なので，有意水準 5% で帰無仮説 $H_0 : \gamma = \delta = 0$ を棄却できない（採択する）。

決定係数を用いても，F 統計値を求めることができる。

$$\frac{(\hat{R}^2 - \tilde{R}^2)/G}{(1 - \hat{R}^2)/(n - k)} = \frac{(0.8612 - 0.8108)/2}{(1 - 0.8612)/(20 - 4)} = 2.90$$

当然のことながら，この値は残差平方和を用いたものと同じ値になる。したがって，有意水準 5% で帰無仮説を棄却できないので，9 期以前と 10 期以降とで構造変化はなかったと判断することになる。

数値例 3：「4.1.3 節 季節ダミー」

四半期データについて，D_{1i}，D_{2i}，D_{3i} の 3 つのダミー変数を作り，「**4.1.3 節 季節ダミー**」の数値例を用いて，データに季節性があるかどうかの検定を行う。下の推定結果は，**4.1.3 節**で得られたものと同じものである。

$$Y_i = \underset{(0.805)}{-0.8094} + \underset{(5.002)}{0.5200} X_i$$
$$R^2 = 0.3971, \quad \overline{R}^2 = 0.3812, \quad s = 2.2882$$

$$Y_i = \underset{(0.426)}{-0.2784} - \underset{(4.402)}{2.9145} D_{1i} - \underset{(6.393)}{4.6697} D_{2i} - \underset{(8.262)}{7.0951} D_{3i} + \underset{(11.825)}{1.0474} X_i$$
$$R^2 = 0.7998, \quad \overline{R}^2 = 0.7769, \quad s = 1.3739$$

となる。ただし，係数の推定値の下の括弧内は t 値を表すものとする。

回帰式 $Y_i = \alpha + \alpha_1 D_{1i} + \alpha_2 D_{2i} + \alpha_3 D_{3i} + \beta X_i + u_i$ について，

　　帰無仮説 H_0：定数項が一定

　　対立仮説 H_1：定数項が季節に依存

$n = 40$，$G = 3$，$k = 5$ を用いて，s からそれぞれの残差平方和を逆算する。

$$\sum \tilde{u}_i^2 = (40 - 2) \times 2.2882^2 = 198.96, \qquad \sum \hat{u}_i^2 = (40 - 5) \times 1.3739^2 = 66.07$$

となり，$G = 3$ を代入して，

$$\frac{(\sum \tilde{u}_i^2 - \sum \hat{u}_i^2)/G}{\sum \hat{u}_i^2/(n - k)} = \frac{(198.96.74 - 66.07)/3}{66.07/(40 - 5)} = 23.47$$

と $F_{0.05}(3, 35) = 2.88$（2.92 と 2.84 の間）を比較する（282 ページの**付表 4** 参照）。23.47 > 2.88 なので有意水準 5% で H_0 を棄却する，すなわち，季節性を考慮し

て推定した方がよいという結論となる。

　以下のように，決定係数を用いても，F 統計値を求めることができる。

$$\frac{(\hat{R}^2 - \tilde{R}^2)/G}{(1 - \hat{R}^2)/(n - k)} = \frac{(0.7998 - 0.3971)/3}{(1 - 0.7998)/(40 - 5)} = 23.47$$

この値は残差平方和を用いたものと同じ結果である。

数値例 4：定数項を除いて，説明変数の係数がすべてゼロとなる検定：

　数値例 2 で用いた「4.1.2 節　構造変化ダミー」と同じ数値例を用いる。推定結果は次のとおりとなった。

$$Y_i = \underset{(0.000)}{0.000} + \underset{(2.715)}{1.000} X_i + \underset{(2.101)}{3.370} D_i - \underset{(1.214)}{0.543} D_i X_i$$
$$R^2 = 0.8612, \quad \overline{R}^2 = 0.8351, \quad s = 0.9021$$

ただし，係数の推定値の下の括弧内は t 値を表すものとする。

　回帰式 $Y_i = \alpha + \beta X_i + \gamma D_i + \delta D_i X_i + u_i$ について，

　　帰無仮説 H_0： $\beta = \gamma = \delta = 0$

　　対立仮説 H_1： $\beta \neq 0$ または $\gamma \neq 0$ または $\delta \neq 0$

　データ数は $n = 20$ で，制約付きと制約なしのそれぞれの決定係数 R^2 は，

$$\tilde{R}^2 = 0, \qquad \hat{R}^2 = 0.8612$$

となる（定数項のみの回帰式では $R^2 = 0$ となることに注意）。$G = 3$，$k = 4$ を代入して，

$$\frac{(\hat{R}^2 - \tilde{R}^2)/G}{(1 - \hat{R}^2)/(n - k)} = \frac{\hat{R}^2/G}{(1 - \hat{R}^2)/(n - k)} = \frac{0.8612/3}{(1 - 0.8612)/(20 - 4)} = 33.1$$

と $F_{0.05}(3, 16) = 3.24$ を比較する（282 ページの**付表 4** 参照）。33.1 > 3.24 なので，説明変数の係数が全部ゼロという帰無仮説は有意水準 5％で棄却される。

4.1 2000年〜2019年の年次データを使って、次の回帰式を推定した。

$$Y_i = \beta_0 + \beta_1 X_i + u_i$$
$$Y_i = \beta_0 + \beta_1 X_i + \beta_2 D_i + \beta_3 X_i D_i + u_i$$

ただし、

$$D_i = \begin{cases} 0, & i = 2000, \cdots, 2008 \text{ のとき} \\ 1, & i = 2009, \cdots, 2019 \text{ のとき} \end{cases}$$

とする。また、u_1, u_2, $\cdots$, u_n は互いに独立で、すべての i について $u_i \sim N(0, \sigma^2)$ を仮定する。Gretl で推定したところ以下の結果が出た。

```
? ols Y const X

モデル 1: 最小二乗法(OLS), 観測: 2000-2019 (T = 20)
従属変数: Y

            係数        標準誤差    t 値      p 値
--------------------------------------------------------
  const    0.211268   0.495243   0.4266   0.6747
  X        1.01006    0.114986   8.784    6.31e-08 ***

Mean dependent var    4.100000   S.D. dependent var    2.221901
Sum squared resid     17.74245   S.E. of regression    0.992820
R-squared             0.810848   Adjusted R-squared    0.800340
F(1, 18)              77.16158   P-value(F)            6.31e-08
Log-likelihood       -27.18105   Akaike criterion      58.36210
Schwarz criterion     60.35357   Hannan-Quinn          58.75086
rho                  -0.080542   Durbin-Watson         2.153130


? ols Y const X D DX

モデル 2: 最小二乗法(OLS), 観測: 2000-2019 (T = 20)
従属変数: Y
```

```
              係数        標準誤差      t 値       p 値
        --------------------------------------------------
        const   0.000000   0.795614    0.0000    1.0000
        X       1.00000    0.368298    2.715     0.0153 **
        D       3.36957    1.60415     2.101     0.0519 *
        DX      -0.543478  0.447790   -1.214     0.2425


        Mean dependent var     4.100000   S.D. dependent var    2.221901
        Sum squared resid     13.02174    S.E. of regression    0.902141
        R-squared              0.861175   Adjusted R-squared    0.835146
        F(3, 16)              33.08447    P-value(F)            4.31e-07
        Log-likelihood       -24.08765    Akaike criterion     56.17530
        Schwarz criterion     60.15823    Hannan-Quinn         56.95281
        rho                   -0.360168   Durbin-Watson         2.695362
```

(1) 2009 年以降の切片と傾きの推定値を求めなさい。

(2) 残差平方和を用いて，帰無仮説 $H_0: \beta_2 = \beta_3 = 0$ を有意水準 5％で検定しなさい。

(3) 決定係数を用いて，帰無仮説 $H_0: \beta_2 = \beta_3 = 0$ を有意水準 1％で検定しなさい。

4.2 生鮮魚介の需要関数を推定することにした。変数名リストは下記のとおりである。

F_i ＝ 生鮮魚介の購入量（単位は g）の対数（常用対数）

Y_i ＝ 勤め先収入（2015 年価格）の対数（常用対数）

PF_i ＝ 生鮮魚介 1g 当たりの価格（2015 年価格）の対数（常用対数）

PM_i ＝ 生鮮肉 1g 当たりの価格（2015 年価格）の対数（常用対数）

PV_i ＝ 生鮮野菜 1g 当たりの価格（2015 年価格）の対数（常用対数）

PFM_i ＝「生鮮魚介 1g 当たりの価格（2015 年価格）÷ 生鮮肉 1g 当たりの価格（2015 年価格）」の対数（常用対数）

$\quad\quad\quad$ ＝ $PF_i - PM_i$

推定期間は 2000 年～2019 年（すなわち，$i = 2000$～2019）で，年次データを用いた。Excel を使って，次の (i), (ii) の 2 つの需要関数を推定した。推定式とその推定結果を下記に記す。

$$\text{(i) } F_i = \alpha + \beta Y_i + \gamma_1 PF_i + \gamma_2 PM_i + \gamma_3 PV_i + u_i \qquad \text{(ii) } F_i = \alpha + \beta Y_i + \gamma_1 PFM_i + u_i$$

回帰統計

重相関 R	0.953405
重決定 R2	0.908981
補正 R2	0.884709
標準誤差	0.038065
観測数	20

分散分析表

	自由度	変動	分散	観測された分散比	有意 F
回帰	4	0.21705	0.054262	37.45016	1.22E-07
残差	15	0.021734	0.001449		
合計	19	0.238783			

	係数	標準誤差	t	P-値	下限 95%	上限 95%
切片	-13.2654	5.277338	-2.51366	0.023854	-24.5138	-2.01704
Y	3.0975	0.950373	3.259248	0.005282	1.071829	5.123172
PF	-2.46563	0.476834	-5.17083	0.000114	-3.48198	-1.44928
PM	2.356114	0.559867	4.208344	0.00076	1.162785	3.549443
PV	-0.22684	0.658757	-0.34434	0.735371	-1.63094	1.177271

回帰統計

重相関 R	0.952767
重決定 R2	0.907765
補正 R2	0.896913
標準誤差	0.035994
観測数	20

分散分析表

	自由度	変動	分散	観測された分散比	有意 F
回帰	2	0.216759	0.10838	83.65543	1.59E-09
残差	17	0.022024	0.001296		
合計	19	0.238783			

	係数	標準誤差	t	P-値	下限 95%	上限 95%
切片	-13.8575	4.439189	-3.12162	0.00621	-23.2234	-4.49161
Y	3.215197	0.77528	4.147142	0.000674	1.579499	4.850895
PFM	-2.54348	0.201082	-12.649	4.48E-10	-2.96773	-2.11923

下記の問いに答えなさい。

- (i) 式について：

    (1) β は需要の所得弾力性を表す。需要の所得弾力性とは何かを説明しなさい。

    (2) γ_1 は需要の価格弾力性を表す。需要の価格弾力性とは何かを説明しなさい。

    (3) γ_2, γ_3 は需要の交差価格弾力性を表す。需要の交差価格弾力性とは何かを説明しなさい。次に，推定結果から，生鮮魚介と生鮮肉との関係，生鮮魚介と生鮮野菜との関係を説明しなさい（代替財か補完財か？）。

    (4) すべての説明変数の係数がゼロという仮説，すなわち，$\beta = \gamma_1 = \gamma_2 = \gamma_3 = 0$ の仮説を検定しなさい。

    (5) β の99%信頼区間を求めなさい。

    (6) $\gamma_2 = 0$ という仮説を有意水準5%で検定しなさい（両側検定を用いなさい）。

- (i) 式と (ii) 式について：

    (7) PF_i の係数推定値と PM_i の係数推定値は符号は異なるが，絶対値で推定値が似た値になっていることと，PV_i の係数はゼロを棄却できないので PV_i を落として，(ii) 式を推定し直すことにした。(i) 式と (ii) 式を推定することで，何を検定しようとしているのか帰無仮説と対立仮説を書きなさい。

    (8) 残差平方和をもとにして（7）を検定しなさい。

    (9) 決定係数を利用して（7）を検定しなさい。

(*) 有意水準や信頼係数が問いに書かれていない場合は，読者が設定すればよい。

第5章
最小二乗法の仮定について

　最小二乗法の仮定は **3.2 節**で述べた。本章では，**3.2 節**のそれぞれの仮定が崩れた場合，最小二乗推定量にどのようなことが起こるかをそれぞれ **5.1 節〜5.4 節**で考察する。それぞれの仮定と本章で対応する節を箇条書きでまとめると次のとおりである。

- u_1, u_2, $\cdots$, u_n は互いに独立 $\longrightarrow$ 3.2 節の仮定 (iv) $\longrightarrow$ 5.1 節
- u_i の分散は一定 $\longrightarrow$ 3.2 節の仮定 (iii) $\longrightarrow$ 5.2 節
- $u_i \sim N(0, \sigma^2)$ $\longrightarrow$ 3.2 節の仮定 (v) $\longrightarrow$ 5.3 節
- X_i は非確率変数 $\longrightarrow$ 3.2 節の仮定 (i) $\longrightarrow$ 5.4 節

■ 5.1　誤差項：系列相関（自己相関）

● 5.1.1　系列相関（自己相関）の意味

　最小二乗法の仮定の一つ（**3.2 節**の仮定 (iv)）に，「攪乱項 u_1, u_2, $\cdots$, u_n は互いに独立に分布する」というものがあった。データの順番が重要な場合，すなわち，タイム・シリーズ（時系列）・データの場合を考える。ただし，クロス・セクション（横断面）・データの場合でも，順番が重要な場合はあり得る（例えば，地理的な位置関係など）が，ここではタイム・シリーズ（時系列）・データを念頭に置いてほしい。

　系列相関の「系列」とは，広辞苑（第 7 版）によると「系統だって並べられた一連の物事」となっている。ここでの場合は，誤差項 u_1, u_2, $\cdots$, u_n という時間の伴った系列ということになる。本節では，系列内で相関がある場合，すなわ

ち，誤差項に系列相関（自己相関とも言う）がある場合を説明する。

u_1，u_2，$\cdots$，u_n に系列相関（serial correlation）または自己相関（autocorrelation）がある場合，次の 2 つが考えられる。

- 誤差項の大きさは考えず，プラスかマイナスかの符号だけを考えた場合，それぞれの符号が順に，＋＋＋－－－－＋＋－－－＋＋・・・のように，プラスが連続で続いた後で，マイナスが連続で続くというような場合，u_1，u_2，$\cdots$，u_n は「正の系列相関がある」と言う（これをなぜ「正」と呼ぶのかについては後述する）。
- また，それぞれの符号が順に，＋－＋－＋－＋－＋－＋－・・・のように交互にプラス，マイナスになる場合，u_1，u_2，$\cdots$，u_n は「負の系列相関がある」と言う。

特徴として，上のどちらの場合でも u_1，u_2，$\cdots$，u_i から u_{i+1} の符号がある程度予想できることになる。これは「u_1，u_2，$\cdots$，u_n は互いに独立に分布する」という仮定に反する。横軸が時間 i，縦軸が残差 $\hat{u}_i$ としてグラフを描くと次のようになる。

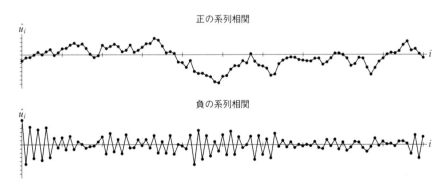

● 5.1.2 系列相関の指標：DW について

系列相関があると，u_1，u_2，$\cdots$，u_n が互いに独立であるという仮定が成り立たない。一期差，二期差，三期差，$\cdots$ と何期差の相関を考えればよいだろうか。u_i と u_{i-k} との相関を考えた場合，$k = 1$ のときが最も相関が強くなると考えられ

る。言い換えると，時間が離れれば離れるほど相関が小さくなっていくと考えるのが自然である。よって，u_i が一期前の u_{i-1} に依存するかどうかの検定を行えば十分である。この検定に，ダービン・ワトソン比（Durbin=Watson ratio, DW）が用いられる。

このように，ダービン・ワトソン比（DW）とは，誤差項の系列相関，すなわち，u_i と u_{i-1} との間の相関の有無を検定するために考案された。すなわち，ダービン・ワトソン比（DW）とは，回帰式が

$$Y_i = \beta_1 X_{1i} + \beta_2 X_{2i} + \cdots + \beta_k X_{ki} + u_i \tag{5.1}$$

$$u_i = \rho u_{i-1} + \epsilon_i \tag{5.2}$$

のときに，

帰無仮説 $H_0 : \rho = 0$
対立仮説 $H_1 : \rho \neq 0$

の検定である。ただし，ϵ_1，ϵ_2，$\cdots$，ϵ_n は互いに独立で，すべての i について $\epsilon_i \sim N(0, \sigma^2)$ とする。

まずは，ρ の符号と正・負の系列相関との関係を見てみよう。

- $\rho > 0$ のとき，u_1，u_2，$\cdots$，u_n は正の系列相関がある（プラスが連続で続いた後で，マイナスが連続で続く）。

    (5.2) 式の ϵ_i がなければ，もし $\rho > 0$ かつ u_i の初期値が正であれば，初期値以降もすべての u_i が正になる。逆に，もし $\rho > 0$ かつ u_i の初期値が負であれば，初期値以降もすべての u_i が負になる。ϵ_i が加えられているので，u_i の符号が逆転することが起こる。時に符号が変わるが，$\rho > 0$ の場合は基本的には同じ符号が続くことになる。

- $\rho < 0$ のとき，u_1，u_2，$\cdots$，u_n は負の系列相関がある（プラスとマイナスが交互に起こる）。

    同様に考えると，(5.2) 式の ϵ_i がなければ，もし $\rho < 0$ であれば，初期値の次は初期値と異なる符号，その次は初期値と同じ符号と交互に符号が変わることになる。ϵ_i が加えられているので，u_i の同じ符号が続くことが

起こるが，$\rho < 0$ の場合は基本的には交互に符号が変わることになる。

● $\rho = 0$ のとき，u_1，u_2，$\cdots$，u_n は系列相関がない（符号の順番に法則性が
ない）。

$\rho = 0$ のときは，(5.2)式の右辺は ϵ_i だけになる。ϵ_i の系列は互いに独立
を仮定しているので，ϵ_i の符号はランダムになり，同時に，u_i の符号もラ
ンダムになり符号の予想もできない。

(5.1)式に最小二乗法を当てはめ，最小二乗推定値 $\hat{\beta}_1$，$\hat{\beta}_2$，$\cdots$，$\hat{\beta}_k$ を求める。さ
らに，$\hat{u}_i = Y_i - \hat{\beta}_1 X_{1i} - \hat{\beta}_2 X_{2i} - \cdots - \hat{\beta}_k X_{ki}$ によって，残差 $\hat{u}_i$ が得られる。この
残差 $\hat{u}_i$ をもとにして，ダービン・ワトソン比（DW）は次のように定義される。

$$DW = \frac{\sum_{i=2}^{n}(\hat{u}_i - \hat{u}_{i-1})^2}{\sum_{i=1}^{n}\hat{u}_i^2}$$

DW 比は，近似的に次のように書き換えられる。

$$DW = \frac{\sum_{i=2}^{n}(\hat{u}_i - \hat{u}_{i-1})^2}{\sum_{i=1}^{n}\hat{u}_i^2} = \frac{\sum_{i=2}^{n}\hat{u}_i^2 - 2\sum_{i=2}^{n}\hat{u}_i\hat{u}_{i-1} + \sum_{i=2}^{n}\hat{u}_{i-1}^2}{\sum_{i=1}^{n}\hat{u}_i^2}$$

$$= \frac{2\sum_{i=1}^{n}\hat{u}_i^2 - (\hat{u}_1^2 + \hat{u}_n^2)}{\sum_{i=1}^{n}\hat{u}_i^2} - 2\frac{\sum_{i=2}^{n}\hat{u}_i\hat{u}_{i-1}}{\sum_{i=1}^{n}\hat{u}_i^2} \approx 2\left(1 - \frac{\sum_{i=2}^{n}\hat{u}_i\hat{u}_{i-1}}{\sum_{i=2}^{n}\hat{u}_{i-1}^2}\right) = 2(1 - \hat{\rho})$$

途中の $\approx$ のところで，以下の2つの近似が用いられる。

$$\frac{\hat{u}_1^2 + \hat{u}_n^2}{\sum_{i=1}^{n}\hat{u}_i^2} \approx 0, \qquad \frac{\sum_{i=2}^{n}\hat{u}_i\hat{u}_{i-1}}{\sum_{i=1}^{n}\hat{u}_i^2} = \frac{\sum_{i=2}^{n}\hat{u}_i\hat{u}_{i-1}}{\sum_{i=2}^{n}\hat{u}_{i-1}^2 + \hat{u}_n^2} \approx \frac{\sum_{i=2}^{n}\hat{u}_i\hat{u}_{i-1}}{\sum_{i=2}^{n}\hat{u}_{i-1}^2} = \hat{\rho}$$

1つ目の式の近似については，1期と n 期の2期間の残差二乗和は1期から n 期
までの n 期間の残差二乗和に比べて無視できるほど小さいという近似である。2
つ目の式の近似についても，n 期の残差の二乗は1期から $n-1$ 期までの $n-1$
期間の残差二乗和に比べて無視できるほど小さいと言える。よって，n が大きく
なるにつれて，どちらの近似も成り立つと考えてよいだろう。

上記の $\hat{\rho}$ は，$\hat{u}_i$ を被説明変数，$\hat{u}_{i-1}$ を説明変数としたときの $\hat{u}_{i-1}$ の回帰係数

となっている。言い換えると，下記の最小化問題を解いたときの $\hat{\rho}$ の解に等しくなる（読者は両者が一致することを確認されたい）。

$$\min_{\hat{\rho}} \sum_{i=2}^{n} (\hat{u}_i - \hat{\rho}\hat{u}_{i-1})^2 \tag{5.3}$$

したがって，$\hat{\rho}$ と DW とは次のような関係がある。

1. DW 比の値が 2 前後のとき，系列相関なしと判定される（$DW \approx 2$ のとき，$\hat{\rho} \approx 0$ となり，$\rho \approx 0$ と判断する）。

2. DW 比が 2 より十分に小さいとき，正の系列相関と判定される（DW が 0 に近いとき，$\hat{\rho}$ は 1 に近づき，$\rho > 0$ と判断する）。

3. DW 比が 2 より十分に大きいとき，負の系列相関と判定される（DW が 4 に近いとき，$\hat{\rho}$ は -1 に近づき，$\rho < 0$ と判断する）。

ρ は u_i と u_{i-1} との相関係数と捉えることができる（証明は後述する）。そのため，$-1 < \rho < 1$ である（258 ページの定理 (B.16) 参照）。その推定量である $\hat{\rho}$ もまた $-1 < \hat{\rho} < 1$ と考える。

ρ の解釈について：(5.2) 式のように，被説明変数の遅れの変数が説明変数となるモデルを自己回帰モデル（autoregressive model，AR model）と呼ぶ。特に，被説明変数の一期前だけが説明変数となっているモデルを一次の自己回帰モデル，または，AR(1) モデルと呼ぶ。一般的には，被説明変数の p 期前までの変数が説明変数となっているモデルを p 次の自己回帰モデル，または，AR(p) モデルと呼ぶ。

AR(1) モデルについて，ρ は u_i と u_{i-1} との相関係数となることを，以下で証明する。(5.2) 式の両辺に u_{i-1} を掛けて期待値を取ると，

$$\mathrm{E}(u_i u_{i-1}) = \rho \mathrm{E}(u_{i-1}^2) + \mathrm{E}(\epsilon_i u_{i-1}) = \rho \mathrm{E}(u_{i-1}^2) \tag{5.4}$$

となる。$\mathrm{E}(\epsilon_i u_{i-1}) = 0$ となることは，次のように証明できる。まず，繰り返し代入することによって，u_i は次のように変形される。

$$\begin{aligned} u_i &= \rho u_{i-1} + \epsilon_i \\ &= \rho(\rho u_{i-2} + \epsilon_{i-1}) + \epsilon_i = \rho^2 u_{i-2} + \epsilon_i + \rho \epsilon_{i-1} \end{aligned}$$

$$\begin{aligned}
&= \rho^2(\rho u_{i-3} + \epsilon_{i-2}) + \epsilon_i + \rho\epsilon_{i-1} = \rho^3 u_{i-3} + \epsilon_i + \rho\epsilon_{i-1} + \rho^2\epsilon_{i-2} \\
&\quad \vdots \\
&= \rho^s u_{i-s} + \epsilon_i + \rho\epsilon_{i-1} + \rho^2\epsilon_{i-2} + \cdots \rho^{s-1}\epsilon_{i-(s-1)} \\
&\quad \vdots \\
&= \epsilon_i + \rho\epsilon_{i-1} + \rho^2\epsilon_{i-2} + \rho^3\epsilon_{i-3} + \cdots \tag{5.5}
\end{aligned}$$

$|\rho| < 1$ であれば, $s \longrightarrow \infty$ のとき $\rho^s u_{i-s} \longrightarrow 0$ となるので, u_i は ϵ_i, ϵ_{i-1}, ϵ_{i-2}, $\cdots$ の線型関数になっている。ϵ_1, ϵ_2, $\cdots$, ϵ_n は互いに独立を仮定しているので, $i \neq j$ について $\mathrm{E}(\epsilon_i \epsilon_j) = 0$ となる。したがって, $\mathrm{E}(\epsilon_i u_{i-1})$ は,

$$\begin{aligned}
\mathrm{E}(\epsilon_i u_{i-1}) &= \mathrm{E}\big(\epsilon_i(\epsilon_{i-1} + \rho\epsilon_{i-2} + \rho^2\epsilon_{i-3} + \rho^3\epsilon_{i-4} + \cdots)\big) \\
&= \mathrm{E}(\epsilon_i \epsilon_{i-1}) + \rho\mathrm{E}(\epsilon_i \epsilon_{i-2}) + \rho^2\mathrm{E}(\epsilon_i \epsilon_{i-3}) + \rho^3\mathrm{E}(\epsilon_i \epsilon_{i-4}) + \cdots \\
&= 0
\end{aligned}$$

となる。

(5.4)式から, ρ は,

$$\rho = \frac{\mathrm{E}(u_i u_{i-1})}{\mathrm{E}(u_{i-1}^2)} = \frac{\mathrm{Cov}(u_i, u_{i-1})}{\mathrm{V}(u_{i-1})} = \frac{\mathrm{Cov}(u_i, u_{i-1})}{\sqrt{\mathrm{V}(u_i)}\sqrt{\mathrm{V}(u_{i-1})}}$$

と書き換えられる。2つ目の等式では, (5.5)式から $\mathrm{E}(u_i) = 0$ なので, $\mathrm{E}(u_i u_{i-1}) = \mathrm{Cov}(u_i, u_{i-1})$, $\mathrm{E}(u_i^2) = \mathrm{V}(u_i)$ となる。3つ目の等式では, (5.5)式を利用すると $\mathrm{V}(u_i) = \mathrm{V}(u_{i-1})$ が得られる。$\mathrm{V}(u_i) = \mathrm{V}(u_{i-1})$ を示すために, 以下のように $\mathrm{V}(u_i)$ を求める。

$$\begin{aligned}
\mathrm{V}(u_i) &= \mathrm{V}(\epsilon_i + \rho\epsilon_{i-1} + \rho^2\epsilon_{i-2} + \rho^3\epsilon_{i-3} + \cdots) &&\longleftarrow \text{(5.5)式を代入} \\
&= \mathrm{V}(\epsilon_i) + \mathrm{V}(\rho\epsilon_{i-1}) + \mathrm{V}(\rho^2\epsilon_{i-2}) + \mathrm{V}(\rho^3\epsilon_{i-3}) + \cdots &&\text{補論の定理(B.18)を利用} \\
&= \mathrm{V}(\epsilon_i) + \rho^2\mathrm{V}(\epsilon_{i-1}) + \rho^4\mathrm{V}(\epsilon_{i-2}) + \rho^6\mathrm{V}(\epsilon_{i-3}) + \cdots &&\text{補論の定理(B.10)を利用} \\
&= \sigma^2(1 + \rho^2 + \rho^4 + \rho^6 + \cdots) &&\mathrm{V}(\epsilon_i) = \sigma^2 \text{を利用} \\
&= \frac{\sigma^2}{1 - \rho^2}
\end{aligned}$$

i にかかわらず, $\mathrm{V}(u_i)$ が一定となっている。すなわち, $\mathrm{V}(u_i) = \mathrm{V}(u_{i-1})$ が証明できたことになる。

以上のように, AR(1)モデル $u_i = \rho u_{i-1} + \epsilon_i$ において, ρ は u_i と u_{i-1} との相関

係数となることが証明できた。

ρ と $\hat{\rho}$ について：最小二乗法による残差 $\hat{u}_i$ をもとにして，(5.3) 式の最小化問題を解くことによって，ρ の最小二乗推定量 $\hat{\rho}$ は，

$$\hat{\rho} = \frac{\displaystyle\sum_{i=2}^{n} \hat{u}_i \hat{u}_{i-1}}{\displaystyle\sum_{i=2}^{n} \hat{u}_{i-1}^2} \approx \frac{\displaystyle\sum_{i=1}^{n} \hat{u}_i \hat{u}_{i-1}}{\displaystyle\sum_{i=1}^{n} \hat{u}_{i-1}^2}$$

と求められる。ゼロ番目というデータはないので $\hat{u}_0$ を求めることはできないが，$\hat{u}_0 = 0$ とすれば「$\approx$」でなく「$=$」とすることができる。便宜上，n 項の和とする方が処理しやすいので，このような修正を行っている。

残差は $\hat{u}_i = Y_i - \hat{\beta}_1 X_{1i} - \hat{\beta}_2 X_{2i} - \cdots - \hat{\beta}_k X_{ki}$ と表される。単回帰モデルの場合について既に証明したが，重回帰モデルについても同様に，$j = 1, 2, \cdots, k$ について最小二乗推定量 $\hat{\beta}_j$ は β_j の一致推定量となる（誤差項に系列相関があっても最小二乗推定量は一致推定量になるが，証明は後述）。したがって，$n \longrightarrow \infty$ のとき $\hat{u}_i \longrightarrow u_i$ となる。大数の法則（261 ページの**補論 B.5.1** の「**大数の法則（その 2）**」参照）によって，

$$\frac{1}{n}\sum_{i=1}^{n} u_i u_{i-1} \longrightarrow \mathrm{E}(u_i u_{i-1}) = \mathrm{Cov}(u_i, u_{i-1}), \qquad \frac{1}{n}\sum_{i=1}^{n} u_{i-1}^2 \longrightarrow \mathrm{E}(u_{i-1}^2) = \mathrm{V}(u_{i-1})$$

が成り立つ。$\mathrm{E}(u_i) = 0$ なので，$\mathrm{E}(u_i u_{i-1}) = \mathrm{Cov}(u_i, u_{i-1})$，$\mathrm{E}(u_{i-1}^2) = \mathrm{V}(u_{i-1})$ となることに注意されたい。さらに，$n \longrightarrow \infty$ のとき $\hat{u}_i \longrightarrow u_i$ となるので，u_i を $\hat{u}_i$ で置き換えても，

$$\frac{1}{n}\sum_{i=1}^{n} \hat{u}_i \hat{u}_{i-1} \longrightarrow \mathrm{E}(u_i u_{i-1}) = \mathrm{Cov}(u_i, u_{i-1}), \qquad \frac{1}{n}\sum_{i=1}^{n} \hat{u}_{i-1}^2 \longrightarrow \mathrm{E}(u_{i-1}^2) = \mathrm{V}(u_{i-1})$$

が成り立つ。

以上から，

$$\hat{\rho} = \frac{\displaystyle\sum_{i=2}^{n} \hat{u}_i \hat{u}_{i-1}}{\displaystyle\sum_{i=2}^{n} \hat{u}_{i-1}^2} \approx \frac{\dfrac{1}{n}\displaystyle\sum_{i=1}^{n} \hat{u}_i \hat{u}_{i-1}}{\dfrac{1}{n}\displaystyle\sum_{i=1}^{n} \hat{u}_{i-1}^2} \longrightarrow \frac{\mathrm{Cov}(u_i, u_{i-1})}{\mathrm{V}(u_i)} = \rho$$

となり，$\hat{\rho}$ は ρ の一致推定量となっている。途中で，263 ページの**補論 B.5.3** の

「いくつかの公式」の (iv) を利用している（すなわち，分子・分母別々に大数の法則を当てはめている）。

よって，$DW \approx 2(1-\hat{\rho}) \longrightarrow 2(1-\rho)$ と $-1 < \rho < 1$ から，$0 < DW < 4$ となることがわかる。$\rho = 0$（系列相関なし）のときは $DW = 2$ となるので，2 が中心となっている。DW 検定では，dl と du によって下記のように A，B，C，D，E の 5 つの領域に分類される。

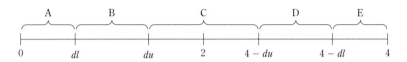

dl と du は，n と k に依存し，統計表から得られる数値である（統計表は後述）。

- DW が 2 前後の場合（領域 C），$\rho = 0$ を意味し，誤差項に系列相関はない（$\rho = 0$）と判定される。
- DW がゼロに近い場合（領域 A），ρ は 1 に近いことを意味し，誤差項に正の系列相関がある（$\rho > 0$）と判定される。
- DW が 4 に近い場合（領域 E），ρ は -1 に近いことを意味し，誤差項に負の系列相関がある（$\rho < 0$）と判定される。
- DW は 2 より小さいがゼロに近いとは言えない場合（領域 B），誤差項に正の系列相関があるとは言えない（$\rho > 0$ という傾向はある）。
- DW は 2 より大きいが 4 に近いとは言えない場合（領域 D），誤差項に負の系列相関があるとは言えない（$\rho < 0$ という傾向はある）。

正確な判定には，データ数 n とパラメータ数 k（正確には，定数項を除くパラメータ数 k'）に依存して，dl と du の値が決まり，表 5–1 のように 5 つの領域に分類される。DW は 2 を中心に対称になっているので，データ数 n と定数項を除くパラメータ数 k' によって，dl と du が得られれば，5 つの領域を求めることができる。定数項を除くパラメータ数を k' とした場合，k' は次のように表される。

$$k' = \begin{cases} k - 1, & \text{回帰式に定数項を含む場合} \\ k, & \text{回帰式に定数項がない場合} \end{cases}$$

284 ページの**付表 5** に，より多くの n と k' との組み合わせを載せている。

表 5-1　ダービン・ワトソン統計量の 5%点の上限と下限

(1) $k' = 1$

n	A		B		C		D		E	
	下限	上限	下限	上限	下限	上限	下限	上限	下限	上限
	0	dl	dl	du	du	$4-du$	$4-du$	$4-dl$	$4-dl$	4
15	0	1.08	1.08	1.36	1.36	2.64	2.64	2.92	2.92	4
20	0	1.20	1.20	1.41	1.41	2.59	2.59	2.80	2.80	4
25	0	1.29	1.29	1.45	1.45	2.55	2.55	2.71	2.71	4

(2) $k' = 2$

n	A		B		C		D		E	
	下限	上限	下限	上限	下限	上限	下限	上限	下限	上限
	0	dl	dl	du	du	$4-du$	$4-du$	$4-dl$	$4-dl$	4
15	0	0.95	0.95	1.54	1.54	2.46	2.46	3.05	3.05	4
20	0	1.10	1.10	1.54	1.54	2.46	2.46	2.90	2.90	4
25	0	1.21	1.21	1.55	1.55	2.45	2.45	2.79	2.79	4

(3) $k' = 3$

n	A		B		C		D		E	
	下限	上限	下限	上限	下限	上限	下限	上限	下限	上限
	0	dl	dl	du	du	$4-du$	$4-du$	$4-dl$	$4-dl$	4
15	0	0.82	0.82	1.75	1.75	2.25	2.25	2.25	3.18	4
20	0	1.00	1.00	1.68	1.68	2.32	2.32	2.32	3.00	4
25	0	1.12	1.12	1.66	1.66	2.34	2.34	2.34	2.88	4

A：正の系列相関あり，B：系列相関の有無を判定不能，C：系列相関なし
D：系列相関の有無を判定不能，E：負の系列相関あり

数値例：今までと同じ数値例で，DW を計算する。

i	X_i	Y_i	$\hat{Y}_i$	$\hat{u}_i$
1	5	4	4.0	0.0
2	1	1	1.2	-0.2
3	3	1	2.6	-1.6
4	2	3	1.9	1.1
5	4	4	3.3	0.7
合計	$\sum X_i$	$\sum Y_i$	$\sum \hat{Y}_i$	$\sum \hat{u}_i$
	15	13	13	0
平均	$\overline{X}$	$\overline{Y}$		
	3	2.6		

$$DW = \frac{\sum\limits_{i=2}^{n} (\hat{u}_i - \hat{u}_{i-1})^2}{\sum\limits_{i=1}^{n} \hat{u}_i^2}$$

$$= \frac{(0.0 - (-0.2))^2 + (-0.2 - (-1.6))^2 + (-1.6 - 1.1)^2 + (1.1 - 0.7)^2}{0.0^2 + (-0.2)^2 + (-1.6)^2 + 1.1^2 + 0.7^2}$$

$$= \frac{9.45}{4.30} = 2.198$$

推定結果の表記方法：

回帰モデル：

$$Y_i = \alpha + \beta X_i + u_i$$

について，推定結果は $\hat{\alpha} = 0.5$, $\hat{\beta} = 0.7$, $s_{\hat{\alpha}} = 1.256$, $s_{\hat{\beta}} = 0.379$, $\dfrac{\hat{\alpha}}{s_{\hat{\alpha}}} = 0.398$,
$\dfrac{\hat{\beta}}{s_{\hat{\beta}}} = 1.849$, $s = 1.1972$, $R^2 = 0.5326$, $\overline{R}^2 = 0.3768$, $DW = 2.198$ であった。こ
れらをまとめて，

$$Y_i = \underset{(0.398)}{0.5} + \underset{(1.849)}{0.7} X_i$$

$$R^2 = 0.5326, \quad \overline{R}^2 = 0.3768, \quad s = 1.197, \quad DW = 2.198$$

ただし，係数の推定値の下の括弧内は t 値を表すものとする。

または，

$$Y_i = \underset{(1.256)}{0.5} + \underset{(0.379)}{0.7} X_i$$

$$R^2 = 0.5326, \quad \overline{R}^2 = 0.3768, \quad s = 1.197, \quad DW = 2.198$$

ただし，係数の推定値の下の括弧内は標準誤差を表すものとする。

のように書く。

　先にも述べたが，DW はタイム・シリーズ・データのときにのみ意味を成す統計量である。計量ソフトによっては，タイム・シリーズ・データやクロス・セクション・データにかかわらず，推定結果に DW が出力される場合がある。しか

し，クロス・セクション・データを扱う場合は，*DW* は載せるべきではない。

● 5.1.3 系列相関は何が問題か？：最小二乗推定量の分散について

5.1.1 節では系列相関とはどういうものか，5.1.2 節では誤差項に系列相関があるかどうかの検定方法をそれぞれ述べた。本節では，誤差項に系列相関がある場合にどのような問題が起こるかを考える。簡単化のために，次の単回帰モデルを考える。

$$Y_i = \alpha + \beta X_i + u_i, \qquad n = 1, 2, \cdots, n$$

本節で扱う誤差項の仮定を下記にまとめておく。

仮定：$\mathrm{E}(u_i) = 0$

$\mathrm{V}(u_i) = \mathrm{E}(u_i^2) = \sigma^2$

$i \neq j$ について，$\mathrm{Cov}(u_i, u_j) = \mathrm{E}(u_i u_j) = \sigma_{ij} \longleftarrow \sigma_{ij} = 0$ から $\sigma_{ij} \neq 0$ に変更

もし誤差項に系列相関があるにもかかわらず，系列相関を考慮せずに通常の最小二乗法で推定したとする。β の最小二乗推定量 $\hat{\beta}$ は，(3.6) 式のとおりで，

$$\hat{\beta} = \sum \omega_i Y_i = \beta + \sum \omega_i u_i$$

と表される。ただし，$\omega_i = \dfrac{X_i - \overline{X}}{\sum (X_j - \overline{X})^2}$ である。

誤差項 u_1, u_2, $\cdots$, u_n が互いに独立ではない場合に，最小二乗推定量 $\hat{\beta}$ の平均・分散を求めてみよう。まず，$\mathrm{E}(\hat{\beta})$ について，

$$\mathrm{E}(\hat{\beta}) = \mathrm{E}(\beta + \sum \omega_i u_i) = \beta + \sum \omega_i \mathrm{E}(u_i) = \beta$$

u_1, u_2, $\cdots$, u_n に系列相関があっても，すべての i について $\mathrm{E}(u_i) = 0$ なので，$\hat{\beta}$ は不偏推定量となる。

次に，$\mathrm{V}(\hat{\beta})$ について，

$$\text{V}(\hat{\beta}) = \text{V}(\beta + \sum_{i=1}^{n} \omega_i u_i) \qquad \longleftarrow \text{(3.6)式を代入}$$

$$= \text{V}(\sum_{i=1}^{n} \omega_i u_i) \qquad \left.\right\} \begin{array}{l}\sum \omega_i u_i \text{ を1つの確率変数とみなして,}\\ \text{補論の定理 (B.10) を利用}\end{array}$$

$$= \text{E}((\sum_{i=1}^{n} \omega_i u_i)^2) \qquad \left.\right\} \text{E}(\sum \omega_i u_i) = 0 \text{ と分散の定義 (B.7) を利用}$$

$$= \text{E}((\sum_{i=1}^{n} \omega_i u_i)(\sum_{j=1}^{n} \omega_j u_j)) \qquad \left.\right\} \text{片方の足し算記号の添え字を } i \text{ から } j \text{ に変更}$$

$$= \text{E}(\sum_{i=1}^{n}\sum_{j=1}^{n} \omega_i \omega_j u_i u_j) \qquad \left.\right\} \text{足し算記号を移動}$$

$$= \sum_{i=1}^{n}\sum_{j=1}^{n} \omega_i \omega_j \text{E}(u_i u_j) \qquad \left.\right\} \text{補論の定理 (B.4) を利用 (確率変数に期待値)}$$

$$= \sum_{i=1}^{n} \omega_i^2 \text{E}(u_i^2) + \sum_{\substack{i=1 \\ i \neq j}}^{n}\sum_{j=1}^{n} \omega_i \omega_j E(u_i u_j) \qquad \left.\right\} i = j \text{ と } i \neq j \text{ の場合を別々に分ける}$$

$$= \sigma^2 \sum_{i=1}^{n} \omega_i^2 + \sum_{\substack{i=1 \\ i \neq j}}^{n}\sum_{j=1}^{n} \sigma_{ij} \omega_i \omega_j \qquad \left.\right\} \begin{array}{l}\text{E}(u_i^2) = \text{V}(u_i) = \sigma^2 \\ i \neq j \text{ について E}(u_i u_j) = \text{Cov}(u_i, u_j) = \sigma_{ij}\end{array}$$

$$\neq \sigma^2 \sum_{i=1}^{n} \omega_i^2 \qquad \left.\right\} \text{一般に,} \sigma_{ij} \neq 0$$

したがって，$u_1, u_2, \cdots, u_n$ に系列相関があるとき，通常の最小二乗推定量 $\hat{\beta}$ の分散の推定量は，$s^2 \sum_{i=1}^{n} \omega_i^2 + \sum_{\substack{i=1 \\ i \neq j}}^{n}\sum_{j=1}^{n} s_{ij} \omega_i \omega_j$ とならなければならない。ただし，s^2, s_{ij} は σ^2, σ_{ij} の推定量である。

注意すべき事項として，$\hat{\beta}$ の平均，分散から標準化して

$$\frac{\hat{\beta} - \beta}{\sqrt{\sigma^2 \sum_{i=1}^{n} \omega_i^2 + \sum_{\substack{i=1 \\ i \neq j}}^{n}\sum_{j=1}^{n} \sigma_{ij} \omega_i \omega_j}} \sim N(0, 1)$$

と標準正規分布になる。これまでは，分散をその推定量で置き換えた場合，t 分布になった。しかし，この場合は，σ^2, σ_{ij} をその推定量 s^2, s_{ij} に置き換えたとしても t 分布にならず，$n \longrightarrow \infty$ のとき，

$$\frac{\hat{\beta} - \beta}{\sqrt{s^2 \sum_{i=1}^{n} \omega_i^2 + \sum_{i=1}^{n}\sum_{\substack{j=1 \\ i \neq j}}^{n} s_{ij}\omega_i\omega_j}} \longrightarrow N(0, 1)$$

となる（t 分布でない）。また，計量ソフトでは，係数推定値の標準誤差を $s^2 \sum_{i=1}^{n} \omega_i^2$ の平方根として計算しているため，推定結果は標準誤差・t 値共に間違った結果をもたらす。そのため，正しい信頼区間を求めることができないだけでなく，正しく仮説検定を行うこともできなくなる。

● 5.1.4　系列相関のもとで回帰式の推定：単回帰モデルの場合

前節では，誤差項に系列相関があるにもかかわらず無視して推定すると，計量ソフトによる推定結果は間違ったものになるということを説明した。本節では，誤差項に系列相関があるとき，どのように推定すればよいのかを考える。ただし，系列相関に関する何らかの仮定を置く必要がある。誤差項間の相関を考える場合，時間差が小さい方が相関が大きく，逆に，時間差が大きくなると相関が小さくなると考えるのが自然である。仮定として，今期の誤差項は一期前の誤差項に影響を受けるとしよう。すなわち，回帰式が，

$$Y_i = \alpha + \beta X_i + u_i$$
$$u_i = \rho u_{i-1} + \epsilon_i$$

のときの推定を考える。ϵ_1, ϵ_2, $\cdots$, ϵ_n は新たな誤差項として互いに独立で，それぞれ正規分布に従うものと仮定する。時間差が大きくなるほど誤差項間の相関が小さくなるためには $|\rho| < 1$ となる必要がある。

u_i を消去すると，

$$(Y_i - \alpha - \beta X_i) = \rho(Y_{i-1} - \alpha - \beta X_{i-1}) + \epsilon_i$$

また，少し整理すると，

$$(Y_i - \rho Y_{i-1}) = \alpha(1 - \rho) + \beta(X_i - \rho X_{i-1}) + \epsilon_i$$

となる。この場合，$i = 2, 3, \cdots, n$ となって，データが一つ減ることになる

($i = 1$ のとき，Y_0，X_0 が必要であるが，データは利用できない)。

ϵ_1，ϵ_2，$\cdots$，ϵ_n は互いに独立とするので，最小二乗法の適用が可能となる。ρ を与えたもとで，$Y_i^* = Y_i - \rho Y_{i-1}$，$X_i^* = X_i - \rho X_{i-1}$ とデータを変換して，

$$Y_i^* = \alpha' + \beta X_i^* + \epsilon_i, \qquad i = 2, 3, \cdots, n$$

に最小二乗法を適用し，$\alpha' = \alpha(1 - \rho)$，$\beta$ を求めることになる。しかし，通常の最小二乗法と同様に，残差平方和を最小にするような推定量 $\hat{\alpha}$，$\hat{\beta}$，$\hat{\rho}$ を求めたいが，$\hat{\alpha}$，$\hat{\beta}$，$\hat{\rho}$ の解を (X_i, Y_i) の陽関数の形で書き表すことは不可能である。したがって，少し工夫が必要となる。

残差 $\hat{\epsilon}_i$ を次のように 2 通りの表し方をする。

- $\hat{\epsilon}_i = \hat{u}_i - \hat{\rho}\hat{u}_{i-1}$，　　　ただし，$\hat{u}_i = Y_i - \hat{\alpha} - \hat{\beta}X_i$
- $\hat{\epsilon}_i = Y_i^* - \hat{\alpha}' - \hat{\beta}X_i^*$, ただし，$Y_i^* = Y_i - \hat{\rho}Y_{i-1}$，$X_i^* = X_i - \hat{\rho}X_{i-1}$，$\hat{\alpha}' = \hat{\alpha}(1 - \hat{\rho})$

残差平方和 $\sum_{i=2}^{n} \hat{\epsilon}_i$ を $S(\hat{\alpha}, \hat{\beta}, \hat{\rho})$ と置き，$S(\hat{\alpha}, \hat{\beta}, \hat{\rho})$ を最小にするような $\hat{\alpha}$，$\hat{\beta}$，$\hat{\rho}$ を求める。すなわち，次の最小化問題を解く。

$$\min_{\hat{\alpha}, \hat{\beta}, \hat{\rho}} S(\hat{\alpha}, \hat{\beta}, \hat{\rho})$$

$\hat{\alpha}$，$\hat{\beta}$，$\hat{\rho}$ について $S(\hat{\alpha}, \hat{\beta}, \hat{\rho})$ を微分してゼロとおいて，

$$\frac{\partial S(\hat{\alpha}, \hat{\beta}, \hat{\rho})}{\partial \hat{\alpha}} = \frac{\partial S(\hat{\alpha}, \hat{\beta}, \hat{\rho})}{\partial \hat{\alpha}'} \frac{\partial \hat{\alpha}'}{\partial \hat{\alpha}} = -2(1 - \hat{\rho})\sum_{i=2}^{n}(Y_i^* - \hat{\alpha}' - \hat{\beta}X_i^*) = 0$$

$$\frac{\partial S(\hat{\alpha}, \hat{\beta}, \hat{\rho})}{\partial \hat{\beta}} = -2\sum_{i=2}^{n}X_i^*(Y_i^* - \hat{\alpha}' - \hat{\beta}X_i^*) = 0$$

$$\frac{\partial S(\hat{\alpha}, \hat{\beta}, \hat{\rho})}{\partial \hat{\rho}} = -2\sum_{i=2}^{n}\hat{u}_{i-1}(\hat{u}_i - \hat{\rho}\hat{u}_{i-1}) = 0$$

の 3 つの連立方程式を解く。ここで，$\hat{\alpha}' = \hat{\alpha}(1 - \hat{\rho})$ である。すなわち，

$$\hat{\beta} = \frac{\sum_{i=2}^{n}(X_i^* - \overline{X}_i^*)(Y_i^* - \overline{Y}_i^*)}{\sum_{i=2}^{n}(X_i^* - \overline{X}_i^*)^2} \tag{5.6}$$

$$\hat{\alpha}' = \hat{\alpha}(1 - \hat{\rho}) = \overline{Y}_i^* - \hat{\beta}\overline{X}_i^* \tag{5.7}$$

$$\hat{\rho} = \frac{\sum_{i=2}^{n} \hat{u}_{i-1}\hat{u}_i}{\sum_{i=2}^{n} \hat{u}_{i-1}^2} \qquad (5.8)$$

を解くことになる。ただし，$\overline{X}_i^* = \frac{1}{n-1}\sum_{i=2}^{n} X_i^*$，$\overline{Y}_i^* = \frac{1}{n-1}\sum_{i=2}^{n} Y_i^*$ とする（$n-1$ 個のデータの平均）。

計算の手順としては，

(i) $\hat{\rho}$ を与えたもとで（初期値は $\hat{\rho} = 0$ で構わない），$Y_i^* = Y_i - \hat{\rho}Y_{i-1}$，$X_i^* = X_i - \hat{\rho}X_{i-1}$ を求める。

(ii) (5.6)式，(5.7)式を用いて，$\hat{\beta}$，$\hat{\alpha}$ を求める。

(iii) $\hat{\alpha}$，$\hat{\beta}$ を与えたもとで，(5.8)式を用いて，$\hat{\rho}$ を求める。

(iv) 上記手順 (i) 〜 (iii) を順番に，$(\hat{\alpha}, \hat{\beta}, \hat{\rho})$ が収束するまで繰り返す。

とする。この計算手順はコクラン=オーカット法（Cochrane-Orcutt estimation）と呼ばれる。収束計算によって，最小化問題を解くことになる。

Gretl をはじめとして，通常の計量ソフトでは，このような手順で計算するコマンドが用意されている（Gretl による数値例は後述）。個人でプログラミングする必要はない。

簡便法：ρ の求め方：より簡単なもう一つの方法として，前節で見たように，DW は近似的に $DW \approx 2(1 - \hat{\rho})$ と表されるので，DW から $\hat{\rho}$ を逆算して求める。そして，$Y_i^* = Y_i - \hat{\rho}Y_{i-1}$，$X_i^* = X_i - \hat{\rho}X_{i-1}$ を新たな変数として，

$$Y_i^* = \alpha' + \beta X_i^* + \epsilon_i$$

に最小二乗法を適用する。ただし，$\alpha' = \alpha(1 - \hat{\rho})$ とする。

この方法であれば，Excel でも可能である。しかし，説明変数の数が増えると，非常に手間がかかるので，計量ソフトを使うことを勧める。

● 5.1.5 系列相関のもとで回帰式の推定：重回帰モデルの場合

より一般的に，回帰式が

$$Y_i = \beta_1 X_{1i} + \beta_2 X_{2i} + \cdots + \beta_k X_{ki} + u_i$$
$$u_i = \rho u_{i-1} + \epsilon_i$$

のときの推定を考える。ただし，$\epsilon_1, \epsilon_2, \cdots, \epsilon_n$ は互いに独立とする。

u_i を消去すると，$i = 2, 3, \cdots, n$ について，

$$(Y_i - \rho Y_{i-1}) = \beta_1(X_{1i} - \rho X_{1,i-1}) + \beta_2(X_{2i} - \rho X_{2,i-1}) + \cdots + \beta_k(X_{ki} - \rho X_{k,i-1}) + \epsilon_i$$

となる。ρ を与えたもとで，$Y_i^* = Y_i - \rho Y_{i-1}$, $X_{ji}^* = X_{ji} - \rho X_{j,i-1}$, $j = 1, 2, \cdots, k$ と変数を変換して，

$$Y_i^* = \beta_1 X_{1i}^* + \beta_2 X_{2i}^* + \cdots + \beta_k X_{ki}^* + \epsilon_i, \qquad i = 2, 3, \cdots, n$$

とすると，誤差項 ϵ_i の仮定（互いに独立）が満たされるので，最小二乗法を適用できるようになる。

すなわち，残差平方和 $S(\hat{\beta}_1, \hat{\beta}_2, \cdots, \hat{\beta}_k, \hat{\rho}) = \sum_{i=2}^{n} \tilde{\epsilon}_i^2$ を最小にする $\hat{\beta}_1, \hat{\beta}_2, \cdots,$ $\hat{\beta}_k, \hat{\rho}$ を求める。ただし，$\hat{\epsilon}_i = Y_i^* - \hat{\beta}_1 X_{1i}^* - \hat{\beta}_2 X_{2i}^* - \cdots - \hat{\beta}_k X_{ki}^*$，または，$\hat{\epsilon}_i = \hat{u}_i - \hat{\rho}\hat{u}_{i-1}$ のどちらかで残差が表される。また，式中の記号は，$Y_i^* = Y_i - \hat{\rho}Y_{i-1}$, $X_{ji}^* = X_{ji} - \hat{\rho}X_{j,i-1}$, $j = 1, 2, \cdots, k$, $\hat{u}_i = Y_i - \hat{\beta}_1 X_{1i} - \hat{\beta}_2 X_{2i} - \cdots - \hat{\beta}_k X_{ki}$ である。

最小化のための一階の条件は，

$$\frac{S(\hat{\beta}_1, \hat{\beta}_2, \cdots, \hat{\beta}_k, \hat{\rho})}{\partial \hat{\beta}_j} = 0, \qquad j = 1, 2, \cdots, k$$

$$\frac{S(\hat{\beta}_1, \hat{\beta}_2, \cdots, \hat{\beta}_k, \hat{\rho})}{\partial \hat{\rho}} = 0$$

であり，具体的に計算すると，

$$\frac{S(\hat{\beta}_1, \hat{\beta}_2, \cdots, \hat{\beta}_k, \hat{\rho})}{\partial \hat{\beta}_j} = -2\sum_{i=2}^{n} X_{ji}^*(Y_i^* - \hat{\beta}_1 X_{1i}^* - \hat{\beta}_2 X_{2i}^* - \cdots - \hat{\beta}_k X_{ki}^*) = 0, \qquad (5.9)$$

$$j = 1, 2, \cdots, k$$

$$\frac{S(\hat{\beta}_1, \hat{\beta}_2, \cdots, \hat{\beta}_k, \hat{\rho})}{\partial \hat{\rho}} = -2 \sum_{i=2}^{n} \hat{u}_{i-1}(\hat{u}_i - \hat{\rho}\hat{u}_{i-1}) = 0 \qquad (5.10)$$

となる。$k+1$ 本の連立方程式から，$\hat{\beta}_1$，$\hat{\beta}_2$，$\cdots$，$\hat{\beta}_k$，$\hat{\rho}$ が得られる。計算手順としては単回帰のときと同様に，収束計算によって求めることになる（コクラン=オーカット法を用いる）。

具体的には，計算の手順としては，

(i) $\hat{\rho}$ を与えたもとで（初期値は $\hat{\rho} = 0$ で構わない），$Y_i^* = Y_i - \hat{\rho}Y_{i-1}$, $X_{1i}^* = X_{1i} - \hat{\rho}X_{1,i-1}$, $\cdots$, $X_{ki}^* = X_{ki} - \hat{\rho}X_{k,i-1}$ を求める。

(ii) (5.9) 式を用いて，$\hat{\beta}_1$，$\cdots$，$\hat{\beta}_k$ を求める。

(iii) $\hat{\beta}_1$，$\cdots$，$\hat{\beta}_k$ を与えたもとで，(5.10) 式を用いて，$\hat{\rho}$ を求める。

(iv) 上記手順 (i) ～ (iii) を順番に，$(\hat{\beta}_1, \cdots, \hat{\beta}_k, \hat{\rho})$ が収束するまで繰り返す。

となる。このように，単回帰のときと同様に計算すればよい。

簡便法：ρ の求め方：より簡単なもう一つの方法として，単回帰と同様に，DW は近似的に $DW \approx 2(1 - \hat{\rho})$ と表されるので，DW から $\hat{\rho}$ を逆算して求める。そして，$Y_i^* = Y_i - \hat{\rho}Y_{i-1}$, $X_{1i}^* = X_{1i} - \hat{\rho}X_{1,i-1}$, $X_{2i}^* = X_{2i} - \hat{\rho}X_{2,i-1}$, $\cdots$, $X_{ki}^* = X_{ki} - \hat{\rho}X_{k,i-1}$ を新たな変数として，

$$Y_i^* = \beta_1 X_{1i}^* + \beta_2 X_{2i}^* + \cdots + \beta_k X_{ki}^* + \epsilon_i$$

に最小二乗法を適用する。

前述のとおり，最近の計量ソフトでは，コクラン=オーカット法のコマンドが用意されている場合が多いので，今ではここで紹介した簡便法を用いる必要性はないが，昔の名残として紹介した。

● 5.1.6 **Gretl による数値例**

130 ページの「正の系列相関」のグラフを数値例とする。縦軸の $\hat{u}_i$ を被説明変数 Y_i として，横軸 i を X_i として（すなわち，$X_i = i$），

$$Y_i = \alpha + \beta X_i + u_i, \qquad i = 1, 2, \cdots, n$$

を推定する。$n = 100$ とする。最小二乗法で推定した結果が次の「モデル1」で表される。

```
? ols y const x

モデル 1: 最小二乗法(OLS)，観測: 1-100
従属変数: y

              係数        標準誤差      t 値      p 値
   --------------------------------------------------------
   const     0.562785   0.455987      1.234    0.2201
   x        -0.0236498  0.00783917   -3.017    0.0033 ***

Mean dependent var  -0.631530   S.D. dependent var    2.353628
Sum squared resid    501.8120   S.E. of regression    2.262859
R-squared            0.084981   Adjusted R-squared    0.075644
F(1, 98)             9.101557   P-value(F)            0.003254
Log-likelihood      -222.5466   Akaike criterion      449.0932
Schwarz criterion    454.3036   Hannan-Quinn          451.2020
rho                  0.888364   Durbin-Watson         0.222212
```

284 ページの**付表5**の「ダービン・ワトソン統計量の5%点の上限と下限」から，$n = 100$，$k' = 1$ の場合は $dl = 1.654$，$du = 1.694$ となる。すなわち，上の推定結果の「Durbin-Watson」が DW 比統計値を表し，0.222212 という結果となっている。$0.222212 < dl = 1.654$ なので，明らかに誤差項に正の系列相関があると判定される。t 値が -3.017 で，**付表3**（277 ページ）から $t_{0.025}(100) = 1.9840 \fallingdotseq t_{0.025}(98)$ となっていて，$H_0 : \beta = 0$ という帰無仮説を棄却できるように見えるが，標準誤差 0.00783917 が正しく推定されていないため t 値も t 分布表と比べることができない。

次に，u_i の系列相関を考慮に入れて，

$$Y_i = \alpha + \beta X_i + u_i, \qquad u_i = \rho u_{i-1} + \epsilon_i, \qquad i = 2, 3, \cdots, n$$

をコクラン＝オーカット法で推定する。Gretl のコマンドでは，次のように「ols」の代わりに「ar1」を使えばよい。その結果が次の「モデル2」である。

```
? ar1 y const x
```

ρ の繰り返し計算を実施中...

	ITER	RHO	ESS
1		0.88836	105.219
2		0.88840	105.219
3		0.88840	105.219

モデル 2: コクラン=オーカット（Cochrane-Orcutt）法，観測: 2-100 (T = 99)
従属変数: y
rho = 0.888397

	係数	標準誤差	t 値	p 値
const	0.838889	2.15043	0.3901	0.6973
x	-0.0249499	0.0328205	-0.7602	0.4490

ρ 階差データ（rho-differenced data）に基づく統計量:

Sum squared resid	105.2191	S.E. of regression	1.041505
R-squared	0.808140	Adjusted R-squared	0.806162
F(1, 97)	0.577893	P-value(F)	0.448983
rho	0.112928	Durbin-Watson	1.770493

もとのデータに基づく統計量:

Mean dependent var	-0.631040	S.D. dependent var	2.365600

上の計算では，ITER を見ると，コクラン=オーカット法での繰り返しの収束計算は 3 回で収束したと判断されている（ITER は iteration の略である）。

モデル 2 の「Durbin-Watson」は，この場合，u_i ではなくて ϵ_i に系列相関があるかどうかの統計値を表す。$n = 99$，$k' = 1$ のとき，$n = 100$ で代用して，$dl = 1.654$，$du = 1.694$ を使う。$1.770493 > du = 1.694$ なので，ϵ_i に系列相関はない，すなわち，ϵ_i は互いに独立であると判断できる。したがって，モデル 1 でなく，モデル 2 の推定結果によって β に関する区間推定や仮説検定を行うことができる。

モデル 1 の x 変数の係数値の標準誤差は 0.00783917，モデル 2 の x 変数の係数

値の標準誤差は 0.0328205 となっていて，前者は後者の 4 分の 1 以下と非常に過小推定されている。すなわち，間違ってモデル 1 で推定結果を評価すると，信頼区間が実際よりも狭く推定されることになったり，仮説検定を行う場合は帰無仮説を棄却されやすくなったりする。このように，誤差項に系列相関がある場合に単純な最小二乗法では，信頼区間が正しく求められないだけでなく，仮説検定も正しく行うことができなくなる。

モデル 2 の決定係数 0.808140 がモデル 1 の決定係数 0.084981 よりも大きくて 1 に近くなっているが，33 ページで説明したように，両者の決定係数を比較することはできない。モデル 2 の決定係数は変換後のデータ（すなわち，Y_i^*）に基づく決定係数であるが，モデル 1 の決定係数はもともとのデータ（すなわち，Y_i）に基づくものである。

● 5.1.7 遅れのある変数が説明変数に含まれる場合の DW

遅れのある被説明変数が説明変数の一つになっている次の回帰モデル

$$Y_i = \alpha + \beta X_i + \gamma Y_{i-1} + u_i$$

を推定する。

遅れのある被説明変数が説明変数の一つになっている場合，DW の統計表（284 ページの**付表 5**）は用いることができない。この場合，実際には誤差項に系列相関があるにもかかわらず，標本数（データ数）が増えるにつれて，DW は 2 に近づいてしまうということが知られている（証明略）。すなわち，DW の統計表を使うと，誤差項に系列相関があるにもかかわらず，系列相関なしと判定されてしまいがちになる。そのため，DW 統計量の表（**付表 5**）はこの場合には使えない。代わりに，h 統計量（または，ダービンの h 統計量）を使う。h 統計量は次のように求められる。

$$h = \hat{\rho} \sqrt{\frac{n}{1 - ns_{\hat{\gamma}}^2}}$$

n は標本数（データ数），$s_{\hat{\gamma}}$ は $\hat{\gamma}$ の標準誤差，$\hat{\rho}$ は $DW \approx 2(1 - \hat{\rho})$ から得られる。

この h 統計量を用いて，$u_i = \rho u_{i-1} + \epsilon_i$ において $\rho = 0$ となるかどうかの検定を行う。この場合，帰無仮説は $H_0 : \rho = 0$，対立仮説は $H_1 : \rho \neq 0$ である。帰無

仮説 $H_0 : \rho = 0$ のもとで，標本数 n が増加するにつれて，h は標準正規分布に近づくことが知られている（証明略）。よって，

1. $|h| > z_{\alpha/2}$ のとき，有意水準 α で H_0 を棄却する。
2. $|h| < z_{\alpha/2}$ のとき，有意水準 α で H_0 を採択する。

ただし，$z_{\alpha/2}$ は標準正規分布表（275 ページの**付表 1**）から得られた $100 \times \dfrac{\alpha}{2}$ %点の値である。

数値例：前節の数値例と同様の 130 ページの「正の系列相関」のグラフの ● 印のデータを数値例とする。すなわち，縦軸の $\hat{u}_i$ を被説明変数 Y_i として，横軸 i を X_i とする（すなわち，$X_i = i$）。そして，Y_i の一期前のラグ変数 Y_{i-1} を説明変数に加えて，

$$Y_i = \alpha + \beta X_i + \gamma Y_{i-1} + u_i, \qquad i = 2, 3, \cdots, n$$

を最小二乗法で推定する。$n = 100$ とする。誤差項 u_i に系列相関があるかどうかを検定したい。すなわち，$u_i = \rho u_{i-1} + \epsilon_i$ として，帰無仮説は $H_0 : \rho = 0$ であり，対立仮説は $H_1 : \rho \neq 0$ を検定する。最小二乗法で推定した結果が次の「モデル 3」で表される。

```
? ols y const x y(-1)
```

モデル 3: 最小二乗法(OLS)，観測: 2-100 (T = 99)
従属変数: y

```
              係数         標準誤差      t 値      p 値
    ----------------------------------------------------
    const     0.0714571    0.217132     0.3291    0.7428
    x        -0.00278449   0.00385397  -0.7225    0.4717
    y_1       0.888397     0.0467945    18.99     2.88e-034 ***
```

```
Mean dependent var  -0.631040   S.D. dependent var   2.365600
Sum squared resid    105.2191   S.E. of regression   1.046915
R-squared            0.808140   Adjusted R-squared   0.804142
F(2, 96)             202.1818   P-value(F)           3.83e-35
Log-likelihood      -143.4907   Akaike criterion     292.9814
```

Schwarz criterion	300.7667	Hannan-Quinn	296.1313
rho	0.112928	Durbin's h	1.269638

この回帰モデルは，Gretl によると「ols y const x y(-1)」として，Enter キーを押せば結果が出力される。「y」，「x」は Y_i, X_i の変数名とする。「y」の一期前の変数 Y_{i-1} は「y(-1)」とすればよい。

遅れのある被説明変数を説明変数とする回帰モデルの場合，Gretl では「Durbin-Watson」は出力されず，代わりに「Durbin's h」が出力され，これは本節で説明した h 統計量に対応する。この数値例では，1.269638 となっており，標準正規分布の上側 2.5%点は 1.960 であり，1.269638 < 1.960 なので，帰無仮説 $H_0: \rho = 0$ を棄却できない。したがって，有意水準 5%で，誤差項 u_i に系列相関はないと判定される。

■ 5.2　誤差項：不均一分散（不等分散）

● 5.2.1　不均一分散（不等分散）の意味と推定方法

誤差項の仮定の一つの **3.2 節**の仮定 (ⅲ)「すべての $i = 1, 2, \cdots, n$ について，$V(u_i) = \sigma^2$ とする」は等分散または均一分散（homoscedasticity）と呼ばれ，本節では，この仮定が崩れた場合（すなわち，$V(u_i) = \sigma_i^2$ の場合）を考えよう。$V(u_i) = \sigma_i^2$ は不等分散または不均一分散（heteroscedasticity）と呼ばれる。

前章までは，誤差項 $u_1, u_2, \cdots, u_n$ は互いに独立な同一の分布を持つと仮定してきた。「同一の分布」の意味は，誤差項の平均・分散が同じで，分布関数も同じという意味である。たいていの場合，正規分布を仮定するので，「同一の分布」とは，「すべての $i = 1, 2, \cdots, n$ について，$u_i \sim N(0, \sigma^2)$」という意味になる。本節では，「すべての $i = 1, 2, \cdots, n$ について，$u_i \sim N(0, \sigma_i^2)$」という場合を考えてみよう（$i$ について，同じ正規分布，同じ平均ゼロ，異なる分散）。

分散が i に依存する場合の一つの例として，分散が他の変数（例えば，Z_i）に依存する場合が考えられる。すなわち，u_i の平均はゼロ，分散は $\sigma_i^2 = \sigma^2 Z_i^2$ の場合（σ_i^2 と Z_i^2 は比例関係）となる。ただし，Z_i は非確率変数とする。

Z_i が大きくなるにつれて残差 $\hat{u}_i$ のバラツキが大きくなる場合，$\mathrm{V}(u_i) \neq \sigma^2$ となる。下の図は $\hat{u}_i$ の範囲が Z_i に依存しない場合で，Z_i の値にかかわらず $\hat{u}_i$ の散らばりは同じ範囲となっている（均一分散の例）。

均一分散

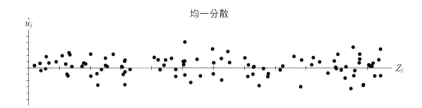

対して，下の図は Z_i が大きくなるにつれて $\hat{u}_i$ の範囲が広がる場合である（不均一分散の例）。

不均一分散

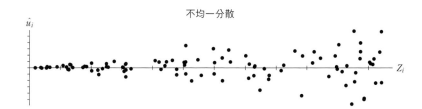

両方のグラフは共に $n = 100$ としている（100 個の ● がグラフ中に描かれている）。

● 5.2.2　不均一分散のもとで最小二乗推定量の平均・分散について

5.2.1 節では不均一分散とはどういうものかを述べた。本節では，誤差項に不均一分散がある場合にどのような問題が起こるかを考える。簡単化のために，次の単回帰モデルを扱う。

$$Y_i = \alpha + \beta X_i + u_i, \qquad n = 1, 2, \cdots, n$$

もう一度，本節で扱う誤差項の仮定をまとめておく。

仮定：$\mathrm{E}(u_i) = 0$

$\mathrm{V}(u_i) = \mathrm{E}(u_i^2) = \sigma_i^2 \longleftarrow$ この仮定に変更

$i \neq j$ について，$\mathrm{Cov}(u_i, u_j) = \mathrm{E}(u_i u_j) = 0$

不均一分散を無視して，通常の最小二乗推定量は，今まで見てきたように，

$$\hat{\beta} = \sum \omega_i Y_i = \beta + \sum \omega_i u_i$$

である。ただし，$\omega_i = \dfrac{X_i - \overline{X}}{\sum (X_j - \overline{X})^2}$ とする。

$\mathrm{E}(\hat{\beta})$ について，$\mathrm{E}(u_i) = 0$ を利用すると，

$$\mathrm{E}(\hat{\beta}) = \mathrm{E}(\beta + \sum \omega_i u_i) = \beta + \sum \omega_i \mathrm{E}(u_i) = \beta$$

となる。すなわち，u_1，u_2，$\cdots$，u_n の分散が不均一であっても，最小二乗推定量 $\hat{\beta}$ は不偏推定量となる。

$\mathrm{V}(\hat{\beta})$ について，次のように求められる。

$$
\begin{aligned}
\mathrm{V}(\hat{\beta}) &= \mathrm{V}(\beta + \sum_{i=1}^{n} \omega_i u_i) &&\longleftarrow \text{(3.6) を代入} \\
&&&\text{$\sum \omega_i u_i$ を1つの確率変数とみなして，補論の定理(B.10)を利用} \\
&= \mathrm{V}(\sum_{i=1}^{n} \omega_i u_i) \\
&&&\text{$\omega_i u_i$ を1つの確率変数とみなして，補論の定理(B.18)を利用} \\
&= \sum_{i=1}^{n} \mathrm{V}(\omega_i u_i) \\
&&&\text{補論の定理(B.10)を利用} \\
&= \sum_{i=1}^{n} \omega_i^2 \mathrm{V}(u_i) \\
&&&\text{$\mathrm{V}(u_i) = \sigma_i^2$ を代入} \\
&= \sum_{i=1}^{n} \sigma_i^2 \omega_i^2 \\
&\neq \sigma^2 \sum_{i=1}^{n} \omega_i^2
\end{aligned}
$$

すなわち，$\mathrm{V}(\hat{\beta}) = \sum \sigma_i^2 \omega_i^2 = \dfrac{\sum \sigma_i^2 (X_i - \overline{X})^2}{(\sum (X_i - \overline{X})^2)^2} \neq \sigma^2 \sum \omega_i^2 = \dfrac{\sigma^2}{\sum (X_i - \overline{X})^2}$ となる。

したがって，u_1，u_2，$\cdots$，u_n の分散が不均一であるとき，通常の最小二乗推定量 $\hat{\beta}$ は，

$$\hat{\beta} \sim N(\beta, \sum \sigma_i^2 \omega_i^2)$$

となり，標準化すると，

$$\frac{\hat{\beta} - \beta}{\sqrt{\sum \sigma_i^2 \omega_i^2}} \sim N(0, 1)$$

となる。

$\hat{\beta}$ の標準誤差 $s_{\hat{\beta}}$ は，$\sqrt{\sum s_i^2 \omega_i^2}$ とならなければならない。しかし，s_i^2 は σ_i^2 の推定量とするが，$\sigma_i^2 = \sigma^2 Z_i^2$ などの仮定がなければ，s_i^2 を推定することはできない。しかし，計量ソフトは $s^2 \sum \omega_i^2$ と計算する。したがって，不均一分散にもかかわらず，最小二乗法をそのまま当てはめた場合，計量ソフトによって得られる回帰式の標準誤差，係数推定値の標準誤差，t 値，p 値，信頼区間はすべて間違った推定結果となる。ただし，最小二乗推定量は不偏推定量となるので，係数の推定値自体は問題ない。

● 5.2.3　不均一分散のもとで回帰式の推定

このように，u_i の分散 $\sigma_i^2 = \sigma^2 Z_i^2$ の場合，分散が一定ではないため，単純には，$Y_i = \alpha + \beta X_i + u_i$ に最小二乗法を適用した場合，計量ソフトによる結果は間違ったものになる。それでは，どのように推定すればよいのか？

u_i の分散について，$\mathrm{V}(u_i) = \sigma_i^2 = \sigma^2 Z_i^2$ を仮定する。回帰式は，$i = 1, 2, \cdots, n$ について，

$$Y_i = \alpha + \beta X_i + u_i$$

とする。誤差項 $u_1, u_2, \cdots, u_n$ は互いに独立であり，$u_i \sim N(0, \sigma_i^2)$ と仮定する。$Z_i > 0$ として，回帰式の両辺を Z_i で割る。

$$\frac{Y_i}{Z_i} = \alpha \frac{1}{Z_i} + \beta \frac{X_i}{Z_i} + \frac{u_i}{Z_i}$$

すなわち，次の式が得られる。

$$Y_i^* = \alpha Z_i^* + \beta X_i^* + u_i^*$$

ただし，$Y_i^* = \dfrac{Y_i}{Z_i}$，$Z_i^* = \dfrac{1}{Z_i}$，$X_i^* = \dfrac{X_i}{Z_i}$，$u_i^* = \dfrac{u_i}{Z_i}$ とする。このとき，新たな誤差項 u_i^* は平均ゼロ，分散 σ^2 の分布となる（すなわち，「同一の」分布）。これを

チェックするために，次のように u_i^* の平均，分散を計算する。

u_i^* の平均は，

$$\mathrm{E}(u_i^*) = \mathrm{E}(\frac{u_i}{Z_i}) = (\frac{1}{Z_i})\mathrm{E}(u_i) = 0$$

となる。u_i の仮定 $\mathrm{E}(u_i) = 0$ が使われている。

u_i^* の分散は，

$$\mathrm{V}(u_i^*) = \mathrm{V}(\frac{u_i}{Z_i}) = (\frac{1}{Z_i})^2 \mathrm{V}(u_i) = \sigma^2$$

となる。u_i の仮定 $\mathrm{V}(u_i) = \sigma^2 Z_i^2$ が最後に使われている。このように，u_i^* の分散は，すべての i について一定 σ^2 となる。

誤差項 u_1, u_2, $\cdots$, u_n は互いに独立であるので，変換された誤差項 u_1^*, u_2^*, $\cdots$, u_n^* もまた互いに独立となる。さらに，u_i は正規分布 $u_i \sim N(0, \sigma_i^2)$ の仮定から，u_i^* も正規分布 $u_i^* \sim N(0, \sigma^2)$ となる（259 ページの定理 (B.21) 参照）。

よって，$Y_i^* = \dfrac{Y_i}{Z_i}$, $Z_i^* = \dfrac{1}{Z_i}$, $X_i^* = \dfrac{X_i}{Z_i}$, $u_i^* = \dfrac{u_i}{Z_i}$ を新たな変数として，定数項なしの 2 つの説明変数で，次の回帰式を最小二乗法で推定すればよいことがわかる。

$$Y_i^* = \alpha Z_i^* + \beta X_i^* + u_i^*$$

この回帰式は最小二乗法の仮定はすべて満たされている。変換された変数をもとにした回帰式による推定結果では，通常の信頼区間・仮説検定などを適用することもできる。

不均一分散の検定について：一般的な形として，$\sigma_i^2 = \sigma^2 (Z_i^2)^\delta$ を想定しよう。この場合，もともとの回帰式の両辺の変数を Z_i^δ で割れば，新たな誤差項が均一分散となり最小二乗法の仮定が保たれる。

検定の際には，両辺に対数を取り，右辺に新たな誤差項 ϵ_i を加えて，次の式を考える。

$$\log \sigma_i^2 = \gamma + \delta \log Z_i^2 + \epsilon_i$$

ただし，$\gamma = \log \sigma^2$ である。しかし，σ_i^2 は観測できない変数であり，このままでは推定できない。σ_i^2 の代わりに $\hat{u}_i^2$ を用いて，次の式を推定する。

$$\log \hat{u}_i^2 = \gamma + \delta \log Z_i^2 + \epsilon_i$$

ただし，$\hat{u}_i$ はもともとの回帰式を単に最小二乗法で推定した残差である。

この場合の定数項 γ について，有意かどうかなどを気にする必要はない。まず，帰無仮説 $H_0 : \delta = 0$ の検定を行い，残差の二乗（分散の代わり）が Z_i に依存するかどうかを確かめる。さらに，$\sigma_i^2 = \sigma^2 Z_i^2$ と仮定するのであれば，$\delta = 1$ とならなければならないので，帰無仮説 $H_0 : \delta = 1$ を検定する。または，$\delta = 1$ の検定はせずに，$Z_i^{\hat{\delta}}$ でもともとの回帰式の両辺の変数を割って，最小二乗法により推定してもよい。

よって，不均一分散の検定の手続きとしては，まず，一段階目で $Y_i = \alpha + \beta X_i + u_i$ を通常の最小二乗法で推定して，残差 $\hat{u}_i = Y_i - \hat{\alpha} - \hat{\beta} X_i$ を計算する。二段階目で，$\log \hat{u}_i^2$ を $\log Z_i^2$（誤差項 u_i の分散に関係しそうな変数 Z_i）に回帰させて，δ の検定（すなわち，$H_0 : \delta = 0$ や $H_0 : \delta = 1$）を行う。検定には，通常の t 検定でも構わないが，正確にはデータ数 n が大きいときに t 値は t 分布でなく標準正規分布表と比較すべきであろう。

t 分布でなく標準正規分布表を使う理由：$\hat{u}_i$ は $\hat{\alpha}$，$\hat{\beta}$，Y_i の線型関数なので正規分布に従うが，$\hat{u}_i^2$ は正規分布の二乗なのでカイ二乗分布に関連する分布に従うことになる。さらに，その対数 $\log \hat{u}_i^2$ が正規分布にはならない。したがって，ϵ_i に正規分布を仮定するのは無理がある。この問題は **5.3 節**にも関連している。

$Z_i = X_i$ の場合：Z_i は回帰式に含まれる説明変数でもよい。例えば，$Y_i = \alpha + \beta X_i + u_i$ について，u_i の平均はゼロ，分散は $\sigma^2 X_i^2$ とする場合，各変数を X_i で割って，

$$\frac{Y_i}{X_i} = \alpha \frac{1}{X_i} + \beta + \frac{u_i}{X_i}$$
$$= \alpha \frac{1}{X_i} + \beta + u_i^*$$

を通常の最小二乗法で推定すればよい。β は定数項として推定されるが，意味は限界係数（すなわち，もともとの回帰式では X_i の傾き）と同じなので注意されたい。

不均一分散の例：『県民経済計算 2017 年版』の都道府県のクロス・セクション・データを用いて消費関数を推定する。変数名を次のように定義する。

$C_i = $ 家計最終消費支出（1 兆円）

$Y_i = $ 県民可処分所得（1 兆円）

$L_i = $ 人口（千万人）

通常のマクロ経済学で学ぶ次の消費関数を推定する。

$$C_i = \alpha + \beta Y_i + u_i, \qquad i = 1, 2, \cdots, n$$

ただし，$n = 47$ である。消費 C_i と所得 Y_i の関係を下記の散布図に表す。

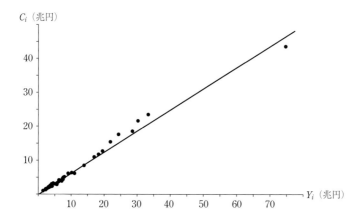

グラフ中の ● が都道府県データの C_i と Y_i の組み合わせを表す。ちなみに，右上に一つ離れたデータがあるが，これは東京都のデータである。直線は最小二乗法で得られた推定式であり，次のように求められた。

$$C_i = \underset{(0.1684)}{0.0063} + \underset{(0.0104)}{0.6219} \, Y_i$$

$$R^2 = 0.9875, \quad \overline{R}^2 = 0.9872, \quad s = 0.8865$$

ただし，係数の推定値の下の括弧内は標準誤差を表すものとする。

都道府県によって人口が大きく異なるので，消費データや所得データも都道府県によって大きく異なるはずである。そのため，誤差項の分散は人口の多さに依存

すると考えられる。確かめるために，残差の二乗の対数 $\log \hat{u}_i^2$ を人口の二乗の対数 $\log L_i^2$ に回帰させる。

$$\log \hat{u}_i^2 = \underset{(0.7162)}{0.40240} + \underset{(0.1954)}{1.04004} \log L_i^2$$

$$R^2 = 0.3864, \quad \overline{R}^2 = 0.3727, \quad s = 2.0796$$

ただし，係数の推定値の下の括弧内は標準誤差を表すものとする。

結果は，$\log L_i^2$ の係数推定値の t 値は 5.32 $(= 1.04004 \div 0.1954)$ で，$\log L_i^2$ の係数がゼロという仮説は棄却される。さらに，$\log L_i^2$ の係数が 1 という仮説を検定すると，$\dfrac{\hat{\delta} - 1}{s_{\hat{\delta}}} = \dfrac{1.04004 - 1}{0.1954} = 0.205$ となり，$H_0 : \delta = 1$ を棄却できない。よって，誤差項 u_i の分散 σ_i^2 は $\sigma^2 L_i^2$ と表される。

すなわち，$u_i \sim N(0, \sigma^2 L_i^2)$ と仮定することができる。したがって，データを 1 千万人当たりデータに変換して，下記の式を推定し直す。

$$C_i^* = \alpha L_i^* + \beta Y_i^* + u_i^*$$

ただし，$C_i^* = \dfrac{C_i}{L_i}$, $L_i^* = \dfrac{1}{L_i}$, $Y_i^* = \dfrac{Y_i}{L_i}$, $u_i^* = \dfrac{u_i}{L_i}$ とする。回帰式の右辺第一項の αL_i^* は L_i の逆数に依存して一定ではないので，C_i^* と Y_i^* の関係は直線ではないことに注意されたい。すべての i について傾きは一定で β であるが，切片は i に応じて異なり αL_i^* となる。

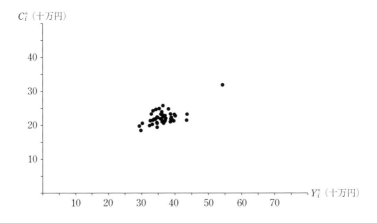

このようにデータを変換して推定し直した結果，次の推定結果が得られた。

$$C_i^* = -0.1234 \underset{(0.0647)}{L_i^*} + 0.6206 \underset{(0.0137)}{Y_i^*}$$

$$R^2 = 0.9933, \quad \overline{R}^2 = 0.9709, \quad s = 1.8671$$

ただし，係数の推定値の下の括弧内は標準誤差を表すものとする。

データを変換しなければ，限界消費性向が 0.6219 で，その標準誤差は 0.0104 であった。それに対して，データ変換後では，限界消費性向が 0.6206 で，その標準誤差は 0.0137 となっている。不均一分散を考慮せずに，通常の最小二乗法で推定しても，最小二乗推定量は不偏推定量であることは既に見たとおりである。そのため，データ変換前と変換後の最小二乗推定値は 0.6219 と 0.6206 で同じような推定値が得られた（データを変換してもしなくても，最小二乗推定量は不偏推定量であるので，同じような結果が得られたのは妥当な結果だと言える）。

　しかし，分散の推定量については，最小二乗法で得られた推定量の分散は，計量ソフトで推定される推定量とは異なることも既に見たとおりである。この場合，データ変換前の標準誤差は 0.0104 で，変換後の標準誤差は 0.0137 となっていて，約 30％ も過少推定されている。標準誤差が過少推定されると，t 値は過大推定されることになる。これは，本来有意にはならないはずのものが，有意と判定されがちになるということを意味する。

　したがって，不均一分散の場合も正しく推定するということが，正しい標準誤差を得るということになり，正しい信頼区間や仮説検定の正しい結果をもたらすということである。

　もう一つ別の定式化として，誤差項の分散の大きさはを所得に応じて変化すると仮定してみよう。確かめるために，残差の二乗の対数 $\log \hat{u}_i^2$ を所得の二乗の対数 $\log Y_i^2$ に回帰させる。

$$\log \hat{u}_i^2 = -7.1599 + 1.0574 \underset{(0.1829)}{\log Y_i^2}$$
$$\underset{(0.7687)}{}$$

$$R^2 = 0.4263, \quad \overline{R}^2 = 0.4135, \quad s = 2.0108$$

ただし，係数の推定値の下の括弧内は標準誤差を表すものとする。

結果は，$\log Y_i^2$ の係数推定値の t 値は 5.78（= 1.0574 ÷ 0.1829）で，$\log Y_i^2$ の係

数がゼロという仮説は棄却される。また，$\log Y_i^2$ の係数が 1 という仮説は $\dfrac{1.0574 - 1}{0.1829} = 0.314$ なので，$H_0 : \delta = 1$ を棄却できない。よって，誤差項 u_i の分散 σ_i^2 は $\sigma^2 Y_i^2$ と表される。すなわち，$u_i \sim N(0, \sigma^2 Y_i^2)$ と仮定することができる。したがって，データを変換して，下記の式を推定し直す。

$$C_i^* = \alpha Y_i^* + \beta + u_i^*$$

ただし，$C_i^* = \dfrac{C_i}{Y_i}$，$Y_i^* = \dfrac{1}{Y_i}$，$u_i^* = \dfrac{u_i}{Y_i}$ とする。回帰式の右辺第二項の定数項 β はもともとの式では Y_i の係数であり，この場合は限界消費性向を意味する。このようにデータを変換して推定し直した結果，次の推定結果が得られた。

$$C_i^* = \underset{(0.0637)}{-\,0.1373}\,Y_i^* + \underset{(0.0138)}{0.6298}$$

$$R^2 = 0.0934, \quad \overline{R}^2 = 0.0732, \quad s = 0.0494$$

ただし，係数の推定値の下の括弧内は標準誤差を表すものとする。

この回帰式では，もともとの回帰式の誤差項が $\sigma_i^2 = \sigma^2 Y_i^2$ を仮定している。

Gretl によるデータ変換方法と出力結果：本節で行った推定を Gretl で行う。重要なのは，残差の扱いやデータ変換のコマンドなどであるが，Gretl のソフト上で行うことができる。

　まずは，最小二乗法で推定して，残差を取り出す必要がある。「ols c const y」として，単純に消費関数を推定する。ただし，「ols」は最小二乗法を行うというコマンド，「c」は都道府県別消費データの変数名，「const」は定数項，「y」は都道府県別所得データの変数名をそれぞれ表す。コマンドの入力とその推定結果は次のとおりである。

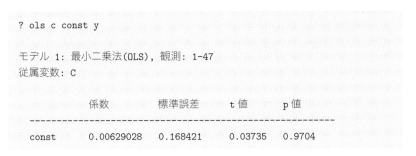

```
? ols c const y

モデル 1: 最小二乗法(OLS)，観測: 1-47
従属変数: C


                係数         標準誤差        t 値       p 値
     --------------------------------------------------------------
     const     0.00629028   0.168421      0.03735    0.9704
```

```
        y          0.621916      0.0104352     59.60      1.84e-044 ***

 Sum squared resid      35.36555    S.E. of regression    0.886511
 R-squared               0.987489   Adjusted R-squared    0.987211

 ⋯⋯ (以下略) ⋯⋯
```

　次に，残差を二乗して対数を取って新たな変数を作成する必要がある。Gretl
では「\$uhat」が直前の推定式から得られた残差を表す。genrコマンドを使って
データを変換し，変換したデータに新たな変数名を付ける。例えば，「genr
lu2=log(\$uhat^2)」とすれば，残差の二乗の対数を「lu2」という名前で作成す
るという意味になる（「lu2」の「l（エル）」は対数，「u」は残差，「2」は二乗の
意味で変数名を作っている）。同様に，「genr ll2=log(l^2)」として，都道府県
別人口データ「l」を二乗して対数を取って，「ll2」という変数名を作成する。
　さらに，「ols lu2 const ll2」として，残差と人口との間に関係があるかどう
かを調べる。その結果が次のとおりである。

```
? genr lu2=log($uhat^2)

? genr ll2=log(l^2)

? ols lu2 const ll2

モデル 2: 最小二乗法(OLS)，観測: 1-47
従属変数: lu2

             係数        標準誤差     t 値      p 値
 ---------------------------------------------------
  const    0.402397    0.716212   0.5618    0.5770
  ll2      1.04004     0.195394   5.323     3.12e-06 ***

 Sum squared resid      194.6169    S.E. of regression    2.079620
 R-squared               0.386352   Adjusted R-squared    0.372716

 ⋯⋯ (以下略) ⋯⋯
```

この結果から，「ll2」の係数が 1 となっているので，「\$uhat」の分散は都道府県

別人口「1」に依存することがわかる。よって，「genr cl=c/l」から都道府県別
一人当たり消費データを「cl」，「genr ll=1/l」から定数項を都道府県人口で
割ったデータを「ll」，「genr yl=y/l」から都道府県別一人当たり所得データを
「yl」をそれぞれ作成する。すなわち，もともとの回帰式の両辺を都道府県別人
口で割る。

　そして，「ols cl ll yl」として，不均一分散を考慮に入れた都道府県別消費関
数を次のように推定する。

```
? genr cl=c/l

? genr ll=1/l

? genr yl=y/l

? ols cl ll yl

モデル 3: 最小二乗法(OLS)，観測: 1-47
従属変数: cl

            係数       標準誤差      t 値       p 値
    -------------------------------------------------------
    ll       -0.123386   0.0647119   -1.907    0.0630    *
    yl        0.620602   0.0136731   45.39     3.17e-039 ***


Sum squared resid     156.8802    S.E. of regression    1.867144
Uncentered R-squared  0.993287    Centered R-squared    0.216383

····· (以下略) ·····
```

さらに，「$uhat」の分散が所得 Y_i に依存するかどうかを検討することもできる。
しかし，同様の過程を繰り返すことになるのでここでは省略する。実は，この推
定式には不均一分散以外にもまだ問題が残っているが，それについては後述の
174 ページの「Gretl による数値例」で解説する。

■ 5.3 誤差項：非正規分布

今まで，最小二乗法の仮定の一つとして，誤差項が正規分布に従うという仮定を置いた。この仮定のもとで，単回帰モデルでは (3.11) 式，重回帰モデルでは (3.14) 式のように t 分布が導かれ，この t 分布を利用して，パラメータの区間推定・仮説検定などを行った。本節では，もしこの誤差項の正規分布の仮定がなければどうなるかを解説する。262 ページの**補論 B.5.2** の中心極限定理を回帰分析に当てはめることができる。

簡単化のために，単回帰モデル $Y_i = \alpha + \beta X_i + u_i$ を考える。次の仮定を置く。

- 誤差項 $u_1, u_2, \cdots, u_n$ は互いに独立で，それぞれ平均ゼロ・分散 σ^2 とする（正規分布を仮定しない）。

- $\displaystyle \lim_{n \to \infty} \frac{1}{n} \sum (X_i - \overline{X})^2 = M_{xx} < \infty$ を仮定する。

この場合，最小二乗推定量はどうなるか。β の最小二乗推定量 $\hat{\beta}$ は，

$$\hat{\beta} = \sum \omega_i Y_i = \beta + \sum \omega_i u_i$$

となり，さらに，$\displaystyle \omega_i = \frac{X_i - \overline{X}}{\sum (X_j - \overline{X})^2}$ を使って，次のように書き換えられる。

$$\hat{\beta} - \beta = \frac{\frac{1}{n} \sum (X_i - \overline{X}) u_i}{\frac{1}{n} \sum (X_j - \overline{X})^2} \tag{5.11}$$

$\hat{\beta}$ の分布を求めるために，分子と分母を別々に考える。

まず，分子の $\displaystyle \frac{1}{n} \sum (X_i - \overline{X}) u_i$ の分布を中心極限定理（**補論 B.5.2** 参照）を用いて求める。$(X_i - \overline{X}) u_i$ を一つの確率変数とするとき，その平均と分散は次のように求められる。

$$\mathrm{E}((X_i - \overline{X}) u_i) = (X_i - \overline{X}) \mathrm{E}(u_i) = 0$$
$$\mathrm{V}((X_i - \overline{X}) u_i) = (X_i - \overline{X})^2 \mathrm{V}(u_i) = \sigma^2 (X_i - \overline{X})^2 = \sigma_i^2$$

補論 B.5.2 の「中心極限定理（その 2）」の (c) に当てはめると，$n \longrightarrow \infty$ のとき，次のようになる。

$$\frac{1}{\sqrt{n}} \sum_{i=1}^{n} (X_i - \overline{X}) u_i \longrightarrow N(0, \sigma_*^2)$$

ただし，$\sigma_*^2 = \lim_{n \to \infty} \frac{1}{n} \sum \sigma_i^2 = \sigma^2 \lim_{n \to \infty} \frac{1}{n} \sum (X_i - \overline{X})^2 = \sigma^2 M_{xx} < \infty$ とする。

分母に関しては，

$$\frac{1}{n} \sum (X_j - \overline{X})^2 \longrightarrow M_{xx} < \infty$$

を仮定している。

よって，(5.11) 式の両辺に $\sqrt{n}$ を掛けて，次のように書き直すことができる。

$$\sqrt{n}(\hat{\beta} - \beta) = \frac{\frac{1}{\sqrt{n}} \sum (X_i - \overline{X}) u_i}{\frac{1}{n} \sum (X_j - \overline{X})^2}$$

右辺の分子の分散は $\sigma^2 M_{xx}$ に収束し，分母は M_{xx} に収束する。よって，分子・分母合わせて，右辺の分散は $(\frac{1}{M_{xx}})^2 \times \sigma^2 M_{xx} = \frac{\sigma^2}{M_{xx}}$ に収束する（補論 B.5.3 参照）。以上から，

$$\sqrt{n}(\hat{\beta} - \beta) = \frac{\frac{1}{\sqrt{n}} \sum (X_i - \overline{X}) u_i}{\frac{1}{n} \sum (X_j - \overline{X})^2} \longrightarrow N(0, \sigma^2 M_{xx}^{-1})$$

となる。この収束先の分布のことを漸近分布（asymptotic distribution）と呼ぶ。収束先ではないが，n が大きいとき，近似的に，M_{xx} の代わりに lim を除いたものに置き換えて，

$$\sqrt{n}(\hat{\beta} - \beta) \sim N\left(0, \frac{\sigma^2}{\frac{1}{n} \sum (X_i - \overline{X})^2}\right)$$

となり，さらに，

$$\hat{\beta} \sim N\left(\beta, \frac{\sigma^2}{\sum (X_i - \overline{X})^2}\right)$$

と書き換えることができる。これは，通常の最小二乗法において，誤差項に正規分布を仮定したものと同じになっている。また，s^2 は σ^2 に確率収束（確率収束については補論 B.5.3 参照）するので，σ^2 をその推定量 s^2 に置き換えても，n が大きいとき，近似的に，

$$\hat{\beta} \sim N\left(\beta, \frac{s^2}{\sum (X_i - \overline{X})^2}\right)$$

となる。実践では，これが区間推定・仮説検定に用いられる。

まとめると，単回帰の場合，$\hat{\beta}$ の分布には，誤差項に正規分布を仮定すると，

$$\frac{\hat{\beta} - \beta}{s / \sqrt{\sum (X_i - \overline{X})^2}} \sim t(n-2)$$

を用いるが，誤差項に正規分布を仮定しなければ，n が大きいとき，

$$\frac{\hat{\beta} - \beta}{s / \sqrt{\sum (X_i - \overline{X})^2}} \sim N(0, 1)$$

を用いる。

結論と補足：このように，誤差項 u_i の分布を仮定しなくても，データ数 n が大きければ，$\hat{\beta}$ の分布は正規分布で近似できる。

重回帰モデル $Y_i = \beta_1 X_{1i} + \beta_2 X_{2i} + \cdots + \beta_k X_{ki} + u_i$ の場合でも同様で，u_1，u_2，$\cdots$，u_n の分布を仮定しなくても（ただし，互いに独立で，平均ゼロ・分散 σ^2 の仮定は必要），中心極限定理から，$n \longrightarrow \infty$ のとき，85 ページの (3.14) 式が標準正規分布に収束する。すなわち，$n \longrightarrow \infty$ のとき，

$$\frac{\hat{\beta}_j - \beta}{s \sqrt{a_{jj}}} = \frac{\hat{\beta}_j - \beta}{s_{\hat{\beta}_j}} \longrightarrow N(0, 1)$$

となる。$s_{\hat{\beta}_j} = s \sqrt{a_{jj}}$ は $\hat{\beta}_j$ の標準誤差を表す。a_{jj} については，27 ページの (2.13) 式の右辺の逆行列の j 番目の対角要素（すなわち，j 行 j 列の要素）を表す。

ただし，実践では，n が大きいとき，$\hat{\beta}_j$ は近似的に

$$\hat{\beta}_j \sim N(\beta_j, s_{\hat{\beta}_j})$$

を用いることができる。

■ 5.4 説明変数：確率変数

本章の前節までは，誤差項の仮定が崩れた場合，すなわち，**5.1 節**では誤差項に系列相関がある場合，**5.2 節**では誤差項の不均一分散の場合，**5.3 節**では誤差項が非正規分布の場合をそれぞれ説明した。

本節では，説明変数に関する仮定が崩れた場合を考察する。**3.2 節**の仮定 (i)

では，説明変数は非確率変数としている。一方，当初から被説明変数は確率変数であると仮定している。どちらも同じように観測されたデータであり，どちらも測定誤差が含まれているはずである。以下では，説明変数も被説明変数と同様に確率変数の場合，どのような問題が起こるのかを説明する。

簡単化のために，単回帰モデル $Y_i = \alpha + \beta X_i + u_i$ を考える。

(1) X_i は非確率変数 $\longrightarrow$ 前節までの仮定

(2) X_i は確率変数

    (2a) X_i と u_i は相関なし $\longrightarrow$ $\mathrm{Cov}(X_i, u_i) = 0$ （**5.4.1** 節）

    (2b) X_i は u_i は相関あり $\longrightarrow$ $\mathrm{Cov}(X_i, u_i) \neq 0$ （**5.4.2** 節）

● 5.4.1 説明変数と誤差項に相関がない場合

最小二乗法による推定量が，

$$\hat{\beta} = \frac{\sum (X_i - \overline{X})(Y_i - \overline{Y})}{\sum (X_i - \overline{X})^2} = \beta + \sum \omega_i u_i$$

となることは既に説明したとおりである。ただし，$\omega_i = \dfrac{X_i - \overline{X}}{\sum (X_j - \overline{X})^2}$ とする。$X = (X_1, X_2, \cdots, X_n)$ とする。

X を与えたもとで $\hat{\beta}$ の条件付き期待値を取る。u_i と X が独立であれば，

$$\mathrm{E}(\hat{\beta}|X) = \mathrm{E}(\beta + \sum \omega_i u_i | X) = \beta + \sum \omega_i \mathrm{E}(u_i | X) = \beta$$

となり，$\hat{\beta}$ は β の不偏推定量となる。ω_i は $X = (X_1, X_2, \cdots, X_n)$ の関数となっている。$X = (X_1, X_2, \cdots, X_n)$ と u_i に相関がない場合，すなわち，$i, j = 1, 2, \cdots, n$ について $\mathrm{Cov}(X_j, u_i) = 0$ の場合，$\mathrm{E}(u_i|X) = \mathrm{E}(u_i) = 0$ となる（256 ページの定理 (B.5) 参照）。

また，X を与えたもとで $\hat{\beta}$ の条件付き分散については，

$$\mathrm{V}(\hat{\beta}|X) = \mathrm{V}(\beta + \sum \omega_i u_i | X) = \mathrm{V}(\sum \omega_i u_i | X) = \sum \omega_i^2 \mathrm{V}(u_i | X) = \sigma^2 \sum \omega_i^2 = \frac{\sigma^2}{\sum (X_i - \overline{X})^2}$$

となる。すなわち，説明変数が確率変数であっても，誤差項と相関がなければ，何も変更せずに，最小二乗法を適用することができる。

● 5.4.2　説明変数と誤差項に相関がある場合

X と u_i に相関がある場合，$\mathrm{E}(u_i|X) \neq \mathrm{E}(u_i) = 0$ となるので，

$$\mathrm{E}(\hat{\beta}|X) = \mathrm{E}(\beta + \sum \omega_i u_i|X) = \beta + \sum \omega_i \mathrm{E}(u_i|X) \neq \beta$$

となる。したがって，$\hat{\beta}$ は β の不偏推定量とはならない。

$\hat{\beta}$ は β の一致推定量かどうかを調べてみよう。261 ページの補論 B.5.1 の大数の法則で，$n \longrightarrow \infty$ のとき，X と u の標本共分散 $\frac{1}{n} \sum (X_i - \overline{X}) u_i \longrightarrow M_{xu}$，$X$ の標本分散 $\frac{1}{n} \sum (X_i - \overline{X})^2 \longrightarrow M_{xx}$ とする。M_{xu}，M_{xx} は定数で，標本共分散，標本分散はそれぞれ M_{xu}，M_{xx} に確率収束すると仮定している（確率収束については 262 ページの補論 B.5.3 参照）。X と u に相関があると $M_{xu} \neq 0$ となる。最小二乗推定量 $\hat{\beta}$ を書き換えていくと次のように変形できる。

$$\hat{\beta} = \beta + \sum \omega_i u_i = \beta + \frac{\sum (X_i - \overline{X}) u_i}{\sum (X_j - \overline{X})^2} = \beta + \frac{\frac{1}{n} \sum (X_i - \overline{X}) u_i}{\frac{1}{n} \sum (X_j - \overline{X})^2} \longrightarrow \beta + \frac{M_{xu}}{M_{xx}} \quad (5.12)$$

2 つ目の等号では $\omega_i = \dfrac{X_i - \overline{X}}{\sum (X_j - \overline{X})^2}$ を代入している。矢印記号の右辺第 2 項では，$n \longrightarrow \infty$ のときは，分子・分母は別々に計算することができることを利用している（補論 B.5.3 の 263 ページのスルツキー定理参照）。以上，X と u に相関があれば $M_{xu} \neq 0$ となることから，$\hat{\beta}$ は β の一致推定量でないことがわかる。

この場合，$\hat{\alpha}$ も同様に不偏推定量でも一致推定量でもない。なぜなら，$\hat{\alpha}$ は，

$$\hat{\alpha} = \overline{Y} - \hat{\beta}\overline{X} = \alpha + \sum \lambda_i u_i$$

と書き換えられる。ただし，$\lambda_i = \dfrac{1}{n} - \overline{X}\omega_i$ とする。λ_i は X の関数であり，u との相関がゼロにならないので，$\hat{\alpha}$ は不偏性も一致性もなくなる。

例：X に測定誤差（measurement error）が含まれる場合：真のモデルを

$$Y_i^* = \alpha + \beta X_i^*$$

とする。(Y_i^*, X_i^*) は非確率変数とする。しかし，(Y_i^*, X_i^*) は観測されず，代わりに，(Y_i, X_i) が観測されるものとする。(Y_i, X_i) は確率変数であり，(Y_i^*, X_i^*) と

(Y_i, X_i) との関係は以下のとおりとする。

$$Y_i = Y_i^* + u_i, \qquad X_i = X_i^* + v_i$$

u_i, v_i は観測誤差と呼ばれるもので，

$$\mathrm{E}(u_i) = 0, \qquad \mathrm{V}(u_i) = \sigma_u^2$$
$$\mathrm{E}(v_i) = 0, \qquad \mathrm{V}(v_i) = \sigma_v^2$$

を仮定する。さらに，u_i，v_i は互いに独立と仮定する。すなわち，$i \neq j$ となるすべての i，j について $\mathrm{Cov}(u_i, u_j) = \mathrm{Cov}(v_i, v_j) = 0$，かつ，すべての i，j について $\mathrm{Cov}(u_i, v_j) = 0$ とする。$Y_i^* = \alpha + \beta X_i^*$ に $Y_i = Y_i^* + u_i$，$X_i = X_i^* + v_i$ を代入する。

$$Y_i = \alpha + \beta X_i + (u_i - \beta v_i)$$

観測されるのは (Y_i, X_i) なので，$(u_i - \beta v_i)$ を誤差項として，最小二乗法で $\hat{\beta}$ を求める。まずは，X_i と $u_i - \beta v_i$ の共分散を求める（共分散がゼロかどうかを確認する）。この場合，

$$
\begin{aligned}
\mathrm{Cov}(X_i, u_i - \beta v_i) &= \mathrm{Cov}(X_i^* + v_i, u_i - \beta v_i) \\
&= \mathrm{E}\big((X_i^* + v_i)(u_i - \beta v_i)\big) \\
&= \mathrm{E}(X_i^* u_i + v_i u_i - X_i^* \beta v_i - \beta v_i^2) \\
&= X_i^* \mathrm{E}(u_i) + \mathrm{E}(v_i u_i) - X_i^* \beta \mathrm{E}(v_i) - \beta \mathrm{E}(v_i^2) \\
&= -\beta \sigma_v^2 \neq 0
\end{aligned}
$$

となる。途中では，$\mathrm{E}(u_i) = \mathrm{E}(v_i) = \mathrm{E}(v_i u_i) = 0$，$\mathrm{E}(v_i^2) = \sigma_v^2$ が利用されている。観測できる (Y_i, X_i) を用いて，β の最小二乗推定量 $\hat{\beta}$ は，

$$
\begin{aligned}
\hat{\beta} &= \frac{\sum(X_i - \overline{X})(Y_i - \overline{Y})}{\sum(X_i - \overline{X})^2} = \frac{\sum(X_i - \overline{X})Y_i}{\sum(X_i - \overline{X})^2} = \beta + \frac{\sum(X_i - \overline{X})(u_i - \beta v_i)}{\sum(X_i - \overline{X})^2} \\
&= \beta + \frac{\frac{1}{n}\sum(X_i - \overline{X})(u_i - \beta v_i)}{\frac{1}{n}\sum(X_i - \overline{X})^2}
\end{aligned}
$$

と書き換えられる。$n \longrightarrow \infty$ のとき，2 行目の右辺第 2 項の分母は X_i の分散に対応し M_{xx} に収束すると考え，分子は $X_i = X_i^* + v_i$ と $u_i - \beta v_i$ との共分散に対応し v_i の掛け算の期待値の項 $-\beta \sigma_v^2$ が残る。

したがって，$n \longrightarrow \infty$ のとき，

$$\hat{\beta} \longrightarrow \beta + \frac{-\beta\sigma_v^2}{M_{xx}} \neq 0$$

となる。右辺第2項の分母は必ず正, 分子は β が正の場合は負, 負の場合は正となる。β が正であっても負であっても, $\hat{\beta}$ はゼロの方向に偏り (バイアス) があることになる。すなわち,

- $\beta > 0$ のとき, $\hat{\beta} \longrightarrow \beta - \frac{\beta\sigma_v^2}{M_{xx}} < \beta$

- $\beta < 0$ のとき, $\hat{\beta} \longrightarrow \beta - \frac{\beta\sigma_v^2}{M_{xx}} > \beta$

となる。言い換えると, $\hat{\beta}$ の確率極限はゼロと β の間にあると言える。このように, $n \longrightarrow \infty$ のとき, $\hat{\beta}$ はゼロの方向に偏り (バイアス) がある。

X と u に相関がある場合の対処法：簡単化のため, 単回帰モデル $Y_i = \alpha + \beta X_i + u_i$ を取り上げ, 説明変数と誤差項との間に相関がある場合, すなわち, $\mathrm{Cov}(X_i, u_i) \neq 0$ のときを考える。この状況の下では, (5.12)式となり, $n \longrightarrow \infty$ のとき,

$$\hat{\beta} \longrightarrow \beta + \frac{M_{xu}}{M_{xx}}$$

が得られた。右辺第2項の分子がゼロになるようにできれば問題は解決するのではないかと推測できる。

そこで, $n \longrightarrow \infty$ のとき,

$$\frac{1}{n}\sum_{i=1}^{n}(Z_i - \overline{Z})u_i \longrightarrow M_{zu} = 0$$

となるような Z_i が存在するとしよう。ただし, $\overline{Z} = \frac{1}{n}\sum Z_i$ とする。Z_i を操作変数 (Instrumental Variable, IV) と呼ぶ。

$$\frac{1}{n}\sum_{i=1}^{n}(Z_i - \overline{Z})u_i = \frac{1}{n}\sum_{i=1}^{n}(Z_i - \overline{Z})(Y_i - \alpha - \beta X_i) = \frac{1}{n}\sum_{i=1}^{n}(Z_i - \overline{Z})(Y_i - \beta X_i) \longrightarrow 0$$

なので (2つ目の等式では, $\frac{1}{n}\sum(Z_i - \overline{Z}) = 0$ を利用している),

$$\frac{1}{n}\sum_{i=1}^{n}(Z_i - \overline{Z})(Y_i - \beta X_i) = 0$$

となるような β を推定量として考えてみよう。β について解いて，その解を β_{iv} とすると，

$$\beta_{iv} = \frac{\sum_{i=1}^{n}(Z_i - \overline{Z})Y_i}{\sum_{i=1}^{n}(Z_i - \overline{Z})X_i} = \frac{\sum_{i=1}^{n}(Z_i - \overline{Z})(Y_i - \overline{Y})}{\sum_{i=1}^{n}(Z_i - \overline{Z})(X_i - \overline{X})}$$

となる。2つ目の等式では，分子・分母に $\sum(Z_i - \overline{Z})Y_i = \sum(Z_i - \overline{Z})(Y_i - \overline{Y})$，$\sum(Z_i - \overline{Z})X_i = \sum(Z_i - \overline{Z})(X_i - \overline{X})$ となることを利用している（244 ページの**補論 A.3.5** の公式5参照）。

　この推定方法を操作変数法（instrumental variable method）と呼び，β_{iv} を操作変数推定量（instrumental variable estimator）という。Z_i を X_i で置き換えると，β_{iv} は最小二乗推定量 $\hat{\beta}$ に等しくなる。

　β_{iv} を次のように変形していく。

$$
\begin{aligned}
\beta_{iv} &= \frac{\sum(Z_i - \overline{Z})(Y_i - \overline{Y})}{\sum(Z_i - \overline{Z})(X_i - \overline{X})} \\[2mm]
&= \frac{\sum(Z_i - \overline{Z})Y_i - \overline{Y}\sum(Z_i - \overline{Z})}{\sum_i(Z_i - \overline{Z})(X_i - \overline{X})} \\[2mm]
&= \frac{\sum(Z_i - \overline{Z})Y_i}{\sum(Z_i - \overline{Z})(X_i - \overline{X})} \\[2mm]
&= \frac{\sum(Z_i - \overline{Z})(\alpha + \beta X_i + u_i)}{\sum(Z_i - \overline{Z})(X_i - \overline{X})} \\[2mm]
&= \frac{\alpha\sum(Z_i - \overline{Z}) + \beta\sum(Z_i - \overline{Z})X_i + \sum(Z_i - \overline{Z})u_i}{\sum(Z_i - \overline{Z})(X_i - \overline{X})} \\[2mm]
&= \beta + \frac{\sum(Z_i - \overline{Z})u_i}{\sum(Z_i - \overline{Z})(X_i - \overline{X})} \\[2mm]
&= \beta + \frac{\frac{1}{n}\sum(Z_i - \overline{Z})u_i}{\frac{1}{n}\sum(Z_i - \overline{Z})(X_i - \overline{X})} \\[2mm]
&\longrightarrow \beta + \frac{0}{M_{zx}} = \beta
\end{aligned}
$$

$\left.\right\}$ $\sum(Z_i - \overline{Z}) = 0$ を利用

$\left.\right\}$ $Y_i = \alpha + \beta X_i + u_i$ を代入

$\left.\right\}$ $\sum(Z_i - \overline{Z}) = 0,\ \sum(Z_i - \overline{Z})X_i = \sum(Z_i - \overline{Z})(X_i - \overline{X})$ を利用

$\left.\right\}$ 第2項の分子・分母に $\frac{1}{n}$ を掛ける

$\left.\right\}$ $\frac{1}{n}\sum(Z_i - \overline{Z})u_i \longrightarrow \mathrm{Cov}(Z_i, u_i) = 0,\ \frac{1}{n}\sum(Z_i - \overline{Z})(X_i - \overline{X}) \longrightarrow M_{zx}$ を利用

3行目では，$\beta_{iv} = \sum \omega_i^* Y_i$ と書き換えることができ，β_{iv} も Y_i の線型推定量と言うことができる。ただし，$\omega_i^* = \dfrac{Z_i - \overline{Z}}{\sum(Z_j - \overline{Z})(X_j - \overline{X})}$ とする。5行目の右辺分子

の第1項目はゼロ，第2項目は $\sum (Z_i - \overline{Z})X_i = \sum (Z_i - \overline{Z})(X_i - \overline{X})$ となるので分母と同じになる。このようにして，6行目が得られる。7行目の右辺第2項の分子は Z_i と u_i の共分散に対応し，分母は Z_i と X_i の共分散に対応し，n を大きくするとそれぞれゼロ，M_{zx} に収束するものと仮定している（261ページの補論B.5.1の大数の法則参照）。すなわち，最終行では，操作変数推定量 β_{iv} は β の一致推定量となることがわかる。

n が大きければ，$\dfrac{1}{n}\sum (Z_i - \overline{Z})u_i \longrightarrow \mathrm{Cov}(Z, u) = 0$ となる。しかし，一般的には，n が小さいとき $\mathrm{E}(\omega_i^* u_i) \neq 0$ なので（ω_i^* の分母は X_i に依存していて，X_i と u_i は共分散がゼロでないと仮定），$\mathrm{E}(\beta_{iv}) \neq \beta$ となり，β_{iv} は β の不偏推定量にはならない。

Z の選択について，$n \longrightarrow \infty$ のとき，(i) Z と u は相関がない，すなわち，$\dfrac{1}{n}\sum (Z_i - \overline{Z})u_i \longrightarrow 0$，(ii) Z と X は強い相関がある，すなわち，$\dfrac{1}{n}\sum (Z_i - \overline{Z})(X_i - \overline{X}) \longrightarrow M_{zx} \neq 0$，という2つの条件が必要になる。(ii) については，Z はもともと X の代わりに使うものなので，X と相関の強い Z が望ましいと言える。

Z_i の選択について（その1：$Z_i = X_{i-1}$）：i が時間を表す場合（時系列データの場合），$Z_i = X_{i-1}$ を用いることが可能である。$\mathrm{Cov}(X_i, u_i) \neq 0$ としても，X の時点を一期ずらして $\mathrm{Cov}(X_{i-1}, u_i) = 0$ と考える（過去の X_{i-1} と現在の u_i とは無相関）のは不自然ではない。ただし，誤差項 u_i に系列相関がある場合は，この方法は使えない。なぜなら，$\mathrm{Cov}(u_i, u_{i-1}) \neq 0$，$\mathrm{Cov}(X_{i-1}, u_{i-1}) \neq 0$ ならば，$\mathrm{Cov}(X_{i-1}, u_i) \neq 0$ となるからである。

Z_i の選択について（その2：$Z_i = \hat{X}_i$）：X_i の予測値 $\hat{X}_i$ を Z_i の代わりに用いてもよい。W_{1i}，W_{2i}，$\cdots$，W_{mi} を説明変数，e_i を誤差項として，

$$X_i = \gamma_0 + \gamma_1 W_{1i} + \gamma_2 W_{2i} + \cdots + \gamma_m W_{mi} + e_i$$

を最小二乗法で推定して，$\hat{\gamma}_0$，$\hat{\gamma}_1$，$\cdots$，$\hat{\gamma}_m$ を求める。ただし，W_{1i}，W_{2i}，$\cdots$，W_{mi} は u_i と相関のない変数でなければならない。W_{1i}，W_{2i}，$\cdots$，W_{mi} には，もし誤差項 u_1，u_2，$\cdots$，u_n に系列相関がなければ X_{i-1}，X_{i-2}，$\cdots$ のように X_i のラグ変数を用いてもよい。理由は，前述のとおりで，X_i と u_i に相関があったとしても，X_i のラグ変数 X_{i-1}，X_{i-2}，$\cdots$ と u_i との間に相関がなくなると考えても

差し支えないからである。

$\hat{\gamma}_0$, $\hat{\gamma}_1$, $\cdots$, $\hat{\gamma}_m$ を最小二乗法で求め，X_i の予測値 $\hat{X}_i$ を次のように求める。そして，

$$\hat{X}_i = \hat{\gamma}_0 + \hat{\gamma}_1 W_{1i} + \hat{\gamma}_2 W_{2i} + \cdots + \hat{\gamma}_m W_{mi}$$

を Z_i として用いることができる。Z_i は u_i と相関のない変数でなければならない。$\hat{\gamma}_j$ は γ_j の一致推定量なので，$n \longrightarrow \infty$ のとき，

$$\hat{X}_i = \hat{\gamma}_0 + \hat{\gamma}_1 W_{1i} + \hat{\gamma}_2 W_{2i} + \cdots + \hat{\gamma}_m W_{mi} \longrightarrow \gamma_0 + \gamma_1 W_{1i} + \gamma_2 W_{2i} + \cdots + \gamma_m W_{mi}$$

となる。操作変数法による推定量 β_{iv} が β の一致推定量になる理由は，

$$\beta_{iv} = \beta + \frac{\frac{1}{n} \sum (Z_i - \overline{Z}) u_i}{\frac{1}{n} \sum (Z_i - \overline{Z})(X_i - \overline{X})} \longrightarrow \beta + \frac{0}{M_{zx}} = \beta$$

から，操作変数 Z_i と誤差項 u_i との相関がゼロという条件（2項目の分子）が重要なポイントとなっていることを思い出してほしい。

Z_i に $\hat{X}_i$ を用いると，$n \longrightarrow \infty$ のとき，$\hat{X}_i \longrightarrow \gamma_0 + \gamma_1 W_{1i} + \gamma_2 W_{2i} + \cdots + \gamma_m W_{mi}$ となることから，W_{1i}, W_{2i}, $\cdots$, W_{mi} のそれぞれが u_i と相関がなければ，$\frac{1}{n} \sum (\hat{X}_i - \overline{X}) u_i \longrightarrow 0$ となる。

この方法は操作変数法の特殊ケースであり，二段階最小二乗法（two-stage least squares method）と呼ばれる。二段階の意味は，1段階目で $\hat{X}_i$ を求め，2段階目で β_{iv} を得るというものである。β の二段階最小二乗推定量は，β_{iv} の代わりに，β_{tsls} または β_{2sls} という記号が使われる場合も多い（tsls や 2sls は共に two-stage least squares method の意味である）。

$Z_i = \hat{X}_i$ 自体を操作変数と呼ぶこともあり，$Z_i = \hat{X}_i$ を作成するための変数 W_{1i}, W_{2i}, $\cdots$, W_{mi} を操作変数とも呼ぶこともある。

二段階最小二乗法について，もう一つ特筆すべきことがある。$\hat{X}_i$ を X_i に定数項，回帰モデルに含まれる誤差項と相関のない説明変数，回帰モデルに含まれない誤差項と相関のないその他の変数を回帰させた場合の予測値として，$Z_i = \hat{X}_i$ とした場合，

$$\beta_{iv} = \frac{\sum_{i=1}^{n}(Z_i - \overline{Z})(Y_i - \overline{Y})}{\sum_{i=1}^{n}(Z_i - \overline{Z})(X_i - \overline{X})} = \frac{\sum_{i=1}^{n}(\hat{X}_i - \overline{\hat{X}})(Y_i - \overline{Y})}{\sum_{i=1}^{n}(\hat{X}_i - \overline{\hat{X}})(X_i - \overline{X})}$$

$$= \frac{\sum_{i=1}^{n}(\hat{X}_i - \overline{\hat{X}})(Y_i - \overline{Y})}{\sum_{i=1}^{n}(\hat{X}_i - \overline{\hat{X}})^2}$$

となる（練習問題 5.3）。ただし，$\overline{\hat{X}} = \frac{1}{n}\sum_{i=1}^{n}\hat{X}_i$ とするが，実際は $\overline{\hat{X}} = \overline{X}$ となる（理由は残差を足し合わせればゼロになる）。この式の意味は，$Z_i = \hat{X}_i$ とした場合，操作変数推定量 β_{iv} は，

$$Y_i = \alpha + \beta\hat{X}_i + v_i$$

について，β の最小二乗推定量に一致するということである。ただし，v_i は $v_i = u_i + \beta(X_i - \hat{X}_i)$ であるが，通常の誤差項扱いとすればよい。X_i の予測値を求める際に，定数項（上の記号では γ_0）が含まれなければならない。

重回帰モデルにおける操作変数法：一般的に，重回帰モデル：

$$Y_i = \beta_1 X_{1i} + \cdots + \beta_{k-G}X_{k-G,i} + \beta_{k-G+1}X_{k-G+1,i} + \cdots + \beta_k X_{ki} + u_i$$

について，右辺の後半の G 個の説明変数が u_i と相関があるとする。最小二乗法では，残差平方和 $S(\hat{\beta}_1, \cdots, \hat{\beta}_k) = \sum(Y_i - \hat{\beta}_1 X_{1i} - \cdots - \hat{\beta}_k X_{ki})^2$ を最小にする $\hat{\beta}_j$，$j = 1, 2, \cdots, k$ を求める。すなわち，

$$\frac{\partial S(\hat{\beta}_1, \cdots, \hat{\beta}_k)}{\partial \hat{\beta}_j} = \sum_{i=1}^{n}X_{ji}(Y_i - \hat{\beta}_1 X_{1i} - \cdots - \hat{\beta}_k X_{ki}) = 0, \qquad j = 1, 2, \cdots, k$$

の k 本の連立方程式を解いて，$\hat{\beta}_j$，$j = 1, 2, \cdots, k$ を得る。しかし，後半の G 個の説明変数と $u_i = Y_i - \hat{\beta}_1 X_{1i} - \cdots - \hat{\beta}_k X_{ki}$ との相関があれば，大数の法則（261 ページの**補論 B.5.1** 参照）により，

$$\frac{1}{n}\sum_{i=1}^{n}X_{ji}(Y_i - \hat{\beta}_1 X_{1i} - \cdots - \hat{\beta}_k X_{ki}) \longrightarrow \mathrm{Cov}(X_{ji}, u_i) = 0, \qquad j = 1, 2, \cdots, k-G$$

$$\frac{1}{n}\sum_{i=1}^{n} X_{ji}(Y_i - \hat{\beta}_1 X_{1i} - \cdots - \hat{\beta}_k X_{ki}) \longrightarrow \mathrm{Cov}(X_{ji}, u_i) \neq 0, \qquad j = k - G + 1, \cdots, k$$

となる。そのため、後半の G 本の方程式については、X_{ji} の代わりに操作変数 Z_{ji} を用いる。このとき、

$$\frac{1}{n}\sum_{i=1}^{n} X_{ji}(Y_i - \hat{\beta}_1 X_{1i} - \cdots - \hat{\beta}_k X_{ki}) \longrightarrow \mathrm{Cov}(X_{ji}, u_i) = 0, \qquad j = 1, 2, \cdots, k - G$$

$$\frac{1}{n}\sum_{i=1}^{n} Z_{ji}(Y_i - \hat{\beta}_1 X_{1i} - \cdots - \hat{\beta}_k X_{ki}) \longrightarrow \mathrm{Cov}(Z_{ji}, u_i) = 0, \qquad j = k - G + 1, \cdots, k$$

が成り立つ。よって、

$$\sum_{i=1}^{n} X_{ji}(Y_i - \beta_{iv,1} X_{1i} - \cdots - \beta_{iv,k} X_{ki}) = 0, \qquad j = 1, 2, \cdots, k - G$$

$$\sum_{i=1}^{n} Z_{ji}(Y_i - \beta_{iv,1} X_{1i} - \cdots - \beta_{iv,k} X_{ki}) = 0, \qquad j = k - G + 1, \cdots, k$$

の k 本の連立方程式から解いた $\beta_{iv,j}$, $j = 1, 2, \cdots, k$ が β_j の操作変数推定量となる。

（重要）：Z_{ji} の選択としては、X_{ji} の予測値 $\hat{X}_{ji}$ を Z_{ji} とすれば（すなわち、$Z_{ji} = \hat{X}_{ji}$, $j = k - G + 1, \cdots, k$）、操作変数法は二段階最小二乗法となる。X_{ji} の予測値 $\hat{X}_{ji}$ を求めるには、X_{ji} を「誤差項と相関のない説明変数」X_{1i}, $\cdots$, $X_{k-G,i}$ に加えて「回帰モデルに含まれない変数」に回帰させた予測値を用いる。回帰式の説明変数には、「誤差項と相関のない説明変数」、「誤差項と相関のある説明変数」が含まれる。二段階最小二乗法を実行するためには、「回帰モデルに含まれない変数」（しかも、誤差項と相関のない変数）が必要である。

　この意味を理解するために、2 つの説明変数で、一つは誤差項と相関のない変数 X_{1i}、もう一つは誤差項と相関のある変数 X_{2i} を考えよう。すなわち、回帰式は下記で表される。

$$Y_i = \beta_1 X_{1i} + \beta_2 X_{2i} + u_i$$

最小二乗法では残差平方和を最小にするために、

$$\sum X_{1i}(Y_i - \hat{\beta}_1 X_{1i} - \hat{\beta}_2 X_{2i}) = 0$$

$$\sum X_{2i}(Y_i - \hat{\beta}_1 X_{1i} - \hat{\beta}_2 X_{2i}) = 0$$

を，$\hat{\beta}_1$，$\hat{\beta}_2$ の連立方程式を解くことになるが，X_{2i} と u_i に相関があれば，2 つ目の式が成り立たない（2 つ目の式の両辺を n で割って，n を無限大にした場合，右辺がゼロではなくなる）。そこで，u_i と相関のない別の変数 Z_{2i} を持ってきて，

$$\sum X_{1i}(Y_i - \beta_{iv,1}X_{1i} - \beta_{iv,2}X_{2i}) = 0$$

$$\sum Z_{2i}(Y_i - \beta_{iv,1}X_{1i} - \beta_{iv,2}X_{2i}) = 0$$

の連立方程式を $\beta_{iv,1}$，$\beta_{iv,2}$ について解く。得られた $\beta_{iv,1}$，$\beta_{iv,2}$ が操作変数推定量となる。このとき，$Z_{2i} = \hat{X}_{2i}$ とすると，$\beta_{iv,1}$，$\beta_{iv,2}$ は β_1，β_2 の二段階最小二乗推定量となる。すなわち，

$$\sum X_{1i}(Y_i - \beta_{iv,1}X_{1i} - \beta_{iv,2}X_{2i}) = 0$$

$$\sum \hat{X}_{2i}(Y_i - \beta_{iv,1}X_{1i} - \beta_{iv,2}X_{2i}) = 0$$

を解くことによって，β_1，β_2 の二段階最小二乗推定量が得られる。$\hat{X}_{2i}$ を得るために，

$$X_{2i} = aX_{1i} + w_i$$

として，$\hat{X}_{2i} = \hat{a}X_{1i}$ とするとどうなるかを考えてみよう。ただし，a はパラメータ，w_i は誤差項とする。代入すると，

$$\sum X_{1i}(Y_i - \beta_{iv,1}X_{1i} - \beta_{iv,2}X_{2i}) = 0$$

$$\sum \hat{a}X_{1i}(Y_i - \beta_{iv,1}X_{1i} - \beta_{iv,2}X_{2i}) = 0 \;\longrightarrow\; \sum X_{1i}(Y_i - \beta_{iv,1}X_{1i} - \beta_{iv,2}X_{2i}) = 0 \text{ と同じ}$$

となり，2 つの式は完全に同じものになり，$\beta_{iv,1}$ と $\beta_{iv,2}$ を解くことができなくなる。したがって，$\hat{X}_{2i}$ を求める場合，「回帰式に含まれる誤差項と相関のない説明変数」に加えて他の変数（例えば，W_i）も必要になる。$\hat{X}_{2i}$ を求めるには，パラメータ a，b，誤差項 w_i の回帰式

$$X_{2i} = aX_{1i} + bW_i + w_i$$

として，$\hat{X}_{2i} = \hat{a}X_{1i} + \hat{b}W_i$ とすべきである（W_i だけでなく，他に複数の変数を加えることもできる）。

Gretl による数値例：159〜161 ページで扱った都道府県データの消費関数の例を，

再び，ここで取り上げる。これまで，消費関数は最小二乗法の仮定が満たされているものとして話を進めてきた。しかし，説明変数と誤差項との間に相関があり，最小二乗推定量は不偏性もなく一致性もないことが簡単に証明できる。よって，計量ソフトによる標準誤差の計算も間違ったものが推定結果として出力されることになる。

まずは，説明変数と誤差項との間に相関が生じるということを示そう。消費 C_i は可処分所得 Y_i の線型関数に誤差項 u_i を加えたものである。すなわち，

$$C_i = \alpha + \beta Y_i + u_i$$

である。可処分所得 Y_i は消費 C_i と貯蓄 S_i の和（すなわち，$Y_i = C_i + S_i$）となる。説明変数 Y_i は消費 C_i に依存し，消費 C_i は誤差項 u_i に依存しているということから，Y_i は u_i の関数となる。したがって，説明変数の Y_i（u_i に依存する）と誤差項の u_i との間に相関があるということがわかる。よって，今回は不均一分散を考慮に入れて，

$$C_i^* = \alpha L_i^* + \beta Y_i^* + u_i^*$$

を二段階最小二乗法で推定する。ただし，記号については今までと同様に，

$$C_i^* = \frac{C_i}{L_i}, \qquad L_i^* = \frac{1}{L_i}, \qquad Y_i^* = \frac{Y_i}{L_i}, \qquad u_i^* = \frac{u_i}{L_i}$$

とする。二段階最小二乗法で推定するためには操作変数が必要であり，この数値例としては操作変数には定数項，L_i の逆数（$L_i^* = \dfrac{1}{L_i}$），L_i を採用することにする（他にも，L_i^2，タイム・トレンド i を加えてもよい）。すなわち，ここでは L_i は u_i と相関がないと考えている。Gretl による結果を以下に示す。161 ページの「モデル 3」のデータ変換をそのまま利用する。

```
? tsls cl ll yl; const ll l

モデル 4: 二段階最小二乗法(2SLS), 観測: 1-47
従属変数: cl
内生変数(instrumented): yl
操作変数: const ll l
```

```
            係数          標準誤差      t 値       p 値
    ------------------------------------------------------
    l1      -0.179115   0.0662285   -2.705    0.0096    ***
    y1       0.634557   0.0140590   45.14     4.06e-039 ***

    Mean dependent var    22.20303   S.D. dependent var    2.086188
    Sum squared resid     160.5117   S.E. of regression    1.888631
    Uncentered R-squared  0.529569   Centered R-squared    0.638503
    カイ二乗(2)            6531.568   p 値                  0.000000


    ハウスマン(Hausman)検定 -
      帰無仮説: OLS 推定値は一致性を持つ
      漸近的検定統計量: カイ二乗(1) = 106.962
      なお, p 値(p-value) = 4.538e-25

    ····· (以下略) ·····
```

この出力結果に続いて,この後もいろいろな結果が出力されるが,ここでは省略する。二段階最小二乗法のコマンドは「tsls」(two-stage least squares)であり,「?」に続けて「tsls cl l1 y1; const l1 1」とすればよい。セミコロン「;」以下の「const l1 1」は操作変数を表す。一段階目で各説明変数「l1」「y1」を「const l1 1」で回帰させる。各説明変数の予測値を求めてZ_iとして用いる。この場合,「l1」を「const l1 1」で回帰させた場合,「const」はゼロ,「l1」の係数は1,「1」の係数はゼロとすれば残差平方和がゼロになるので,実際のデータと予測値が完全に一致することになる。したがって,誤差項と相関がないと考える説明変数は,必ず,操作変数に含めなければならない(この例では,L_iに関する変数で,L_i^*である)。

(注):上の例では,「y1」の予測値を「y1」の操作変数とする二段階最小二乗法である。「tsls cl l1 y1; const l1 1」として,「y1」$(= \dfrac{Y_i}{L_i})$を,定数項,「l1」$(= \dfrac{1}{L_i})$,「1」$(= L_i)$で回帰させて「y1」の予測値を作成した。これは,誤差項u_iとL_iとは相関がないと想定している。

「tsls cl l1 y1; l1」の推定を考えるとどうなるだろうか。1つ目の説明変数「l1」$(= \dfrac{1}{L_i})$について,「l1」$(= \dfrac{1}{L_i})$を「l1」$(= \dfrac{1}{L_i})$で回帰させているので,

「l1」$(=\dfrac{1}{L_i})$ の予測値は「l1」$(=\dfrac{1}{L_i})$ そのものになる。すなわち、「l1」$(=\dfrac{1}{L_i})$ は誤差項と相関がないと想定している。2つ目の説明変数「y1」$(=\dfrac{Y_i}{L_i})$ について、「y1」$(=\dfrac{Y_i}{L_i})$ を「l1」$(=\dfrac{1}{L_i})$ で回帰させているので、回帰式を $\dfrac{Y_i}{L_i} = a\dfrac{1}{L_i} + v_i$（$a$ は回帰係数、v_i は誤差項）とすると、「y1」$(=\dfrac{Y_i}{L_i})$ の予測値は「$\hat{a}$ l1」$(=\hat{a}\dfrac{1}{L_i})$ となり、1つ目の説明変数の定数倍になっている。

前述したが、

$$Y_i = \alpha + \beta X_i + u_i$$

について、X_i と u_i に相関がある場合、β の二段階最小二乗法 β_{iv} は、

$$Y_i = \alpha + \beta \hat{X}_i + v_i$$

の回帰式で β の最小二乗推定量に等しいと述べた。今回の例でも同様で、

$$C_i^* = \alpha L_i^* + \beta Y_i^* + u_i^*$$

について、α、β の二段階最小二乗推定量は、

$$C_i^* = \alpha L_i^* + \beta \hat{Y}_i^* + v_i^*$$

について、α、β の最小二乗推定量に等しい。すなわち、「tsls cl l1 y1; l1」の場合、$\hat{Y}_i^*$ は $\hat{a}L_i^*$ となる。回帰式を書き直すと、

$$C_i^* = \alpha L_i^* + \beta(\hat{a}L_i^*) + v_i^*$$

となり、右辺第一項と第二項は完全相関しており、完全な多重共線性の状態にある。この場合、$\alpha + \hat{a}\beta$ をまとめて推定することはできるが、α と β を別々に推定することはできない（α と β を識別できないとも言う）。

まとめると、Z_i に X_i の予測値 $\hat{X}_i$ を使うためには、回帰式に含まれる X_i 以外の説明変数（定数項を含む）とその他の変数で予測値を作らなければならない（その他の変数が重要である）。この例では、

- 「tsls cl l1 y1; l1」　　　$\longrightarrow$ 推定不可
- 「tsls cl l1 y1; const l1」　$\longrightarrow$ 推定可
- 「tsls cl l1 y1; const l1 l」$\longrightarrow$ 推定可

となる。

● 5.4.3　説明変数と誤差項に相関があるかどうかの検定

　明らかに説明変数と誤差項に相関があると考えられる場合は，二段階最小二乗法などの操作変数法によってパラメータを推定する必要がある。しかし，一般的には，説明変数と誤差項との間に相関があるかどうかの検定を行い，相関がなければ最小二乗法を使い，相関があれば操作変数法を用いるべきである。

　説明変数と誤差項との間に相関があるかどうかの代表的な検定の一つがハウスマン特定化検定（Hausman specification test），または単に，ハウスマン検定である。ハウスマン検定の帰無仮説，対立仮説は次のとおりである。

　　帰無仮説：$\mathrm{Cov}(X_i, u_i) = 0$

　　対立仮説：$\mathrm{Cov}(X_i, u_i) \neq 0$

　帰無仮説が正しいとすれば，既に示したとおり，最小二乗推定量が最良線型不偏推定量となる。もし対立仮説が採用された場合は，最小二乗推定量は一致性がないので，操作変数推定量（例えば，二段階最小二乗法）を採用すべきである。

　検定統計量とその分布の導出については省略するが，単回帰の場合，すなわち，

$$Y_i = \alpha + \beta X_i + u_i$$

において，$\mathrm{Cov}(X_i, u_i)$ がゼロかどうかの検定統計量は，帰無仮説のもとで，

$$\frac{(\hat{\beta} - \beta_{iv})^2}{\mathrm{V}(\beta_{iv}) - \mathrm{V}(\hat{\beta})} \longrightarrow \chi^2(1)$$

となる。

　175 ページの例では，Gretl の「tsls」コマンドでは「ハウスマン（Hausman）検定」の項目が 176 ページに出力されている。「帰無仮説：　OLS 推定値は一致性を持つ」というのは，最小二乗法の仮定が満たされているという仮説である。その検定統計値は「漸近的検定統計量：　カイ二乗 (1) = 106.962」として，106.962 となっているが，この値と自由度 1 の χ^2 分布と比較されなければならない。自由度 1 の χ^2 分布の上側 5% 点は 3.84 であり（276 ページの**付表 2** 参照），3.84 < 106.962 なので，「帰無仮説：　OLS 推定値は一致性を持つ」は棄却される。したがって，この例では，操作変数法で推定する必要があるという結論となる。

　Gretl の場合は「tsls」コマンドを使えば，帰無仮説が正しいもとでの分布

（すなわち，カイ二乗分布）や検定統計値とその p 値が推定結果として出力されるので，出力結果の読み方さえ正しく理解できれば十分であろう（検定統計量とその分布の導出については本書のレベルを超えるので省略する）。

　本章では，最小二乗法の通常の仮定が満たされない場合，最小二乗推定量にどのような問題が起こるのか，また，それに対する対処法について解説した。これまでの章は最小二乗法について説明したが，次章では最尤法について説明する。最尤法とは，最小二乗法とは別の代表的な推定方法の一つである。最小二乗法と最尤法との大きな違いは，前者は誤差項に分布を仮定する必要はないが，後者は分布関数の仮定を必要とする。ただし，最小二乗法でもパラメータの区間推定・仮説検定を行う場合は，誤差項に分布（通常，正規分布）を仮定する必要がある。

◆ 練 習 問 題

5.1　次の単回帰モデルを考える。

$$Y_i = \alpha + \beta X_i + u_i, \qquad i = 1, 2, \cdots, n$$

$u_1, u_2, \cdots, u_n$ は $\mathrm{E}(u_i) = 0$，$\mathrm{Cov}(u_i, u_j) = \sigma^2 \rho_{ij}$ の正規分布に従うものとする。ただし，$\sigma^2 = \mathrm{V}(u_i)$，$\rho_{ij} = \dfrac{\mathrm{Cov}(u_i, u_j)}{\mathrm{V}(u_i)}$（すなわち，$i = j$ のとき $\rho_{ij} = 1$）とする。

(1)　β の最小二乗推定量（$\hat{\beta}$ とする）を求めなさい。
(2)　$\mathrm{E}(\hat{\beta})$ を求めなさい。
(3)　$\mathrm{V}(\hat{\beta})$ を求めなさい。
(4)　$\hat{\beta}$ の分布を求めなさい。σ^2，ρ_{ij} は既知としてよい。

5.2　次の単回帰モデルを考える。

$$Y_i = \alpha + \beta X_i + u_i, \qquad i = 1, 2, \cdots, n$$

$u_1, u_2, \cdots, u_n$ は互いに独立に，$\mathrm{E}(u_i) = 0$，$\mathrm{V}(u_i) = \sigma_i^2$ のある分布に従うものとする。
(1)　β の最小二乗推定量（$\hat{\beta}$ とする）を求めなさい。
(2)　$\mathrm{E}(\hat{\beta})$ を求めなさい。
(3)　$\mathrm{V}(\hat{\beta})$ を求めなさい。

(4) $n \longrightarrow \infty$ のとき,$\hat{\beta}$ の分布(漸近分布)を求めなさい。

5.3 単回帰モデル:

$$Y_i = \alpha + \beta X_i + u_i$$

において,X_i と u_i に相関がある場合を考えよう。β の一致推定量を求めるために,二段階最小二乗法を用いることにした。X_i の予測値を $\hat{X}_i$ とした場合,

$$Y_i = \alpha + \beta \hat{X}_i + v_i$$

に最小二乗法を適用したものが,β の二段階最小二乗推定量に一致することを示しなさい。ただし,予測値 $\hat{X}_i$ を求めるためには,X_i を定数項と他の外生変数に回帰させるものとする。また,$v_i = u_i + \beta + (X_i - \hat{X}_i)$ とする(2つの式が同じになるための条件)。言い換えると,β_{tsls} を β の二段階最小二乗推定量するとき,

$$\beta_{tsls} = \frac{\sum_{i=1}^{n}(\hat{X}_i - \overline{\hat{X}})(Y_i - \overline{Y})}{\sum_{i=1}^{n}(\hat{X}_i - \overline{\hat{X}})(X_i - \overline{X})} = \frac{\sum_{i=1}^{n}(\hat{X}_i - \overline{\hat{X}})(Y_i - \overline{Y})}{\sum_{i=1}^{n}(\hat{X}_i - \overline{\hat{X}})^2}$$

の2つ目の等式を証明しなさい。さらに言い換えると,分母が等しくなること,すなわち,

$$\sum_{i=1}^{n}(\hat{X}_i - \overline{\hat{X}})(X_i - \overline{X}) = \sum_{i=1}^{n}(\hat{X}_i - \overline{\hat{X}})^2$$

となることを証明しなさい。

第 6 章
最尤推定量とその性質

　ここまで，推定方法として最小二乗法のみを扱ってきた。本章では，もう一つの代表的な推定方法である最尤法（maximum likelihood method）を取り上げる。

■6.1　最　尤　法

　回帰モデルを最小二乗法で推定する場合，誤差項の平均ゼロ，分散 $\sigma^2 < \infty$ の仮定があれば，回帰係数の最小二乗推定量を得ることができるため，誤差項に分布を仮定する必要はない。さらに，$n \longrightarrow \infty$ のとき，中心極限定理を当てはめることによって，最小二乗推定量は正規分布で近似できることも前章で確認した。

　最尤法は分布関数を仮定しなければならない。以下では，まず，最尤推定量の求め方を説明する。n 個の確率変数 X_1, X_2, $\cdots$, X_n は互いに独立で，同じ確率分布 $f(x) \equiv f(x; \theta)$ に従うものとする。ただし，θ は未知パラメータ（母数）で，例えば，$\theta = (\mu, \sigma^2)$ である。特に，単回帰モデルの場合は $\theta = (\alpha, \beta, \sigma^2)$ となる。

　X_1, X_2, $\cdots$, X_n の結合分布は，互いに独立なので，

$$f(x_1, x_2, \cdots, x_n; \theta) \equiv \prod_{i=1}^{n} f(x_i; \theta)$$

と表される（補論 B.1 の 254 ページ参照）。

　観測値データ x_1, x_2, $\cdots$, x_n を与えたもとで，$\prod_{i=1}^{n} f(x_i; \theta)$ は θ の関数 $l(\theta)$ として表される。すなわち，

$$l(\theta) = \prod_{i=1}^{n} f(x_i; \theta)$$

となる。$l(\theta)$ が観測値 x_1, x_2, $\cdots$, x_n に依存しているということを明示的に示すために，$l(\theta)$ を $l(\theta; x_1, x_2, \cdots, x_n)$ または $l(\theta; x)$ と書くこともある。ただし，

$x = (x_1, x_2, \cdots, x_n)$ とする。$l(\theta)$ を尤度関数（likelihood function）と呼ぶ。

$$\max_{\theta} \; l(\theta)$$

となる θ を最尤推定値（maximum likelihood estimate）と呼び，$\hat{\theta}$ で表すことにする。$\hat{\theta}$ は $x = (x_1, x_2, \cdots, x_n)$ の関数となり，明示的には $\hat{\theta} = \hat{\theta}(x)$ と表すこともできる。観測値 $x = (x_1, x_2, \cdots, x_n)$ を対応する確率変数 $X = (X_1, X_2, \cdots, X_n)$ で置き換えると，$\hat{\theta} = \hat{\theta}(X)$ は最尤推定量（maximum likelihood estimator）と呼ばれるようになる。$\hat{\theta}$ を使う限り，記号上では，最尤推定値と最尤推定量との区別はつかないが，必要な場合は明記して推定値・推定量の区別ができるようにする。

また，

$$\max_{\theta} \; l(\theta)$$

と

$$\max_{\theta} \; \log l(\theta)$$

の θ の解はともに同じになることに注意されたい。$\log l(\theta)$ を対数尤度関数（log-likelihood function）と呼ぶ。

■6.2 最尤推定量の性質

　簡単化のために，まずは θ がスカラー（scalar，1変数）の場合を考える。最尤推定量で最も重要な性質は，$n \longrightarrow \infty$ のとき，

$$\sqrt{n}(\hat{\theta} - \theta) \longrightarrow N(0, \sigma_\theta^2), \qquad \sigma_\theta^2 = \left(\lim_{n\to\infty} \frac{1}{n} I(\theta)\right)^{-1} \tag{6.1}$$

となることである（証明略）。ただし，

$$I(\theta) = \mathrm{E}\left[\left(\frac{\mathrm{d}\log l(\theta; X)}{\mathrm{d}\theta}\right)^2\right] = -\mathrm{E}\left[\frac{\mathrm{d}^2 \log l(\theta; X)}{\mathrm{d}\theta^2}\right] \tag{6.2}$$

とする（2つ目の等式が成り立つことの証明は省略する）。この期待値は $X = (X_1, X_2, \cdots, X_n)$ に関する期待値であるので，ここでは尤度関数を $l(\theta; X)$ としている。$X_1, X_2, \cdots, X_n$ が互いに独立であれば，尤度関数は密度関数の積の形で

書き換えることができるので,

$$\log l(\theta; X) = \sum_{i=1}^{n} \log f(X_i; \theta)$$

となる。これを利用すると，それぞれの期待値は，

$$\mathrm{E}\Big[\big(\frac{\mathrm{d}\log l(\theta; X)}{\mathrm{d}\theta}\big)^2\Big] = \mathrm{E}\Big[\big(\sum_{i=1}^{n}\frac{\mathrm{d}\log f(X_i; \theta)}{\mathrm{d}\theta}\big)^2\Big] = \sum_{i=1}^{n}\mathrm{E}\Big[\big(\frac{\mathrm{d}\log f(X_i; \theta)}{\mathrm{d}\theta}\big)^2\Big]$$

$$\mathrm{E}\Big[\frac{\mathrm{d}^2\log l(\theta; X)}{\mathrm{d}\theta^2}\Big] = \mathrm{E}\Big[\sum_{i=1}^{n}\frac{\mathrm{d}^2\log f(X_i; \theta)}{\mathrm{d}\theta^2}\Big] = \sum_{i=1}^{n}\mathrm{E}\Big[\frac{\mathrm{d}^2\log f(X_i; \theta)}{\mathrm{d}\theta^2}\Big]$$

と密度関数 $f(X_i; \theta)$ の形で書き換えることもできる。最初の式の 2 つ目の等式では，$Y_i = \dfrac{\mathrm{d}\log f(X_i; \theta)}{\mathrm{d}\theta}$ とした場合，$\mathrm{E}(Y_i) = 0$ となる（証明略）ことと，Y_1, Y_2, $\cdots$, Y_n が互いに独立になるので $i \neq j$ について $\mathrm{E}(Y_i Y_j) = \mathrm{Cov}(Y_i, Y_j) = 0$ を利用して $\mathrm{E}\big[(\sum Y_i)^2\big] = \sum \mathrm{E}(Y_i^2)$ となることを使っている。

　実践では，データ数には限りがあるので，$\displaystyle\lim_{n \to \infty}$ を取り除いて，$\sigma_\theta^2 = \big(\frac{1}{n}I(\theta)\big)^{-1}$ を用いるが，パラメータ θ をその推定量で置き換えて，σ_θ^2 の代わりに $\hat{\sigma}_\theta^2 = \big(\frac{1}{n}I(\hat{\theta})\big)^{-1}$ を使う。したがって，n が大きいとき，

$$\sqrt{n}(\hat{\theta} - \theta) \sim N\Big(0, \big(\frac{1}{n}I(\hat{\theta})\big)^{-1}\Big), \quad \text{すなわち，} \quad \hat{\theta} \sim N(\theta, I(\hat{\theta})^{-1}) \tag{6.3}$$

として θ に関する区間推定，仮説検定などを行うことになる。

　θ がベクトル（例えば，$k \times 1$）の場合，$n \longrightarrow \infty$ のとき，

$$\sqrt{n}(\hat{\theta} - \theta) \longrightarrow N(0, \Sigma_\theta), \qquad \Sigma_\theta = \big(\lim_{n\to\infty}\frac{1}{n}I(\theta)\big)^{-1} \tag{6.4}$$

となる。ただし，$I(\theta)$ は $k \times k$ の行列で，情報行列（information matrix），または，フィッシャーの情報行列（Fisher's information matrix）と呼ばれ，次のように表される。

$$I(\theta) = \mathrm{E}\Big[\frac{\partial \log l(\theta; X)}{\partial \theta}\frac{\partial \log l(\theta; X)}{\partial \theta'}\Big] = -\mathrm{E}\Big[\frac{\partial^2 \log l(\theta; X)}{\partial \theta \partial \theta'}\Big] \tag{6.5}$$

2 つ目の等式が成り立つことの証明は省略する。さらに，密度関数を用いて期待値を書き直すと，

$$\mathrm{E}\Big[\frac{\partial \log l(\theta; X)}{\partial \theta}\frac{\partial \log l(\theta; X)}{\partial \theta'}\Big] = \sum_{i=1}^{n}\mathrm{E}\Big[\frac{\partial \log f(X_i; \theta)}{\partial \theta}\frac{\partial \log f(X_i; \theta)}{\partial \theta'}\Big]$$

$$\mathrm{E}\Big[\frac{\partial^2 \log l(\theta; X)}{\partial\theta\partial\theta'}\Big] = \sum_{i=1}^{n}\mathrm{E}\Big[\frac{\partial^2 \log f(X_i; \theta)}{\partial\theta\partial\theta'}\Big]$$

となる（最初の等式の証明略）。

実践で区間推定・仮説検定を行う場合も (6.3) 式をそのまま使うことができる。しかし，$\hat{\theta}$，θ，$I(\hat{\theta})$ はそれぞれ，$k\times 1$ ベクトル，$k\times 1$ ベクトル，$k\times k$ 行列となる。

最尤推定量 $\hat{\theta}$ の性質として，n が大きいとき，平均 θ，分散 $I(\hat{\theta})^{-1}$ の正規分布になるということである。$I(\hat{\theta})^{-1}$ は，θ がスカラー（すなわち，1 変数）のとき $\hat{\sigma}_\theta^2/n$，ベクトルのとき $\hat{\Sigma}_\theta/n$ となり，$n \longrightarrow \infty$ のとき，どちらの場合もゼロに収束する。ただし，Σ_θ に含まれる θ を $\hat{\theta}$ で評価したものを $\hat{\Sigma}_\theta$ としている。n が大きいとき不偏推定量となる推定量のことを漸近的不偏推定量（asymptotically unbiased estimator）と呼び，n が大きいとき正規分布になることを漸近的正規分布（asymptotically normal distribution）と呼ぶ。n が大きくなると不偏推定量，かつ，分散がゼロに収束するということは，最尤推定量は一致推定量でもあると言える。

このように，最尤推定量は漸近的に不偏推定量であり，一致推定量であり，漸近的に正規分布に従う推定量となっている。

■6.3　最尤推定量の性質：その2

有効推定量について：パラメータ θ の任意の不偏推定量を $\tilde{\theta}$ とする。このとき，最尤推定量にかかわらず，次の不等式が成り立つことが知られている（証明略）。

$$\mathrm{V}(\tilde{\theta}) \geqq I(\theta)^{-1}$$

ただし，$I(\theta)$ は (6.2) 式または (6.5) 式によって与えられるものである。この不等式はクラメール・ラオの不等式（Cramer-Rao inequality）と呼ばれる。$I(\theta)^{-1}$ をクラメール・ラオの下限（Cramer-Rao lower bound）という。この不等式の意味するところは，θ のどんな不偏推定量を持ってきても必ず $I(\theta)^{-1}$ より分散は大きくなるということである。不偏推定量，かつ，分散が $I(\theta)^{-1}$ となる推定量（すなわち，上記不等式について等式が成り立つ場合の推定量）を有効推定量（efficient estimator，最小分散不偏推定量）という。しかし，一般的には，有効推

定量は存在するとは限らない。

また，θ がベクトル（例えば，$k \times 1$）の場合は，

$$\mathrm{V}(\tilde{\theta}_j) \geqq a_{jj}, \qquad j = 1, 2, \cdots, k$$

となる。ただし，$\tilde{\theta}_j$ を $\tilde{\theta}$ の j 番目の要素，a_{ij} を $I(\theta)^{-1}$ の第 i 行第 j 列要素をそれぞれ表す。$I(\theta)$ は (6.5) 式で定義されているものである。

最尤推定量の漸近有効性：以上のように，任意の不偏推定量についてその分散はクラメール・ラオの下限より必ず大きくなる。不偏推定量の分散がクラメール・ラオの下限に等しいときは，この不偏推定量は有効推定量（すなわち，最小分散不偏推定量）になる。しかし，必ずしも有効推定量は存在するとは限らない。

　最尤推定量は n が大きいとき (6.1) 式または (6.4) 式となることが知られている（証明略）。すなわち，最尤推定量は n が大きければ，その分散はクラメール・ラオの下限に一致するということである。漸近的不偏推定量で，しかも，n が大きいときにクラメール・ラオの下限に一致する分散を持つ推定量のことを漸近的有効推定量（asymptotically efficient estimator）という。

　これまでの結果をまとめると，最尤推定量は漸近的不偏推定量，一致推定量，漸近的有効推定量であり，漸近的に正規分布する推定量である。n が大きくなれば，最尤推定量は最も望ましい推定量になる。

■6.4　いくつかの例

　最初の例は，通常の仮定（互いに独立で，正規分布）で最尤法の例を示そう。

例 1：$X_1, X_2, \cdots, X_n$ は互いに独立で，それぞれ $N(\mu, \sigma^2)$ の分布に従うものとする。

　(1) σ^2 が既知のとき，μ の最尤推定値，最尤推定量とその性質
　(2) σ^2 が未知のとき，μ と σ^2 の最尤推定値，最尤推定量とその性質

をそれぞれ求める。

解： $N(\mu, \sigma^2)$ の密度関数は，

$$f(x; \mu, \sigma^2) = \frac{1}{\sqrt{2\pi\sigma^2}} \exp\left(-\frac{1}{2\sigma^2}(x - \mu)^2\right)$$

となる。したがって，互いに独立な $X_1, X_2, \cdots, X_n$ の結合分布は，

$$f(x_1, x_2, \cdots, x_n; \mu, \sigma^2) \equiv \prod_{i=1}^{n} f(x_i; \mu, \sigma^2) = \prod_{i=1}^{n} \frac{1}{\sqrt{2\pi\sigma^2}} \exp\left(-\frac{1}{2\sigma^2}(x_i - \mu)^2\right)$$

$$= (2\pi\sigma^2)^{-\frac{n}{2}} \exp\left(-\frac{1}{2\sigma^2}\sum_{i=1}^{n}(x_i - \mu)^2\right)$$

となる。

(1)　σ^2 が既知のとき，尤度関数 $l(\mu)$ は，

$$l(\mu) = (2\pi\sigma^2)^{-\frac{n}{2}} \exp\left(-\frac{1}{2\sigma^2}\sum_{i=1}^{n}(x_i - \mu)^2\right)$$

となる。$l(\mu)$ を最大にする μ と $\log l(\mu)$ を最大にする μ は同じになる。したがって，以降は対数尤度関数で話を進めることにする。対数尤度関数は，

$$\log l(\mu) = -\frac{n}{2}\log(2\pi\sigma^2) - \frac{1}{2\sigma^2}\sum_{i=1}^{n}(x_i - \mu)^2$$

となる。μ についての一階微分がゼロになるような μ を求める。すなわち，

$$\frac{d\log l(\mu)}{d\mu} = \frac{1}{\sigma^2}\sum_{i=1}^{n}(x_i - \mu) = 0$$

となる μ を求める。μ の解を $\hat{\mu}$ とすると，μ の最尤推定値は，

$$\hat{\mu} = \frac{1}{n}\sum_{i=1}^{n}x_i \equiv \bar{x}$$

を得る。さらに，観測値 $x_1, x_2, \cdots, x_n$ を対応する確率変数 $X_1, X_2, \cdots, X_n$ で置き換えて，μ の最尤推定量は，

$$\hat{\mu} = \frac{1}{n}\sum_{i=1}^{n}X_i \equiv \overline{X}$$

となる。以上のように，μ の最尤推定量 $\hat{\mu}$ は標本平均 $\overline{X}$ に他ならない。$\overline{X}$ の平均・分散はそれぞれ，$E(\overline{X}) = \mu$，$V(\overline{X}) = \dfrac{\sigma^2}{n}$ である。この証明は，**補論 B** の定理 (B.6)，(B.20) を利用すればよい。

　次に，μ の不偏推定量の分散の下限，すなわち，クラメール・ラオの下限を求める。X_i の密度関数の対数は，

$$\log f(X_i; \mu) = -\frac{1}{2}\log(2\pi\sigma^2) - \frac{1}{2\sigma^2}(X_i - \mu)^2$$

となるので，一階微分，二階微分はそれぞれ，

$$\frac{\mathrm{d}\log f(X_i; \mu)}{\mathrm{d}\mu} = \frac{1}{\sigma^2}(X_i - \mu), \qquad \left(\frac{\mathrm{d}\log f(X_i; \mu)}{\mathrm{d}\mu}\right)^2 = \frac{1}{\sigma^4}(X_i - \mu)^2$$

となる。二階微分の期待値を求めると，X_i の分散が σ^2 になることを利用して，

$$\mathrm{E}\left[\left(\frac{\mathrm{d}\log f(X_i; \mu)}{\mathrm{d}\mu}\right)^2\right] = \frac{1}{\sigma^4}\mathrm{E}[(X_i - \mu)^2] = \frac{1}{\sigma^2}$$

と計算される。

$$I(\mu) = \sum_{i=1}^{n}\mathrm{E}\left[\left(\frac{\mathrm{d}\log f(X_i; \mu)}{\mathrm{d}\mu}\right)^2\right] = \frac{n}{\sigma^2}$$

となり，これは μ に依存しないので，$I(\mu) = I(\hat{\mu}) = \dfrac{n}{\sigma^2}$ となる。

最尤推定量の性質から，最尤推定量 $\hat{\mu}$ の分布は，n が大きいとき，

$$\hat{\mu} \sim N(\mu, I(\hat{\mu})^{-1}), \ \text{すなわち，} \ \hat{\mu} \sim N\left(\mu, \frac{\sigma^2}{n}\right)$$

となる。

最尤推定量 $\hat{\mu}$ は標本平均 $\overline{X}$ に等しいことがわかった。$\hat{\mu} = \overline{X}$ は μ の不偏推定量であり（263ページの補論 B.6.1 参照），一致推定量である（265ページの補論 B.6.3 参照）。一方，クラメール・ラオの下限（この場合，$I(\mu)^{-1}$ である）と μ の不偏推定量（例えば，$\tilde{\mu}$ とする）との関係は，$\mathrm{V}(\tilde{\mu}) \geqq I(\mu)^{-1}$ となることがわかっている。不偏推定量である最尤推定量 $\hat{\mu}$ についても，$\mathrm{V}(\hat{\mu}) \geqq I(\mu)^{-1}$ が成り立たなければならない。$\mathrm{V}(\hat{\mu})$ と $I(\mu)^{-1}$ を別々に計算するとどちらも $\dfrac{\sigma^2}{n}$ になることが確認できる。したがって，この場合，n の大きさにかかわらず，$\mathrm{V}(\hat{\mu}) = I(\mu)^{-1}$ が成り立つことになり，最尤推定量 $\hat{\mu} = \overline{X}$ は有効推定量であると言える。さらに，$X_1, X_2, \cdots, X_n$ は正規分布に従う確率変数なので，その線型関数である $\hat{\mu}$ も正規分布になる。したがって，$\hat{\mu} \sim N(\mu, I(\mu)^{-1})$ が成り立つことになる。まとめると，最尤推定量 $\hat{\mu}$ は不偏推定量・一致推定量・有効推定量で正規分布に従う推定量となる（漸近的という単語を付ける必要はない）。

(2) σ^2 が未知のとき，μ と σ^2 の尤度関数は，

$$l(\mu, \sigma^2) = (2\pi\sigma^2)^{-\frac{n}{2}}\exp\left(-\frac{1}{2\sigma^2}\sum_{i=1}^{n}(x_i - \mu)^2\right)$$

となる。

対数尤度関数は,

$$\log l(\mu, \sigma^2) = -\frac{n}{2}\log(2\pi) - \frac{n}{2}\log\sigma^2 - \frac{1}{2\sigma^2}\sum_{i=1}^{n}(x_i - \mu)^2$$

と表される。

対数尤度関数を最大化するためには,次のように μ と σ^2 についてそれぞれ偏微分してゼロと置き,

$$\frac{\partial \log l(\mu, \sigma^2)}{\partial \mu} = \frac{1}{\sigma^2}\sum_{i=1}^{n}(x_i - \mu) = 0$$

$$\frac{\partial \log l(\mu, \sigma^2)}{\partial \sigma^2} = -\frac{n}{2}\frac{1}{\sigma^2} + \frac{1}{2\sigma^4}\sum_{i=1}^{n}(x_i - \mu)^2 = 0$$

の連立方程式を解く。μ, σ^2 の解を $\hat{\mu}$, $\hat{\sigma}^2$ とすると,最尤推定値は,

$$\hat{\mu} = \frac{1}{n}\sum_{i=1}^{n}x_i \equiv \bar{x}, \qquad \hat{\sigma}^2 = \frac{1}{n}\sum_{i=1}^{n}(x_i - \hat{\mu})^2 \equiv \frac{1}{n}\sum_{i=1}^{n}(x_i - \bar{x})^2$$

となる。観測値 $x_1, x_2, \cdots, x_n$ をその確率変数 $X_1, X_2, \cdots, X_n$ で置き換えて,μ, σ^2 の最尤推定量は,

$$\hat{\mu} = \frac{1}{n}\sum_{i=1}^{n}X_i \equiv \overline{X}, \qquad \hat{\sigma}^2 = \frac{1}{n}\sum_{i=1}^{n}(X_i - \hat{\mu})^2 \equiv \frac{1}{n}\sum_{i=1}^{n}(X_i - \overline{X})^2$$

となる。σ^2 の最尤推定量 $\hat{\sigma}^2$ は,σ^2 の不偏推定量 $S^2 = \frac{1}{n-1}\sum_{i=1}^{n}(X_i - \overline{X})^2$ とは異なることに注意されたい。

$\theta = (\mu, \sigma^2)'$ とする。n が大きいとき,

$$\hat{\theta} \sim N(\theta, I(\theta)^{-1}), \qquad I(\theta) = -\sum_{i=1}^{n}\mathrm{E}\Big[\frac{\partial^2 \log f(X_i; \theta)}{\partial\theta\partial\theta'}\Big]$$

今回の例では,二階微分の期待値を求めることにする。

X_i の密度関数の対数は,

$$\log f(X_i; \theta) = -\frac{1}{2}\log(2\pi) - \frac{1}{2}\log\sigma^2 - \frac{1}{2\sigma^2}(X_i - \mu)^2$$

となる。まずは,一階微分を求めると次のようになる。

$$\frac{\partial \log f(X_i; \theta)}{\partial\theta} = \begin{pmatrix} \dfrac{\partial \log f(X_i; \theta)}{\partial\mu} \\ \dfrac{\partial \log f(X_i; \theta)}{\partial\sigma^2} \end{pmatrix} = \begin{pmatrix} \dfrac{1}{\sigma^2}(X_i - \mu) \\ -\dfrac{1}{2\sigma^2} + \dfrac{1}{2\sigma^4}(X_i - \mu)^2 \end{pmatrix}$$

次に，二階微分は

$$
\frac{\partial^2 \log f(X_i; \theta)}{\partial \theta \partial \theta'} = \begin{pmatrix} \dfrac{\partial^2 \log f(X_i; \theta)}{\partial \mu^2} & \dfrac{\partial^2 \log f(X_i; \theta)}{\partial \mu \partial \sigma^2} \\ \dfrac{\partial^2 \log f(X_i; \theta)}{\partial \sigma^2 \partial \mu} & \dfrac{\partial^2 \log f(X_i; \theta)}{\partial (\sigma^2)^2} \end{pmatrix}
$$

$$
= \begin{pmatrix} -\dfrac{1}{\sigma^2} & -\dfrac{1}{\sigma^4}(X_i - \mu) \\ -\dfrac{1}{\sigma^4}(X_i - \mu) & \dfrac{1}{2\sigma^4} - \dfrac{1}{\sigma^6}(X_i - \mu)^2 \end{pmatrix}
$$

となり，期待値を取ると，

$$
\mathrm{E}\left[\frac{\partial^2 \log f(X_i; \theta)}{\partial \theta \partial \theta'}\right] = \begin{pmatrix} -\dfrac{1}{\sigma^2} & -\dfrac{1}{\sigma^4}\mathrm{E}(X_i - \mu) \\ -\dfrac{1}{\sigma^4}\mathrm{E}(X_i - \mu) & \dfrac{1}{2\sigma^4} - \dfrac{1}{\sigma^6}\mathrm{E}[(X_i - \mu)^2] \end{pmatrix} = \begin{pmatrix} -\dfrac{1}{\sigma^2} & 0 \\ 0 & -\dfrac{1}{2\sigma^4} \end{pmatrix}
$$

となる（行列の期待値は，それぞれの要素に期待値を取ればよい）。

よって，

$$
I(\theta) = -\sum_{i=1}^{n} \mathrm{E}\left[\frac{\partial^2 \log f(X_i; \theta)}{\partial \theta \partial \theta'}\right] = \begin{pmatrix} \dfrac{n}{\sigma^2} & 0 \\ 0 & \dfrac{n}{2\sigma^4} \end{pmatrix}
$$

まとめると，μ, σ^2 の最尤推定量 $\hat{\mu} = \dfrac{1}{n}\sum_{i=1}^{n} X_i$, $\hat{\sigma}^2 = \dfrac{1}{n}\sum_{i=1}^{n}(X_i - \overline{X})^2$ の分布は，n が大きいとき，

$$
\begin{pmatrix} \hat{\mu} \\ \hat{\sigma}^2 \end{pmatrix} \sim N\left(\begin{pmatrix} \mu \\ \sigma^2 \end{pmatrix}, \begin{pmatrix} \dfrac{\sigma^2}{n} & 0 \\ 0 & \dfrac{2\sigma^4}{n} \end{pmatrix}\right)
$$

となる。ただし，$\hat{\mu} = \overline{X}$ については，n の大きさにかかわらず，$\hat{\mu} \sim N(\mu, \dfrac{\sigma^2}{n})$ となる。$\hat{\sigma}^2$ については，$\hat{\sigma}^2 = \dfrac{n-1}{n}S^2$ となるので，$\mathrm{E}(\hat{\sigma}^2) = \dfrac{n-1}{n}\mathrm{E}(S^2) = \dfrac{n-1}{n}\sigma^2 \neq \sigma^2$ が得られる。また，$n \longrightarrow \infty$ のとき，$\hat{\sigma}^2 \longrightarrow \sigma^2$ となる。したがって，σ^2 の最尤推定量 $\hat{\sigma}^2$ は不偏推定量ではないが，一致推定量である。

例２：回帰分析への応用：次の単回帰モデルを最尤法で α, β, σ^2 を推定する。

$$Y_i = \alpha + \beta X_i + u_i, \qquad i = 1, 2, \cdots, n$$

u_1, u_2, $\cdots$, u_n は互いに独立で，すべての i について $u_i \sim N(0, \sigma^2)$ を仮定する。Y_i の平均 $\mathrm{E}(Y_i)$，分散 $\mathrm{V}(Y_i)$ を求めると，

$$\mathrm{E}(Y_i) = \alpha + \beta X_i, \qquad \mathrm{V}(Y_i) = \sigma^2$$

となるので，Y_i の密度関数は平均 $\alpha + \beta X_i$，分散 σ^2 の正規分布，すなわち，

$$f(Y_i; \theta) = \frac{1}{\sqrt{2\pi\sigma^2}} \exp\left(-\frac{1}{2\sigma^2}(Y_i - \alpha - \beta X_i)^2\right)$$

となる。ただし，$\theta = (\alpha, \beta, \sigma^2)'$ である。

　u_1, u_2, $\cdots$, u_n は互いに独立で，Y_i と u_i は単純な線型関係なので，Y_1, Y_2, $\cdots$, Y_n も互いに独立となる。Y_1, Y_2, $\cdots$, Y_n の結合密度関数は，

$$f(Y_1, Y_2, \cdots, Y_n; \theta) = \prod_{i=1}^{n} f(Y_i; \theta) = (2\pi\sigma^2)^{-\frac{n}{2}} \exp\left(-\frac{1}{2\sigma^2}\sum_{i=1}^{n}(Y_i - \alpha - \beta X_i)^2\right) = l(\theta)$$

となり，尤度関数が得られる。対数尤度関数は，

$$\log l(\theta) = -\frac{n}{2}\log(2\pi) - \frac{n}{2}\log\sigma^2 - \frac{1}{2\sigma^2}\sum_{i=1}^{n}(Y_i - \alpha - \beta X_i)^2$$

となる。

　$\log l(\theta)$ を最大にするために，α, β, σ^2 についてそれぞれ次のように偏微分して，

$$\frac{\partial \log l(\theta)}{\partial \alpha} = \frac{1}{\sigma^2}\sum_{i=1}^{n}(Y_i - \alpha - \beta X_i) = 0$$

$$\frac{\partial \log l(\theta)}{\partial \beta} = \frac{1}{\sigma^2}\sum_{i=1}^{n}X_i(Y_i - \alpha - \beta X_i) = 0$$

$$\frac{\partial \log l(\theta)}{\partial \sigma^2} = -\frac{n}{2}\frac{1}{\sigma^2} + \frac{1}{2\sigma^4}\sum_{i=1}^{n}(Y_i - \alpha - \beta X_i)^2 = 0$$

の３本の連立方程式を解く。α, β は上２つの式だけで求めることができる。最初の２つの式は (2.1) 式，(2.2) 式の連立方程式と同じになり，α, β の最尤推定量は最小二乗推定量と同じになることがわかる。すなわち，α, β の最尤推定量は，

$$\hat{\beta} = \frac{\sum(X_i - \overline{X})(Y_i - \overline{Y})}{\sum(X_i - \overline{X})^2}, \qquad \hat{\alpha} = \overline{Y} - \hat{\beta}\overline{X}$$

となり，σ^2 の最尤推定量は，最初の２本の式から得られた $\hat{\alpha}$, $\hat{\beta}$ を３本目の式に

代入して,

$$\hat{\sigma}^2 = \frac{1}{n} \sum (Y_i - \hat{\alpha} - \hat{\beta} X_i)^2$$

となる。したがって，σ^2 の最尤推定量 $\hat{\sigma}^2$ は s^2 とは異なる（s^2 については，67ページ，84ページ参照）。$\hat{\sigma}^2$ と s^2 との関係は $\hat{\sigma}^2 = \dfrac{n-2}{n} s^2$ となる（ただし，重回帰の場合は $\hat{\sigma}^2 = \dfrac{n-k}{n} s^2$）。

$\hat{\theta} = (\hat{\alpha}, \hat{\beta}, \hat{\sigma}^2)'$，$\theta = (\alpha, \beta, \sigma^2)'$ とする。最尤法の性質から，n が大きいとき，

$$\hat{\theta} \sim N(\theta, I(\theta)^{-1}), \qquad I(\theta) = -\sum_{i=1}^{n} \mathrm{E}\left[\frac{\partial^2 \log f(Y_i; \theta)}{\partial \theta \partial \theta'}\right]$$

というのは既に見たとおりである。二階微分の期待値を求める。Y_i の密度関数 $f(Y_i; \theta)$ の対数は，

$$\log f(Y_i; \theta) = -\frac{1}{2}\log(2\pi) - \frac{1}{2}\log \sigma^2 - \frac{1}{2\sigma^2}(Y_i - \alpha - \beta X_i)^2$$

となる。一階微分は，

$$\frac{\partial \log f(Y_i; \theta)}{\partial \theta} = \begin{pmatrix} \dfrac{\partial \log f(Y_i; \theta)}{\partial \alpha} \\[2mm] \dfrac{\partial \log f(Y_i; \theta)}{\partial \beta} \\[2mm] \dfrac{\partial \log f(Y_i; \theta)}{\partial \sigma^2} \end{pmatrix} = \begin{pmatrix} \dfrac{1}{\sigma^2}(Y_i - \alpha - \beta X_i) \\[2mm] \dfrac{1}{\sigma^2} X_i (Y_i - \alpha - \beta X_i) \\[2mm] -\dfrac{1}{2\sigma^2} + \dfrac{1}{2\sigma^4}(Y_i - \alpha - \beta X_i)^2 \end{pmatrix}$$

となり，二階微分は，

$$\frac{\partial^2 \log f(Y_i; \theta)}{\partial \theta \partial \theta'} = \begin{pmatrix} \dfrac{\partial^2 \log f(Y_i; \theta)}{\partial \alpha^2} & \dfrac{\partial^2 \log f(Y_i; \theta)}{\partial \alpha \partial \beta} & \dfrac{\partial^2 \log f(Y_i; \theta)}{\partial \alpha \partial \sigma^2} \\[2mm] \dfrac{\partial^2 \log f(Y_i; \theta)}{\partial \beta \partial \alpha} & \dfrac{\partial^2 \log f(Y_i; \theta)}{\partial \beta^2} & \dfrac{\partial^2 \log f(Y_i; \theta)}{\partial \beta \partial \sigma^2} \\[2mm] \dfrac{\partial^2 \log f(Y_i; \theta)}{\partial \sigma^2 \partial \alpha} & \dfrac{\partial^2 \log f(Y_i; \theta)}{\partial \sigma^2 \partial \beta} & \dfrac{\partial^2 \log f(Y_i; \theta)}{\partial (\sigma^2)^2} \end{pmatrix}$$

$$= \begin{pmatrix} -\dfrac{1}{\sigma^2} & -\dfrac{X_i}{\sigma^2} & -\dfrac{u_i}{\sigma^4} \\[2mm] -\dfrac{X_i}{\sigma^2} & -\dfrac{X_i^2}{\sigma^2} & -\dfrac{X_i u_i}{\sigma^4} \\[2mm] -\dfrac{u_i}{\sigma^4} & -\dfrac{X_i u_i}{\sigma^4} & \dfrac{1}{2\sigma^4} - \dfrac{u_i^2}{\sigma^6} \end{pmatrix}$$

となる。ただし，$u_i = Y_i - \alpha - \beta X_i$ である。$\mathrm{E}(u_i) = 0$，$\mathrm{E}(u_i^2) = \sigma^2$ に注意して，2 行目の右辺の行列の各要素に期待値を取ると，

$$
\mathrm{E}\Big(\frac{\partial^2 \log f(Y_i; \theta)}{\partial\theta\partial\theta'}\Big) = \mathrm{E}\begin{pmatrix} -\dfrac{1}{\sigma^2} & -\dfrac{X_i}{\sigma^2} & -\dfrac{u_i}{\sigma^4} \\[2mm] -\dfrac{X_i}{\sigma^2} & -\dfrac{X_i^2}{\sigma^2} & -\dfrac{X_i u_i}{\sigma^4} \\[2mm] -\dfrac{u_i}{\sigma^4} & -\dfrac{X_i u_i}{\sigma^4} & \dfrac{1}{2\sigma^4} - \dfrac{u_i^2}{\sigma^6} \end{pmatrix} = \begin{pmatrix} -\dfrac{1}{\sigma^2} & -\dfrac{X_i}{\sigma^2} & 0 \\[2mm] -\dfrac{X_i}{\sigma^2} & -\dfrac{X_i^2}{\sigma^2} & 0 \\[2mm] 0 & 0 & -\dfrac{1}{2\sigma^4} \end{pmatrix}
$$

となる。したがって，$I(\theta)$ は，

$$
I(\theta) = -\sum_{i=1}^{n} \mathrm{E}\Big[\frac{\partial^2 \log f(Y_i; \theta)}{\partial\theta\partial\theta'}\Big] = \begin{pmatrix} \dfrac{n}{\sigma^2} & \dfrac{\sum X_i}{\sigma^2} & 0 \\[2mm] \dfrac{\sum X_i}{\sigma^2} & \dfrac{\sum X_i^2}{\sigma^2} & 0 \\[2mm] 0 & 0 & \dfrac{n}{2\sigma^4} \end{pmatrix}
$$

$$
= \begin{pmatrix} \dfrac{1}{\sigma^2}\begin{pmatrix} n & \sum X_i \\ \sum X_i & \sum X_i^2 \end{pmatrix} & 0 \\[4mm] 0 & \dfrac{n}{2\sigma^4} \end{pmatrix}
$$

となり，$I(\theta)^{-1}$ は，

$$
I(\theta)^{-1} = \begin{pmatrix} \sigma^2\begin{pmatrix} n & \sum X_i \\ \sum X_i & \sum X_i^2 \end{pmatrix}^{-1} & 0 \\[4mm] 0 & \dfrac{2\sigma^4}{n} \end{pmatrix}
$$

となる。したがって，n が大きいとき，

$$
\begin{pmatrix} \hat{\alpha} \\ \hat{\beta} \\ \hat{\sigma}^2 \end{pmatrix} \sim N\left(\begin{pmatrix} \alpha \\ \beta \\ \sigma^2 \end{pmatrix},\ \begin{pmatrix} \sigma^2\begin{pmatrix} n & \sum X_i \\ \sum X_i & \sum X_i^2 \end{pmatrix}^{-1} & 0 \\[4mm] 0 & \dfrac{2\sigma^4}{n} \end{pmatrix}\right)
$$

となる。$\hat{\alpha}$, $\hat{\beta}$ だけを取り出すと，最尤法の性質から n が大きくなると，

$$
\begin{pmatrix} \hat{\alpha} \\ \hat{\beta} \end{pmatrix} \sim N\left(\begin{pmatrix} \alpha \\ \beta \end{pmatrix},\ \sigma^2\begin{pmatrix} n & \sum X_i \\ \sum X_i & \sum X_i^2 \end{pmatrix}^{-1}\right)
$$

となる。これは，n の大きさにかかわらず，最小二乗推定量の分布と全く同じに

なる。すなわち，分散の逆行列を計算すると，

$$\begin{pmatrix} n & \sum X_i \\ \sum X_i & \sum X_i^2 \end{pmatrix}^{-1} = \begin{pmatrix} \dfrac{1}{n} + \dfrac{\overline{X}^2}{\sum (X_i - \overline{X})^2} & -\dfrac{\overline{X}}{\sum (X_i - \overline{X})^2} \\ -\dfrac{\overline{X}}{\sum (X_i - \overline{X})^2} & \dfrac{1}{\sum (X_i - \overline{X})^2} \end{pmatrix}$$

なので（60 ページ参照），$\hat{\alpha}$，$\hat{\beta}$ の分布を個別に書き出すと，

$$\hat{\alpha} \sim N\Big(\alpha, \sigma^2 \big(\dfrac{1}{n} + \dfrac{\overline{X}^2}{\sum (X_i - \overline{X})^2}\big)\Big), \qquad \hat{\beta} \sim N\big(\beta, \dfrac{\sigma^2}{\sum (X_i - \overline{X})^2}\big)$$

となる。これは最尤推定量の性質から，n が大きいときの分布であるが，(3.8) 式，(3.9) 式で求めたように，最小二乗推定量の平均・分散と一致している。すなわち，誤差項 u_i に正規分布を仮定すると，最小二乗推定量は最良線型不偏推定量（線型不偏推定量の中で最小分散）だけでなく，有効推定量でもあるということである。

実践では，$\hat{\theta} \sim N(\theta, I(\hat{\theta})^{-1})$ を利用することになるので，σ^2 を $\hat{\sigma}^2$ で置き換えて，n が大きいとき，

$$\hat{\alpha} \sim N\Big(\alpha, \hat{\sigma}^2 \big(\dfrac{1}{n} + \dfrac{\overline{X}^2}{\sum (X_i - \overline{X})^2}\big)\Big), \qquad \hat{\beta} \sim N\big(\beta, \dfrac{\hat{\sigma}^2}{\sum (X_i - \overline{X})^2}\big)$$

によって，区間推定・仮説検定を行うことになる。

■ 6.5　尤度比検定

前節では，最尤推定量の性質について解説した。本節では，尤度関数を用いた検定，すなわち，尤度比検定について説明する。

n 個の確率変数 X_1, X_2, $\cdots$, X_n は互いに独立で，同じ確率分布 $f(x) \equiv f(x; \theta)$ とする。このとき，尤度関数は，

$$l(\theta) = \prod_{i=1}^{n} f(x_i; \theta)$$

であることを思い出してもらいたい。最小二乗推定量のときと同様に最尤推定量にも制約付き推定量と制約なし推定量を求めることができる。θ の制約付き最尤推定量を $\bar{\theta}$，制約なし最尤推定量を $\hat{\theta}$ としよう。制約付き最尤推定量の方の制約

の数を G 個とする。このとき,

$$\lambda = \frac{l(\tilde{\theta})}{l(\hat{\theta})}$$

を尤度比（likelihood ratio）と呼び，この尤度比を用いて制約が正しいかどうかの検定を行うことができる。この尤度比を用いて行う検定のことを尤度比検定（likelihood ratio test）と呼ぶ。

4.4 節（F 検定）において，制約付き最小二乗法，制約なし最小二乗法の2つで推定して，残差平方和または決定係数を用いて，制約が正しいかどうかの検定を行う方法を示した。本節では尤度関数を用いて，制約が正しいかどうかの検定を行うことを考える。4.4 節の F 検定では制約は線型制約に限っていたが，本節の尤度比検定は非線型制約の場合でも適用可能であることが一番の特徴である。ただし，実践では，多くの場合，尤度比検定はデータが多い（すなわち，大標本）ときにだけ利用することができる。

検定方法 1：制約付きの尤度関数 $l(\tilde{\theta})$ と制約なしの尤度関数 $l(\hat{\theta})$ とを比べた場合，必ず，後者の方が前者より大きくなる。したがって，尤度比は必ず 1 より小さくなる，すなわち，$\dfrac{l(\tilde{\theta})}{l(\hat{\theta})} < 1$ となるはずである。尤度比が 1 よりかなり小さいとき，制約が正しいという帰無仮説を棄却すればよいことになる。よって，尤度比がある値（例えば，c）より小さいときに，帰無仮説を棄却する。すなわち，

$$\lambda = \frac{l(\tilde{\theta})}{l(\hat{\theta})} < c$$

となるときに，帰無仮説を棄却する。α を有意水準（帰無仮説が正しいときに，帰無仮説を棄却する確率）とする。この場合，帰無仮説が正しいもとで λ の分布を $g(\cdot)$ とするとき，分布関数 $g(\cdot)$ と有意水準 α との間にある次の関係を利用して c を求める必要がある。

$$\int_{-\infty}^{c} g(\lambda) \, \mathrm{d}\lambda = \alpha$$

具体例は後述する。

この方法は，データが少なくても利用可能ではあるが，尤度比の中心となる部分（専門的には「核となる部分」という言い方をする場合もある）の分布を求め

て，c を得る必要がある。検定の設定に応じてその都度分布を求めることになるため，かなり手間であり実用上は使えないと言っても言い過ぎではないだろう。それに対して，次に示す検定方法は，データが多くなければ使えないという欠点はあるが，非常に実用的である。データが多いときに使える検定のことを大標本検定（large sample test）という。

検定方法 2（大標本検定）：大標本における尤度比検定は非常に簡単に検定統計量を求めることができ，非常に簡単に検定することができる。今までと同じ記号を用いる。すなわち，θ の制約付き最尤推定量を $\tilde{\theta}$，制約なし最尤推定量を $\hat{\theta}$，制約の数を G 個とする。このとき，$n \longrightarrow \infty$ のとき，

$$-2\log\lambda = -2\log\frac{l(\tilde{\theta})}{l(\hat{\theta})} \longrightarrow \chi^2(G) \tag{6.6}$$

となることが知られている（証明略）。多くの計量ソフトで，対数尤度関数の値が出力される（Gretl では，`Log-likelihood` という項目がある）。この場合，制約付きの推定と制約なしの推定を行い，両方の推定結果から得られる対数尤度関数の値の差の 2 倍を自由度 G のカイ二乗分布と比較すればよい。

例 1：正規母集団 $N(\mu, \sigma^2)$ からの標本値 $x_1, x_2, \cdots, x_n$ を用いて，σ^2 が既知のとき，帰無仮説 $H_0 : \mu = \mu_0$，$H_1 : \mu \neq \mu_0$ の尤度比検定を行う。

［解］

「検定方法 1」を利用して：σ^2 が既知のとき，尤度関数 $l(\mu)$ は，

$$l(\mu) = (2\pi\sigma^2)^{-\frac{n}{2}} \exp\left(-\frac{1}{2\sigma^2}\sum_{i=1}^{n}(x_i - \mu)^2\right)$$

となる。このとき，μ の最尤推定量は，

$$\hat{\mu} = \frac{1}{n}\sum_{i=1}^{n} X_i \equiv \overline{X}$$

となる。尤度比検定統計量は，次のように求められ，さらに，

$$\lambda = \frac{l(\mu_0)}{l(\overline{X})} = \frac{(2\pi\sigma^2)^{-\frac{n}{2}} \exp\left(-\frac{1}{2\sigma^2}\sum(X_i - \mu_0)^2\right)}{(2\pi\sigma^2)^{-\frac{n}{2}} \exp\left(-\frac{1}{2\sigma^2}\sum(X_i - \overline{X})^2\right)} = \exp\left(-\frac{1}{2\sigma^2/n}(\overline{X} - \mu_0)^2\right) < c$$

となる c を求める。

H_0 が正しいときに, $\dfrac{\overline{X} - \mu_0}{\sigma/\sqrt{n}} \sim N(0, 1)$ となるので,

$$P\left(\left|\frac{\overline{X} - \mu_0}{\sigma/\sqrt{n}}\right| > z_{\alpha/2}\right) = \alpha$$

となる。ただし, $z_{\alpha/2}$ は標準正規分布の上側 $100 \times \alpha/2$ % 点とする。さらに,

$$P\left(\exp\left(-\frac{1}{2\sigma^2/n}(\overline{X} - \mu_0)^2\right) < \exp\left(-\frac{1}{2}z_{\alpha/2}^2\right)\right) = \alpha$$

と変形できる。したがって,

$$c = \exp\left(-\frac{1}{2}z_{\alpha/2}^2\right)$$

とすればよい。

すなわち,

$$\lambda = \frac{l(\mu_0)}{l(\overline{X})} < \exp\left(-\frac{1}{2}z_{\alpha/2}^2\right)$$

のとき, 有意水準 α の両側検定で帰無仮説 $H_0 : \mu = \mu_0$ を棄却することになる。この検定方法は, n が小さいときでも成り立つ。しかし, 母集団の分布が変われば, 検定統計量の分布も異なる。帰無仮説が変わっても, 検定統計量の分布も変わる。このように, 問題に応じて, その都度, 検定方式を考えなければならない。その意味では, 扱いがかなり面倒な検定と言えるだろう。

[解]

「検定方法 2」を利用して：尤度比は次のように得られた。

$$\frac{l(\mu_0)}{l(\overline{X})} = \exp\left(-\frac{1}{2\sigma^2/n}(\overline{X} - \mu_0)^2\right)$$

帰無仮説 $H_0 : \mu = \mu_0$ が正しいもとで, $n \longrightarrow \infty$ のとき,

$$-2\log\frac{l(\mu_0)}{l(\overline{X})} \longrightarrow \chi^2(G)$$

となることが知られている。この場合は制約数は 1 となるので $G = 1$ である。よって, 尤度比は次のように得られる。

$$-2\log\frac{l(\mu_0)}{l(\overline{X})} = \left(\frac{\overline{X} - \mu_0}{\sigma/\sqrt{n}}\right)^2$$

右辺の括弧内は $\dfrac{\overline{X} - \mu_0}{\sigma/\sqrt{n}} \sim N(0, 1)$ となり, 標準正規分布に従う確率変数を二乗

したものは $(\dfrac{\overline{X} - \mu_0}{\sigma/\sqrt{n}})^2 \sim \chi^2(1)$ となる。通常，尤度比検定は n が大きくなれば（「漸近的に」とも言う），$\chi^2(G)$ 分布に近づくことがわかっているが，この例では n の値にかかわらず，尤度比検定統計量は自由度 1 の $\chi^2(1)$ 分布に従うことが示される。

例 2：平均の差の検定： 次の 2 つのグループを考える。

$$X_i \sim N(\mu_1,\, \sigma^2), \qquad i = 1,\, 2,\, \cdots,\, n$$
$$Y_j \sim N(\mu_2,\, \sigma^2), \qquad j = 1,\, 2,\, \cdots,\, m$$

それぞれは互いに独立な確率変数であるとする。σ^2 は既知とする。このとき，帰無仮説 $H_0 : \mu_1 = \mu_2$，対立仮説 $H_1 : \mu_1 \neq \mu_2$ を検定する。

［解］

「検定方法 1」を利用して： X_i，Y_j の尤度関数は，

$$l(\mu_1,\, \mu_2) = (2\pi\sigma^2)^{-\frac{n+m}{2}} \exp\left(-\frac{1}{2\sigma^2}\Big(\sum_{i=1}^{n}(x_i - \mu_1)^2 + \sum_{j=1}^{m}(y_j - \mu_2)^2\Big)\right)$$

となる。

$$\max_{\mu_1,\, \mu_2} l(\mu_1,\, \mu_2)$$

を解くと，μ_1，μ_2 の最尤推定量は，

$$\hat{\mu}_1 = \frac{1}{n}\sum_{i=1}^{n} X_i = \overline{X}, \qquad \hat{\mu}_2 = \frac{1}{m}\sum_{j=1}^{m} Y_j = \overline{Y}$$

となる。よって，制約なしの尤度関数の値は，

$$l(\hat{\mu}_1,\, \hat{\mu}_2) = (2\pi\sigma^2)^{-\frac{n+m}{2}} \exp\left(-\frac{1}{2\sigma^2}\Big(\sum_{i=1}^{n}(x_i - \hat{\mu}_1)^2 + \sum_{j=1}^{m}(y_j - \hat{\mu}_2)^2\Big)\right)$$

となる。

　一方，帰無仮説 $H_0 : \mu_1 = \mu_2$ が正しいとき，$\mu_1 = \mu_2 = \mu$ とすると，

$$l(\mu,\, \mu) = (2\pi\sigma^2)^{-\frac{n+m}{2}} \exp\left(-\frac{1}{2\sigma^2}\Big(\sum_{i=1}^{n}(x_i - \mu)^2 + \sum_{j=1}^{m}(y_j - \mu)^2\Big)\right)$$

となり，

$$\max_{\mu} l(\mu, \mu)$$

の μ の最尤推定量は，尤度関数 $l(\mu, \mu)$ を μ について微分してゼロと置き，

$$\hat{\mu} = \frac{1}{n+m}\left(\sum_{i=1}^{n} X_i + \sum_{j=1}^{m} Y_j\right) = \frac{n\overline{X} + m\overline{Y}}{n+m}$$

となる。これが制約付き最尤推定量に対応する。よって，制約なしの尤度関数の値は，

$$l(\hat{\mu}_1, \hat{\mu}_2) = (2\pi\sigma^2)^{-\frac{n+m}{2}} \exp\left(-\frac{1}{2\sigma^2}\left(\sum_{i=1}^{n}(x_i - \hat{\mu})^2 + \sum_{j=1}^{m}(y_j - \hat{\mu})^2\right)\right)$$

となる。

尤度比は次のように求められる。

$$\lambda = \frac{l(\hat{\mu}, \hat{\mu})}{l(\hat{\mu}_1, \hat{\mu}_2)} = \frac{\exp\left(-\frac{1}{2\sigma^2}\left(\sum_{i=1}^{n}(X_i - \hat{\mu})^2 + \sum_{j=1}^{m}(Y_j - \hat{\mu})^2\right)\right)}{\exp\left(-\frac{1}{2\sigma^2}\left(\sum_{i=1}^{n}(X_i - \hat{\mu}_1)^2 + \sum_{j=1}^{m}(Y_j - \hat{\mu}_2)^2\right)\right)}$$

$$= \exp\left(-\frac{(\overline{X} - \overline{Y})^2}{2\sigma^2(1/n + 1/m)}\right) < c$$

となる c を求める。そのため，$\overline{X} - \overline{Y}$ の分布を求めると，

$$\overline{X} - \overline{Y} \sim N\left(0, \sigma^2\left(\frac{1}{n} + \frac{1}{m}\right)\right)$$

となる。よって，標準正規分布の上側 $100 \times \alpha/2$％点を $z_{\alpha/2}$ とすると，

$$P\left(\left|\frac{\overline{X} - \overline{Y}}{\sigma\sqrt{1/n + 1/m}}\right| > z_{\alpha/2}\right) = \alpha$$

となる。尤度比検定統計量となるように変形すると，

$$P\left(\exp\left(-\frac{(\overline{X} - \overline{Y})^2}{2\sigma^2(1/n + 1/m)}\right) < \exp\left(-\frac{1}{2}z_{\alpha/2}^2\right)\right) = \alpha$$

となる。したがって，c を

$$c = \exp\left(-\frac{1}{2}z_{\alpha/2}^2\right)$$

とすればよい。この c を用いて，尤度比 λ が $\lambda < c$ のとき，帰無仮説（すなわち，制約条件）を棄却する。

[解]

「検定方法 2」を利用して：$n \longrightarrow \infty$ のとき，

$$\lambda = \frac{l(\hat{\mu}, \hat{\mu})}{l(\hat{\mu}_1, \hat{\mu}_2)} = \frac{\exp\left(-\dfrac{1}{2\sigma^2}\left(\sum\limits_{i=1}^{n}(X_i - \hat{\mu})^2 + \sum\limits_{j=1}^{m}(Y_j - \hat{\mu})^2\right)\right)}{\exp\left(-\dfrac{1}{2\sigma^2}\left(\sum\limits_{i=1}^{n}(X_i - \hat{\mu}_1)^2 + \sum\limits_{j=1}^{m}(Y_j - \hat{\mu}_2)^2\right)\right)}$$

となる。ただし，

$$\hat{\mu}_1 = \frac{1}{n}\sum_{i=1}^{n}X_i = \overline{X}, \qquad \hat{\mu}_2 = \frac{1}{m}\sum_{j=1}^{m}Y_j = \overline{Y}, \qquad \hat{\mu} = \frac{n\overline{X} + m\overline{Y}}{n + m}$$

である。帰無仮説 $H_0 : \mu_1 = \mu_2$ が正しいもとで，$n \longrightarrow \infty$ のとき，

$$-2\log\lambda \longrightarrow \chi^2(G)$$

となる。制約数は 1 なので，$G = 1$ である。

■ 6.6 数 値 例

練習問題 4.2 の例を Gretl を用いて推定する（練習問題 4.2 では Excel で推定）。記号は練習問題 4.2 と同じであり，生鮮魚介 F の需要関数を推定している。説明変数は所得 Y，生鮮魚介 1g 当たりの価格 PF，生鮮肉 1g 当たりの価格 PM，生鮮野菜 1g 当たりの価格 PV とする。変数はすべて対数を取っている。推定式とその結果は次のとおりである。

$$F_i = \alpha + \beta Y_i + \gamma_1 PF_i + \gamma_2 PM_i + \gamma_3 PV_i + u_i \tag{6.7}$$

```
? ols F const Y PF PM PV

モデル 1: 最小二乗法(OLS), 観測: 2000-2019 (T = 20)
従属変数: F
```

	係数	標準誤差	t 値	p 値
const	-13.2654	5.27734	-2.514	0.0239 **

```
   Y           3.09750    0.950373     3.259    0.0053 ***
   PF         -2.46563    0.476834    -5.171    0.0001 ***
   PM          2.35611    0.559867     4.208    0.0008 ***
   PV         -0.226836   0.658757    -0.3443   0.7354


Mean dependent var     4.461092    S.D. dependent var    0.112105
Sum squared resid      0.021734    S.E. of regression    0.038065
R-squared              0.908981    Adjusted R-squared    0.884709
F(4, 15)               37.45016    P-value(F)            1.22e-07
Log-likelihood         39.86740    Akaike criterion     -69.73479

 ……（以下略）……
```

この推定結果を踏まえて，生鮮野菜 1g 当たりの価格 PV を除き，さらに，生鮮魚介と生鮮肉とは代替関係があると想定し，次の式を推定した。

$$F_i = \alpha + \beta Y_i + \gamma_1 \mathrm{PFM}_i + u_i \tag{6.8}$$

```
? genr PFM=PF-PM

? ols F const Y PFM
```

モデル 2: 最小二乗法(OLS)，観測: 2000-2019 (T = 20)
従属変数: F

```
               係数        標準誤差     t 値       p 値
-----------------------------------------------------------
   const    -13.8575     4.43919     -3.122    0.0062      ***
   Y          3.21520    0.775280     4.147    0.0007      ***
   PFM       -2.54348    0.201082   -12.65     4.48e-010   ***


Mean dependent var     4.461092    S.D. dependent var    0.112105
Sum squared resid      0.022024    S.E. of regression    0.035994
R-squared              0.907765    Adjusted R-squared    0.896913
F(2, 17)               83.65543    P-value(F)            1.59e-09
Log-likelihood         39.73464    Akaike criterion     -73.46928

 ……（以下略）……
```

(6.7) 式に，$\gamma_1 = -\gamma_2$，$\gamma_3 = 0$ の制約を課すと，(6.8)式になる。**練習問題 4.2 の問 (9)** を参照されたい。この検定の残差平方和（Sum squared resid）を用いた検定は**練習問題 4.2 の問（10）**，決定係数（R-squared）を利用した検定は**練習問題 4.2 の問（11）**に対応する。

尤度比検定を用いて，(6.7) 式で $\gamma_1 = -\gamma_2$，$\gamma_3 = 0$ の検定を行う。データ数は 20 個で多いとは言えないが，試しに尤度比検定を行うことにする。対数尤度関数の値は Log-likelihood に出力される。(6.7) 式の対数尤度関数は 39.86740，(6.8) 式の対数尤度関数は 39.73464 となる。尤度比検定統計量は $-2 \log \lambda = -2(39.73464 - 39.86740) = 0.2655$ となり，$\chi^2(2)$ 分布の上側 5% 点は 5.99 なので，2 つの制約を棄却できない。したがって，(6.8) 式で推定して構わないという結論になる。読者は**練習問題 4.2 の問（10）**，**問（11）**の結果と比較してみるとよい。

■ 6.7　各種検定方法（第 3 章以降）：まとめ

回帰モデル

$$Y_i = \beta_1 X_{1i} + \beta_2 X_{2i} + \cdots + \beta_k X_{ki} + u_i, \qquad u_i \sim N(0, \sigma^2), \qquad i = 1, 2, \cdots, n$$

について，本書のここまでで扱った検定方法をまとめておく。ただし，u_1，u_2，$\cdots$，u_n は互いに独立とする。

（ i ）個々の $H_0 : \beta_j = \beta_j^*$ の検定 —— (3.14) 式参照：

$$\frac{\hat{\beta}_j - \beta_j^*}{s_{\beta_j}} \sim t(n - k)$$

ただし，$\hat{\beta}_j$ は β_j の最小二乗推定量，s_{β_j} は $\hat{\beta}_j$ の標準誤差の推定量とする。

（ ii ）β_1，β_2，$\cdots$，β_k に関する G 個の線型制約の検定 —— (4.2) 式参照：

$$\frac{(\sum \tilde{u}_i^2 - \sum \hat{u}_i^2)/G}{\sum \hat{u}_i^2/(n - k)} \sim F(G, n - k)$$

ただし，$\tilde{u}_i^2$ は制約付き残差，$\hat{u}_i^2$ は制約なし残差とする。

（iii）β_1，β_2，$\cdots$，β_k に関する G 個の線型制約の検定 —— (4.3) 式参照：

$$\frac{(\hat{R}^2 - \tilde{R}^2) \quad /G}{(1 - \hat{R}^2) \quad /(n - k)} \sim F(G, n - k)$$

ただし，$\bar{R}^2$ は制約付き決定係数，$\hat{R}^2$ は制約なし決定係数とする。

(iv) 個々の $H_0 : \theta_j = \theta_j^*$ の検定 —— (6.3)式参照：

n が大きいとき，$\dfrac{\hat{\theta}_j - \theta_j^*}{\hat{\sigma}_j} \sim N(0,\, 1)$

ただし，$\hat{\theta}_j$ は θ_j の最尤推定量，$\hat{\sigma}_j^2$ は $\sigma_j^2 = \mathrm{V}(\hat{\theta}_j)$ の最尤推定量とする。回帰モデルの場合は $\theta = (\beta_1,\, \beta_2,\, \cdots,\, \beta_k,\, \sigma^2)$ となる。

(v) G 個の制約の検定 —— (6.6)式参照：

n が大きいとき，$-2\log \dfrac{l(\tilde{\theta})}{l(\hat{\theta})} \sim \chi^2(G)$

ただし，$\tilde{\theta}$ は制約付き最尤推定量，$\hat{\theta}$ は制約なし最尤推定量とする。回帰モデルの場合は $\theta = (\beta_1,\, \beta_2,\, \cdots,\, \beta_k,\, \sigma^2)$ となる。

(ii) と (iii) は同じもので，(iii) は (ii) を残差平方和と決定係数との関係を用いて書き換えたものである。(iv)，(v) について，n が大きいときのみ利用可能で，回帰係数だけでなく，他の検定にも利用可能（例えば，系列相関の検定，非線型制約の検定）である。

◆ 練習問題

6.1 $X_1,\, X_2,\, \cdots,\, X_n$ は互いに独立で，それぞれパラメータ p を持ったベルヌイ分布に従うものとする。ベルヌイ分布とは次の確率関数である。

$f(x; p) = p^x (1-p)^{1-x},\qquad x = 0,\, 1$

x の取る値は 0 か 1 で，X が 1 を取る確率は p となる。すなわち，$P(X = 1) = p$，$P(X = 0) = 1 - p$ なので，この 2 つを合わせると上記の確率関数となる。

このとき，次の問いに答えなさい。

(1) $X_1,\, X_2,\, \cdots,\, X_n$ の同時確率関数を求めなさい。

(2) 0 と 1 からなるデータ系列 $x_1,\, x_2,\, \cdots,\, x_n$ を与えたもとで p の関数（すなわち，尤度関数）を求めなさい。

(3) p の最尤推定量 $\hat{p}$ を求めなさい。

(4) $\hat{p}$ は不偏推定量かどうかを調べなさい。

(5) $\hat{p}$ は有効推定量かどうかを調べなさい。

(6) $\hat{p}$ は一致推定量かどうかを調べなさい。

(7) データ n が多いとき,p の区間推定や仮説検定を行うためには,実践ではどのような分布を用いるか説明しなさい。

6.2 X_1,X_2,$\cdots$,X_n は互いに独立で,それぞれパラメータ λ を持ったポアソン分布に従うものとする。すなわち,X_i の確率関数は,

$$f(x;\lambda) = \frac{\lambda^x e^{-\lambda}}{x!}, \qquad x = 0, 1, 2, \cdots$$

となる。

このとき,次の問いに答えなさい。

(1) λ の最尤推定量 $\hat{\lambda}$ を求めなさい。

(2) $\hat{\lambda}$ は不偏推定量かどうかを調べなさい。

(3) $\hat{\lambda}$ は有効推定量かどうかを調べなさい。

(4) $\hat{\lambda}$ は一致推定量かどうかを調べなさい。

(5) $\hat{\lambda}$ の漸近分布を求めなさい。

6.3 X_1,X_2,$\cdots$,X_n は互いに独立で,それぞれパラメータ λ を持った指数分布に従うものとする。すなわち,X_i の密度関数は,

$$f(x;\lambda) = \lambda e^{-\lambda x}, \qquad x > 0$$

となる。

このとき,次の問いに答えなさい。

(1) X_1,X_2,$\cdots$,X_2 の結合密度関数を求めなさい。

(2) λ の最尤推定量 $\hat{\lambda}$ を求めなさい。

(3) n が大きいとき,$\hat{\lambda}$ の分布を求めなさい。

6.4 練習問題 4.1 で,帰無仮説 $H_0 : \beta_2 = \beta_3 = 0$ を尤度比検定で検定しなさい。有意水準は各自設定してよい。

第 7 章
ミクロ計量分析

■ 7.1　離散選択モデル（二値選択モデル）

　データの種類として離散型データと連続型データの2種類を区別しなければならないことは，統計学を学ぶ上では，重要な事柄である。データに合わせて，確率変数も離散型，連続型の2種類がある。

　離散型確率変数の代表的な例として，サイコロを振って出た目，コインを投げて表・裏（表の場合は1，裏の場合は0とする）が考えられる。確率変数Xをサイコロを振って出た目とした場合，Xの取る値は1, 2, 3, 4, 5, 6のうちの一つで，それぞれの目が出る確率はすべて$\frac{1}{6}$となる。このように不連続な値を取る確率変数を離散型確率変数という。これに対して，ある区間内（$-\infty$から∞の区間も含む）のどの実数値をも取り得る確率変数を連続型確率変数という。

　前章までで扱ってきた回帰モデルは，

$$Y_i = \alpha + \beta X_i + u_i, \qquad u_i \sim N(0, \sigma^2), \qquad i = 1, 2, \cdots, n$$

であった。誤差項u_iは$-\infty$から∞の範囲のどの実数値でも取り得るので，u_iは連続型確率変数であり，Y_iも連続型確率変数になる。

　もし被説明変数のY_iが離散型確率変数であればどのようにすればよいかを考える。一つの例として，アンケート調査でYESかNOかの2つの選択肢から1つを選択する。i番目の人がYESを選択した場合に$Y_i = 1$，NOを選択した場合に$Y_i = 0$を割り当てる。このとき，被説明変数Y_iは0か1の値を取るが，もともとはYESかNOかの質的データを表す。このような質的データの従属変数を質的従属変数（qualitative dependent variable）と呼ぶ。さらに，被説明変数が質的従属変数とするモデルを離散選択モデル（discrete choice model）と呼ぶ。離

散選択モデルでは，アンケートの選択肢が多ければ，選択肢ごとに数字を割り当てて分析することもできる。特に，選択肢が2つだけの場合を二値選択モデル（binary choice model）と呼ぶ。本章では，二値選択モデルを取り上げる。

● 7.1.1　例1：アンケート調査による **YES or NO** の回答

アンケート調査を行って，回答は YES か NO の2つから1つを選択することとする。

$$Y_i = \begin{cases} 1, & i \text{番目の人がYESと答えたとき} \\ 0, & i \text{番目の人がNOと答えたとき} \end{cases}$$

このデータのもとで通常の最小二乗法を当てはめるとどうなるか。簡単化のため，通常の次の単回帰モデルを考えてみよう。

$$Y_i = \alpha + \beta X_i + u_i, \qquad i = 1, 2, \cdots, n$$

$u_1, u_2, \cdots, u_n$ は互いに独立で，平均ゼロ・分散 σ^2 とする。

$\mathrm{E}(u_i) = 0$ なので，Y_i の期待値は，

$$\mathrm{E}(Y_i) = \alpha + \beta X_i$$

となる。単純に最小二乗法を当てはめた場合，Y と X に線型関数を仮定すると，$\alpha + \beta X_i$ は $-\infty$ から ∞ の値を取ることになる。この定式化は適切だろうか。まずは，次の数値例に単純に回帰直線を当てはめてみる。

数値例：

i	1	2	3	4	5	6
Y_i	0	0	0	1	1	1
X_i	3	5	6	6	7	9

このデータを用いて，最小二乗法による切片 α，傾き β を求める。45ページの **2.3.4**節で紹介した計量ソフト Gretl を利用すると，以下の出力結果が得られた。

```
? ols y const x

モデル 1: 最小二乗法(OLS)，観測: 1-6
従属変数: y

              係数          標準誤差        t 値       p 値
--------------------------------------------------------
  const    -0.700000    0.586657     -1.193    0.2987
  x         0.200000    0.0935414     2.138    0.0993 *

Mean dependent var   0.500000    S.D. dependent var    0.547723
Sum squared resid    0.700000    S.E. of regression    0.418330
R-squared            0.533333    Adjusted R-squared    0.416667
F(1, 4)              4.571429    P-value(F)            0.099301
Log-likelihood      -2.068328    Akaike criterion      8.136656
Schwarz criterion    7.720175    Hannan-Quinn          6.469448
```

1 行目の「?」に続けて「ols y const x」とタイプして，Enter キーを押すと，上の推定結果が得られる。この推定結果から得られた切片・傾きの直線と，データをグラフにしたものが下図に描かれている。

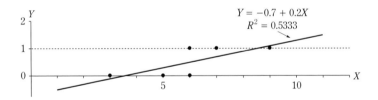

直線を推定することが正しいかどうかを考えてみよう。Y_i のデータ作成のルールとしては，i 番目の人が YES と答えたとき Y_i に 1 を割り当て，i 番目の人が NO と答えたとき Y_i に 0 を割り当てる。このもとで，$\mathrm{E}(Y_i)$ を求める。Y_i の取る値は 0 か 1 のどちらかなので，$P(Y_i = 0) + P(Y_i = 1) = 1$ となる。$P(Y_i = 1) = p$ とすると，$P(Y_i = 0) = 1 - p$ となる（p とは，この場合，母集団における YES の比率，すなわち，母比率を表す）。したがって，$\mathrm{E}(Y_i) = 0 \times P(Y_i = 0) + 1 \times P(Y_i = 1) = P(Y_i = 1) = p$ となり，$\mathrm{E}(Y_i)$ は母集団で YES と答える比率 p に等しいので，$0 \leqq p \leqq 1$，すなわち，$0 \leqq \mathrm{E}(Y_i) \leqq 1$ となる。この確率変数 Y_i の分布はベルヌイ分布と呼ばれる（ベルヌイ分布については補論 B.2 の 255 ページ参照）。

$\mathrm{E}(Y_i)$ が母集団の比率 p を表すということは，ゼロより小さくなるということも，1 より大きくなるということもあり得ない。したがって，$\mathrm{E}(Y_i)$ を $\alpha + \beta X_i$ とするのは不適当であろう。

誤差項 u_i について：前述のとおり，u_i に正規分布を仮定すると，u_i の取り得る範囲は $-\infty$ から ∞ である。二値選択モデルの場合，誤差項 u_i にどのような特徴があるか考えてみよう。Y_i の期待値は，

$$\mathrm{E}(Y_i) = P(Y_i = 1) = p$$

なので，

$$Y_i = \mathrm{E}(Y_i) + u_i = P(Y_i = 1) + u_i$$

と誤差項を加えて書き換えることができる。$u_i = Y_i - P(Y_i = 1)$ なので，u_i は確率 $P(Y_i = 1) = p$ で $1 - P(Y_i = 1) = 1 - p$ の値を取るか，確率 $P(Y_i = 0) = 1 - P(Y_i = 1) = 1 - p$ で $-P(Y_i = 1) = -p$ の値を取ることになる。すなわち，誤差項 u_i も $1 - p$ か $-p$ の値を取る離散型確率変数となる。

推定方法について：Y_i の期待値は p なので，$\mathrm{E}(Y_i) = P(Y_i = 1) = p$ を分布関数 $F(\cdot)$ と関連付けて，説明変数 X_i の関数として $F(\alpha + \beta X_i)$ と表すことが考えられる。

$$P(Y_i = 1) = F(\alpha + \beta X_i) \tag{7.1}$$

多変数の場合は，

$$P(Y_i = 1) = F(\beta_1 X_{1i} + \beta_2 X_{2i} + \cdots + \beta_k X_{ki})$$

となる。通常，$F(\cdot)$ には標準正規分布やロジスティック分布が使われる。標準正規分布やロジスティック分布の密度関数，分布関数は次のとおりである（密度関数，分布関数との関係は**補論 B.1** の 253 ページ参照）。

- 標準正規分布：
  密度関数：$f(x) = (2\pi)^{-1/2} \exp(-\frac{1}{2}x^2)$

$$\text{分布関数：} F(x) = \int_{-\infty}^{x} (2\pi)^{-1/2} \exp(-\frac{1}{2}z^2)\mathrm{d}z$$

● ロジスティック分布：

$$\text{密度関数：} f(x) = \frac{\exp(-x)}{(1 + \exp(-x))^2}$$

$$\text{分布関数：} F(x) = \frac{1}{1 + \exp(-x)}$$

$F(\cdot)$ に他の分布関数を用いてもよい。$F(\cdot)$ に標準正規分布が使われた場合はプロビット・モデル（probit model）と呼ばれ，ロジスティック分布が使われた場合はロジット・モデル（logit model）と呼ばれる。標準正規分布とロジスティック分布の密度関数，分布関数のグラフは次のとおりである。

標準正規分布のケース

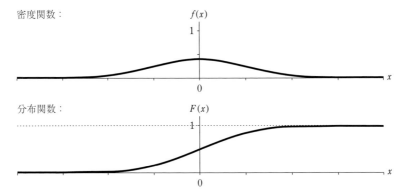

ロジスティック分布のケース

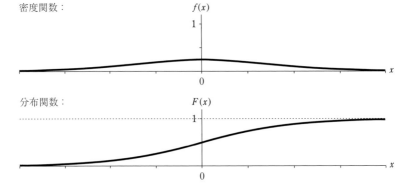

いずれにせよ，分析者が分布関数 $F(\cdot)$ を特定しなければならない。推定には，最尤法が用いられる。Y_i の確率関数は，

$$f(Y_i) = F(\alpha + \beta X_i)^{Y_i}(1 - F(\alpha + \beta X_i))^{1-Y_i} \equiv F_i^{Y_i}(1 - F_i)^{1-Y_i}, \qquad Y_i = 0, 1$$

となる。$F_i = F(\alpha + \beta X_i)$ としている。よって，$Y_1, Y_2, \cdots, Y_n$ の結合確率関数（同時確率関数）は，

$$f(Y_1, Y_2, \cdots, Y_n) = \prod_{i=1}^{n} f(Y_i) = \prod_{i=1}^{n} F_i^{Y_i}(1 - F_i)^{1-Y_i} \equiv l(\alpha, \beta)$$

となる。この尤度関数 $l(\alpha, \beta)$ を α, β について最大にする $\hat{\alpha}, \hat{\beta}$ を求めることになる。分布関数 $F(\cdot)$ に標準正規分布を仮定した場合，すなわち，プロビット・モデルの場合，次の結果が得られる。

```
? probit y const x

モデル 2: プロビット・モデル，観測: 1-6
従属変数: y
標準誤差はヘッシアン（Hessian）に基づく

                  係数        標準誤差      z           限界効果
      --------------------------------------------------------
      const      -34.8819    13019.0     -0.002679
      x            5.81364    2169.83     0.002679    2.31931


Mean dependent var   0.500000   S.D. dependent var    0.547723
McFadden R-squared   0.666667   Adjusted R-squared    0.185768
Log-likelihood      -1.386294   Akaike criterion      6.772589
Schwarz criterion    6.356108   Hannan-Quinn          5.105381

「正しく予測された」ケース数 = 5 (83.3%)
f(beta'x)（説明変数の平均における）= 0.399
尤度比検定: カイ二乗(1) = 5.54518 [0.0185]

            予測値
            0   1
   実績値 0  3   0
          1  1   2
```

1行目の「?」に続けて「probit y const x」とタイプして，Enter キーを押すと，

上の推定結果が得られる。

標準誤差について：最尤推定量の性質として，n が大きいとき，(6.1) 式，(6.2) 式が成り立つと説明した。ここでの例は $n = 6$ なので明らかに n は小さいので当てはめることはできないが，上記の推定結果の「標準誤差」は (6.2) 式の推定値の平方根に対応する。そのため，「係数」÷「標準誤差」=「z」という関係が成り立つ。「z」と標準正規分布の分布表と比較して，それぞれの係数がゼロであるという帰無仮説の検定ができる。

Y の予測値について：説明変数 X を与えたもとでの Y の予測値，すなわち，今までの記号では $\hat{Y}_i = F(\hat{\alpha} + \hat{\beta}X_i)$ が図の実線で表されている。

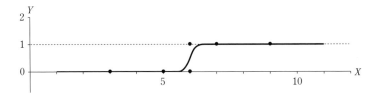

上の図は 206 ページの図と比較することができる。縦軸・横軸の実尺度も同じにしている。標準正規分布を当てはめたものが上の図で，直線を当てはめたものが 206 ページの図である。

　また，「「正しく予測された」ケース数 = 5 (83.3%)」は，予測値・実績値の表と密接に関連している。予測値が 0.5 より大きければ 1 を予測し，0.5 より小さければ 0 を予測する。この数値例は $X = 6$ を中心に対照的にデータが分布している。$X = 6$ のときの Y の予測値は 0.5 となり，0 にも 1 にも分類できないはずである。しかし，この出力結果からは，$X = 6$ のとき Y の予測値は誤差の範囲で 0.5 より小さいと予測されている。

推定結果の限界効果 2.31931 の意味：限界係数は実線の接線の傾きで，

$$\frac{\mathrm{d}\hat{Y}}{\mathrm{d}X} = \frac{\mathrm{d}F(\hat{\alpha} + \hat{\beta}X)}{\mathrm{d}X} = f(\hat{\alpha} + \hat{\beta}X)\hat{\beta}$$

となり，X の値に依存する。

限界効果の 2.31931 とは，限界係数 $\dfrac{\mathrm{d}\hat{Y}}{\mathrm{d}X}$ の X を説明変数の平均値で評価したものである。すなわち，$\dfrac{\mathrm{d}\hat{Y}}{\mathrm{d}X} = \dfrac{\mathrm{d}F(\hat{\alpha} + \hat{\beta}\overline{X})}{\mathrm{d}X} = f(\hat{\alpha} + \hat{\beta}\overline{X})\hat{\beta} = 2.31931$ となる。

また，$F(\cdot)$ にロジスティック分布を仮定すると，「?」に続けて「logit y const x」とタイプして，Enter キーを押すと，次の推定結果が得られる。

```
? logit y const x

モデル 3: ロジット・モデル，観測: 1-6
従属変数: y
標準誤差はヘッシアン（Hessian）に基づく

               係数        標準誤差      z           限界効果
-------------------------------------------------------
 const     -106.179     29537.1    -0.003595
 x           17.6964    4922.86     0.003595    4.42411

Mean dependent var    0.500000    S.D. dependent var    0.547723
McFadden R-squared    0.666667    Adjusted R-squared    0.185768
Log-likelihood       -1.386294    Akaike criterion      6.772589
Schwarz criterion     6.356108    Hannan-Quinn          5.105381

「正しく予測された」ケース数 = 5 (83.3%)
f(beta'x)（説明変数の平均における）= 0.250
尤度比検定: カイ二乗(1) = 5.54518 [0.0185]


             予測値
             0   1
  実績値 0   3   0
         1   1   2
```

Y の予測値 $F(\hat{\alpha} + \hat{\beta}X)$ は次のグラフ内の実線で表される。中心の $X = 6$ 辺りの傾きは，プロビット・モデル（210 ページのグラフ）に比べてロジットモデルの方が急になっている。そのため，限界効果がロジット・モデルは 4.42411，プロビット・モデルは 2.31931 とロジット・モデルの方が大きくなっている。

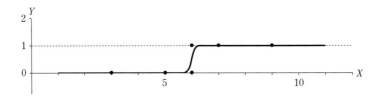

　以上がアンケート調査で被説明変数が YES か NO の二者択一の選択肢でそれぞれに 1 か 0 の数字を割り当てる場合を考察した。アンケート調査以外にも被説明変数に 1 か 0 を割り当てる例を以下で紹介する。

● 7.1.2　例 2：観測できない変数の代理変数

　次の回帰モデルを考えよう。

$$Y_i^* = \alpha + \beta X_i + u_i, \qquad u_i \sim N(0, \sigma^2), \qquad i = 1, 2, \cdots, n$$

Y_i^* は観測できない変数であり，$-\infty$ から ∞ を取る連続型の確率変数とする。一例として，誤差項 u_i に正規分布が仮定される。また，Y_i^* は観測できない変数であるが，その代わりに，Y_i が次のように 0 か 1 で観測されるものとする。

$$Y_i = \begin{cases} 1, & \text{if } Y_i^* > 0 \\ 0, & \text{if } Y_i^* \leqq 0 \end{cases}$$

このとき，Y_i が 1 を取る確率は，

$$P(Y_i = 1) = P(Y_i^* > 0) = P(u_i > -\alpha - \beta X_i) = P(u_i^* > -\alpha^* - \beta^* X_i)$$
$$= 1 - P(u_i^* \leqq -\alpha^* - \beta^* X_i) = 1 - F(-\alpha^* - \beta^* X_i) = F(\alpha^* + \beta^* X_i)$$

となる。ただし，$u_i^* = \dfrac{u_i}{\sigma}$，$\alpha^* = \dfrac{\alpha}{\sigma}$，$\beta^* = \dfrac{\beta}{\sigma}$ とする。また，最後の等式が成り立つためには，u_i^* の密度関数が左右対称でなければならない（正規分布は左右対称なのでこの等式は成り立つ）。上の式の最初と最後を見ると，$P(Y_i = 1) = F(\alpha^* + \beta^* X_i)$ となり，(α^*, β^*) を (α, β) で置き換えると (7.1) 式と同じになる。これは，$\alpha^* = \dfrac{\alpha}{\sigma}$ は推定できるが，α と σ を別々には推定できないということを意味する。同様に，β^* は推定できるが，β と σ を別々に推定することはできない（β と σ を識別できないという）。理由としては，モデルの設定で Y_i^* の符号が重

要で，符号だけで Y_i が 0 を取るか 1 を取るかが決まるからである。Y_i^* の符号と $\dfrac{Y_i^*}{\sigma}$ の符号は同じであるので，$u_i^* = \dfrac{u_i}{\sigma}$ として標準正規分布やロジスティック分布の分布関数を利用する。このように，**例 2** のモデルでは識別性の問題がある（**8.1 節**で説明する）。

● 7.1.3 例 3：2 つの選択肢から効用の大きい方を選択

2 つの選択肢（選択肢を財と置き換えてもよい）から 1 つを選ぶ場合，経済学（特に，ミクロ経済学）では効用の大きい方を選ぶ。したがって，次の 2 つの効用を考える。

$$U_{1i} = \alpha_1 + \beta_1 X_i + u_{1i}, \qquad U_{2i} = \alpha_2 + \beta_2 X_i + u_{2i}$$

簡単化のために，説明変数は 1 つで共に同じとする。このとき，$U_{1i} > U_{2i}$ なら選択肢 1（または，財 1）を選び，$U_{1i} < U_{2i}$ なら選択肢 2（または，財 2）を選ぶ。U_{1i}，U_{2i} は効用（満足度）なので観測できない変数である。選択肢 1（または，財 1）を選んだとき Y_i に 1 を割り当て，選択肢 2（または，財 2）を選んだとき Y_i に 0 を割り当てるという Y_i を新たに定義する。

$$P(Y_i = 1) = P(U_{1i} > U_{2i}) = P(-\alpha - \beta X_i < u_i) = P(-\alpha^* - \beta^* X_i < u_i^*)$$
$$= 1 - P(u_i^* \leqq -\alpha^* - \beta^* X_i) = 1 - F(-\alpha^* - \beta^* X_i) = F(\alpha^* + \beta^* X_i)$$

ただし，$\alpha = \alpha_1 - \alpha_2$，$\beta = \beta_1 - \beta_2$，$u_i = u_{1i} - u_{2i}$，$\alpha^* = \dfrac{\alpha}{\sigma}$，$\beta^* = \dfrac{\beta}{\sigma}$，$\sigma^2 = \mathrm{V}(u_i)$ とする。最後の等式は，**例 2** と同様に，u_i^* の密度関数が左右対称と仮定している。この式の最初と最後は $P(Y_i = 1) = F(\alpha^* + \beta^* X_i)$ となり，**例 2** と同じになる。

このように，本章で紹介した 3 つの二値選択モデルは，最初の問題意識は異なっていても，すべて同じ推定問題に帰着することがわかる。

■ 7.2 パネル・データ分析

クロス・セクション・データ（$i = 1, 2, \cdots, n$）が時間ごと（$t = 1, 2, \cdots, T$）に利用可能なデータのことをパネル・データ（panel data）と呼ぶ。このとき，

単回帰モデルは下記のとおりとなる。

$$Y_{it} = \alpha + \beta X_{it} + v_i + u_{it}, \qquad i = 1, 2, \cdots, n, \quad t = 1, 2, \cdots, T \qquad (7.2)$$

Y_{it} は t 期の第 i 個人（または，企業，都道府県など）の被説明変数，X_{it} は t 期の第 i 個人（または，企業，都道府県など）の説明変数，v_i は第 i 個人（または，企業，都道府県など）特有の変数，u_{it} は誤差項とし，通常の誤差項の仮定を満たすものとする（すなわち，互いに独立で，平均ゼロ・分散 σ_u^2 の正規分布）。

パネル・データを分析する際に，2 つの代表的なモデル（推定方法と言ってもよい）がある。一つは固定効果モデル（fixed effects model），もう一つは変量効果モデル（random effects model）である。

● 7.2.1　固定効果モデル（**Fixed Effects Model**）

固定効果モデルの場合，v_i は誤差項扱いでも定数項扱いでもどちらでも構わない。v_i は個々人特有の観測できない変数を表し，個人の能力を表す場合もある。

固定効果モデルでは，v_i を推定式から消去して他のパラメータを推定する。
(7.2)式を t について足し合わせて，T で割ると次の式が得られる。

$$\frac{1}{T}\sum_{t=1}^{T} Y_{it} = \frac{1}{T}\sum_{t=1}^{T}\alpha + \frac{1}{T}\beta\sum_{t=1}^{T} X_{it} + \frac{1}{T}\sum_{t=1}^{T} v_i + \frac{1}{T}\sum_{t=1}^{T} u_{it}, \qquad i = 1, 2, \cdots, n$$

それぞれ，$\overline{Y}_i = \dfrac{1}{T}\displaystyle\sum_{t=1}^{T} Y_{it}$, $\overline{X}_i = \dfrac{1}{T}\displaystyle\sum_{t=1}^{T} X_{it}$, $\overline{u}_i = \dfrac{1}{T}\displaystyle\sum_{t=1}^{T} u_{it}$ と定義して書き直すと，

$$\overline{Y}_i = \alpha + \beta\overline{X}_i + v_i + \overline{u}_i \qquad (7.3)$$

が得られる。(7.2)式から(7.3)式を引くと，

$$(Y_{it} - \overline{Y}_i) = \beta(X_{it} - \overline{X}_i) + (u_{it} - \overline{u}_i), \qquad i = 1, 2, \cdots, n, \quad t = 1, 2, \cdots, T \quad (7.4)$$

となる。新たな誤差項 $(u_{it} - \overline{u}_i)$ について，平均・分散・共分散を求める。

$$\mathrm{E}(u_{it} - \overline{u}_i) = \mathrm{E}\left(u_{it} - \frac{1}{T}\sum_{t=1}^{T} u_{it}\right) = \mathrm{E}(u_{it}) - \frac{1}{T}\sum_{t=1}^{T}\mathrm{E}(u_{it}) = 0$$

$$\mathrm{Cov}\big((u_{it} - \overline{u}_i),\ (u_{is} - \overline{u}_i)\big) = \mathrm{E}\big((u_{it} - \overline{u}_i)(u_{is} - \overline{u}_i)\big)$$

$$= \mathrm{E}(u_{it}u_{is}) - \mathrm{E}(u_{it}\overline{u}_i) - \mathrm{E}(u_{is}\overline{u}_i) + \mathrm{E}(\overline{u}_i^2)$$

$$= \begin{cases} (1 - \dfrac{1}{T})\sigma_u^2, & t = s \text{ のとき }(u_{it} - \overline{u}_i \text{ の分散}) \\[2mm] -\dfrac{1}{T}\sigma_u^2, & t \neq s \text{ のとき }(u_{it} - \overline{u}_i \text{ と } u_{is} - \overline{u}_i \text{ の共分散}) \end{cases} \tag{7.5}$$

途中の計算では下記を用いている。

$$\mathrm{E}(u_{it}u_{is}) = \begin{cases} \sigma_u^2, & t = s \text{ のとき} \\[2mm] 0, & t \neq s \text{ のとき} \end{cases}$$

$$\mathrm{E}(u_{it}\overline{u}_i) = \mathrm{E}(u_{it}\frac{1}{T}\sum_{s=1}^{T}u_{is}) = \frac{1}{T}\sum_{s=1}^{T}\mathrm{E}(u_{it}u_{is}) = \frac{1}{T}\mathrm{E}(u_{it}^2) = \frac{1}{T}\sigma_u^2$$

$$\mathrm{E}(\overline{u}_i^2) = \mathrm{E}((\frac{1}{T}\sum_{t=1}^{T}u_{it})(\frac{1}{T}\sum_{s=1}^{T}u_{is})) = \frac{1}{T^2}\mathrm{E}(\sum_{t=1}^{T}\sum_{s=1}^{T}u_{it}u_{is}) = \frac{1}{T^2}\sum_{t=1}^{T}\sum_{s=1}^{T}\mathrm{E}(u_{it}u_{is})$$

$$= \frac{1}{T^2}\sum_{t=1}^{T}\mathrm{E}(u_{it}^2) = \frac{1}{T^2}\sum_{t=1}^{T}\sigma_u^2 = \frac{1}{T}\sigma_u^2$$

このように，新たな誤差項 $u_{it} - \overline{u}_i$ は系列相関があることがわかる。それにもかかわらず，(7.4)式に最小二乗法を当てはめる。このとき，β の最小二乗推定量は次のように得られる。

$$\hat{\beta} = \frac{\displaystyle\sum_{i=1}^{n}\sum_{t=1}^{T}(X_{it} - \overline{X}_i)(Y_{it} - \overline{Y}_i)}{\displaystyle\sum_{i=1}^{n}\sum_{t=1}^{T}(X_{it} - \overline{X}_i)^2}$$

添え字が 2 つあるので，i と t についてそれぞれ足し合わせる必要がある。そのため，足し算記号が 2 つになっているが，通常の最小二乗推定量と全く同じであると言える。したがって，次のように書き直すこともできる。

$$\hat{\beta} = \beta + \frac{\displaystyle\sum_{i=1}^{n}\sum_{t=1}^{T}(X_{it} - \overline{X}_i)(u_{it} - \overline{u}_i)}{\displaystyle\sum_{i=1}^{n}\sum_{t=1}^{T}(X_{it} - \overline{X}_i)^2} = \beta + \sum_{i=1}^{n}\sum_{t=1}^{T}\omega_{it}(u_{it} - \overline{u}_i)$$

ただし，$\omega_{it} = \dfrac{X_{it} - \overline{X}_i}{\displaystyle\sum_{i=1}^{n}\sum_{t=1}^{T}(X_{it} - \overline{X}_i)^2}$ とする。$\hat{\beta}$ の期待値を取ると，

$$\mathrm{E}(\hat{\beta}) = \sum_{i=1}^{n} \sum_{t=1}^{T} \omega_{it} \mathrm{E}(u_{it} - \overline{u}_i) = \beta$$

となるので，$\hat{\beta}$ は β の不偏推定量となっている。このように，誤差項の平均がゼロであれば，誤差項間に相関があっても，不均一分散であっても，最小二乗推定量は不偏推定量であることは，**5.1 節**，**5.2 節**でも見たとおりである。しかし，(7.4) 式に最小二乗法を当てはめた場合，(7.5) 式で確認したように誤差項間に相関があるため，最良線型不偏推定量にはならない。$\hat{\beta}$ の分散の導出は，煩雑になるため省略するが，$\hat{\beta}$ の分布は t 分布になり，固定効果モデルによる出力結果に基づいて通常の区間推定・仮説検定を行うことができる。

● 7.2.2 変量効果モデル（**Random Effects Model**）

(7.2) 式において，固定効果モデルでは，v_i は確率変数でも定数でもどちらでも構わなかった。加えて，v_i を確率変数とした場合，説明変数 X_{it} と v_i との間に相関があっても問題なかった。

対して，変量効果モデルでは，v_i を誤差項（平均ゼロ・分散 σ_v^2 の正規分布を仮定）として捉え，すべての $i = 1, 2, \cdots, n$ とすべての t について，v_i，u_{it} は互いに独立であると仮定する。さらに，説明変数 X_{it} と v_i，u_{it} は独立であると仮定する。

Y_{it} の尤度関数を求めるためには，平均・分散・共分散を求める必要がある。それぞれは次のように計算される。

$$\mathrm{E}(Y_{it}) = \mathrm{E}(\alpha + \beta X_{it} + v_i + u_{it}) = \alpha + \beta X_{it} + \mathrm{E}(v_i) + \mathrm{E}(u_{it}) = \alpha + \beta X_{it}$$
$$\mathrm{Cov}(Y_{it}, Y_{js}) = \mathrm{E}[(v_i + u_{it})(v_j + u_{js})] = \mathrm{E}(v_i v_j) + \mathrm{E}(v_i u_{js}) + \mathrm{E}(v_j u_{it}) + \mathrm{E}(u_{it} u_{js})$$
$$= \begin{cases} \sigma_v^2 + \sigma_u^2, & i = j, \ t = s \ \text{のとき} \ (Y_{it} \ \text{の分散}) \\ \sigma_v^2, & i = j, \ t \neq s \ \text{のとき} \ (Y_{it} \ \text{と} \ Y_{is} \ \text{の共分散}) \\ 0, & i \neq j, \ t = s \ \text{のとき} \ (Y_{it} \ \text{と} \ Y_{jt} \ \text{の共分散}) \\ 0, & i \neq j, \ t \neq s \ \text{のとき} \ (Y_{it} \ \text{と} \ Y_{js} \ \text{の共分散}) \end{cases}$$

最後の行では，どのような i, j, s, t についても $\mathrm{E}(v_i u_{js}) = \mathrm{E}(v_j u_{it}) = 0$ となることを利用している。このように，すべての共分散がゼロになるというわけではないので，(7.2) 式の 2 つの項をまとめた誤差項 $v_i + u_{it}$ は系列相関を持つ誤差項と同じものになっている。Y_{it} の平均・分散・共分散から，Y_{it} の尤度関数を求める

ことができる。尤度関数を最大にすることによって，α, β, σ_v^2, σ_u^2 の最尤推定量を求めることができる。Y_{it} の尤度関数の具体的な関数型については，行列を使わずに，足し算記号だけで表すことは非常に煩雑になる。よって，尤度関数の導出は省略する。計量経済ソフトの Gretl には，固定効果モデルや変量効果モデルを推定するためのコマンドが用意されているので，単にそれを利用すればよい（後述の **7.2.4 節** を参照）。

● 7.2.3　固定効果モデル vs 変量効果モデル

　7.2.1 節，**7.2.2 節** でそれぞれ固定効果モデル，変量効果モデルについて簡単に解説した。これら 2 つのモデルについて，どのようなときにどちらのモデルを用いるべきであろうか。

　(7.2) 式において，u_{it} は互いに独立で，それぞれ平均ゼロ・分散 σ_u^2 の正規分布を仮定している。v_i を個人の特性を表す誤差項とした場合，誤差項 v_i と説明変数 X_{it} との間に相関がある可能性が生じる。v_i の個人の特性というのは，観測されない個人の能力として捉えることができる。説明変数 X_{it} に，例えば，所得変数を含めた場合，個人の能力が高ければ所得も高くなると考えられる。その場合，v_i と X_{it} との間に相関があると言える。説明変数と誤差項との間に相関がある場合，最小二乗推定量は不偏性も一致性もない推定量となる（**5.4.2 節** 参照）。また，通常の仮定のもとで，最尤推定量は最小二乗推定量に一致する（190 ページの **例 2** 参照）。したがって，説明変数と誤差項との間に相関がある場合，最尤推定量もまた不偏性も一致性もない推定量となる。

　固定効果モデルでは，誤差項 v_i と説明変数 X_{it} との間に相関があってもなくてもどちらの場合でも，パラメータの推定量は不偏推定量・一致推定量となるが，有効推定量ではない（すなわち，最小分散となる不偏推定量ではない）。変量効果モデルでは，誤差項 v_i と説明変数 X_{it} との間に相関があれば不偏推定量にも一致推定量にもならないが，誤差項 v_i と説明変数 X_{it} との間に相関がなければ最尤推定量の性質から少なくとも n が大きいとき不偏推定量・一致推定量・有効推定量となる。以上をまとめると，固定効果モデル，変量効果モデルについて，β の推定量の性質は次の表となる。

	Cov$(X_{it}, v_i) = 0$			Cov$(X_{it}, v_i) \neq 0$		
	不偏性	一致性	有効性	不偏性	一致性	有効性
固定効果モデル	○	○	×	○	○	×
変量効果モデル	○	○	○	×	×	×

したがって，Cov$(X_{it}, v_i) = 0$ のときは，変量効果モデルが最良のモデルとなり，変量効果モデルを採用すべきである。しかし，Cov$(X_{it}, v_i) \neq 0$ のときは，2つのモデルよりよい推定方法があるかもしれないが，変量効果モデルよりは固定効果モデルを採用すべきである。

以上から，固定効果モデルと変量効果モデルのどちらを選択すべきかは，

帰無仮説 H_0：Cov$(X_{it}, v_i) = 0$

対立仮設 H_1：Cov$(X_{it}, v_i) \neq 0$

を検定することになる。この検定は 178 ページのハウスマン検定に相当する。帰無仮説が採択された場合は変量効果モデルを採用するが，対立仮説が採択された場合は固定効果モデルを採用することになる。

● 7.2.4　Gretl による推定：生産関数の例

都道府県データに関するパネル・データを用いて，次のコブ=ダグラス型生産関数を推定する。

$$\log Y_{it} = \alpha + \beta \log K_{it} + \gamma \log L_{it} + v_i + u_{it}, \quad i = 1, 2, \cdots, n, \quad t = 1, 2, \cdots, T$$

i は都道府県，t は年（2001 年 ～ 2010 年）を表すものとする。Y_{it} を t 年の i 番目の都道府県の県内総生産（支出側，実質：固定基準年方式），K_{it} を $t-1$ 年期末（または，t 年期首）の i 番目の都道府県の民間資本ストック（国民経済計算ベース），L_{it} を t 年の i 番目の都道府県の県内就業者数をそれぞれ表す。47 都道府県の10 年分のデータ，すなわち，$n = 47$，$T = 10$ を用いる。すべてのデータは内閣府の県民経済計算から得られる（`https://www.esri.cao.go.jp/jp/sna/data/data_list/kenmin/files/files_kenmin.html` 参照）。

推定には Gretl を用いる。Gretl でデータの取り込みを行うとき，パネル・

データとして取り込まなければならない。Excel でデータ・ファイルを作成する
ときに，例えば，A 列に都道府県を番号で入力し（北海道が 1，青森県が 2，
…，沖縄県が 47），「i」という変数名を付けておく。B 列に年を 4 桁の西暦で入
力し（2001，2002，…，2010），「t」という変数名にする。C 列 ~ E 列には都道
府県と暦年に応じた県内総生産，都道府県別民間資本ストック，県内就業者数を
それぞれ入力する。Y_{it} を「y」，K_{it} を「k」，L_{it} を「l」として，それぞれの変数
に名前を付ける。このように，Excel ファイルは次のように作成される。

	A	B	C	D	E
1	i	t	y	k	l
2	1	2001	19614715	7567752	2687618
3	2	2001	4466160	2605667	731686
:	:	:	:	:	:
48	47	2001	3512517	671776	557364
49	1	2002	19657000	7645283	2664748
50	2	2002	4451662	2565376	712802
:	:	:	:	:	:
95	47	2002	3533572	675463	557901
96	1	2003	19662135	7723796	2637402
97	2	2003	4443712	2497834	700373
:	:	:	:	:	:
424	47	2009	3912582	805731	607475
425	1	2010	19562478	8580695	2397681
426	2	2010	4773681	2540954	656482
:	:	:	:	:	:
471	47	2010	4076056	819341	614979

最初の 1 行目にデータ名，2 行目から 471 行目に 470 組のデータが Excel のワー
クシートに入力されている。このような Excel ファイルを Gretl にデータとして
取り込む手順は次のとおりである。まず，「インポートを開始する場所」の画面
では，データが Excel ファイルのとき，データがどの行のどの列から始まるかを
入力する。1 行目 A 列目から取り込むのであれば，下記画面で「OK（O）」を選
択する。

次に，「… パネルデータとして解釈し直しますか」というメッセージが出るので，
「はい（Y）」を選択する。

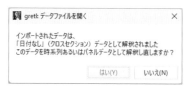

ここではパネル・データを扱っているので，「データセットの構造」のところで，「パネル」にチェックを入れて，「進む (F)」を選択する。

「パネル・データの構造」の画面では，「インデックス変数を使用する」にチェックを入れて，「進む (F)」を選択する。

「パネルデータのインデックス変数」の画面では，「ユニット（グループ）インデックス変数」に i，「タイム・インデックス変数」に t を選択して，「進む (F)」を選ぶ（ここの例では，都道府県データを表す数字には i という名前を付け，年を表す4桁数字には t という名前を付けている）。

以上が Excel ファイルの取り込み方法である。次に，それぞれのデータを対数変

換する。

```
? genr ly=log(y)

? genr lk=log(k)

? genr ll=log(l)
```

1行目では,「genr ly=log(y)」と入力する。これは,データを変換するというコマンド「genr」を使って,yの対数を取ってlyという名前で保存するという意味である。同様に,kの対数を取ってlkという名前,lの対数を取ってllという名前でそれぞれ保存する。

　パネル・データを推定するコマンドは「panel」である。これまでに出てきた様々なコマンドの最小二乗法「ols」,二段階最小二乗法「tsls」,プロビット・モデル「probit」,ロジット・モデル「logit」などと同様に,「panel」に続いて,被説明変数,定数項,説明変数の変数名を並べる。それに加えて,オプションで固定効果モデル,変量効果モデルを区別して推定することになる。本書では,3つのオプション,すなわち,「--pooled」,「--fixed-effects」,「--random-effects」を紹介する。「--pooled」は,本書ではまだ紹介していないが,適当な日本語訳が見つからず,「プールド最小二乗法(pooled least squares method)」と呼ぶことにする(意味は後述)。「--fixed-effects」は固定効果モデル(fixed effects model),「--random-effects」は変量効果モデル(random effects model)のことを意味する。

　まず初めに,「--pooled」を紹介する。「panel ly const lk ll --pooled」とタイプして,Enterキーを押すと次の結果が得られる。

```
? panel ly const lk ll --pooled

モデル 1: Pooled OLS, 観測数: 470
クロスセクションユニット数: 47
時系列の長さ= 10
従属変数: ly


            係数        標準誤差      t 値    p 値
---------------------------------------------------------------
const    0.597072   0.0773137    7.723   7.00e-014 ***
```

```
   lk        0.0941587    0.00812731    11.59    1.86e-027  ***
   ll        0.997640     0.0102641     97.20    0.0000     ***


Mean dependent var      15.78713    S.D. dependent var     0.826395
Sum squared resid       3.814096    S.E. of regression     0.090373
R-squared               0.988092    Adjusted R-squared     0.988041
F(2, 467)               19374.95    P-value(F)             0.000000
Log-likelihood          464.3957    Akaike criterion      -922.7914
Schwarz criterion      -910.3332    Hannan-Quinn          -917.8900
rho                     0.930547    Durbin-Watson          0.123068
```

「panel ly const lk ll --pooled」は「ols ly const lk ll」と全く同じ結果が
出力される。4つの季節を4つの個体と考えると，考え方は **4.1.3節**の季節ダ
ミーと同じになる。全部のデータを使って最小二乗法によって推定したものが図
4–3の直線であった。パネル・データ分析では，図4–3の直線の推定式がプー
ルド最小二乗法による推定式に対応する。すなわち，プールド最小二乗法とは，
iやtを区別せずに，被説明変数と説明変数との関係を最小二乗法により推定す
る方法である。推定式は，

$$\log Y_{it} = \alpha + \beta \log K_{it} + \gamma \log L_{it} + u_{it}$$

となる。すべての$i = 1, 2, \cdots, n$，$t = 1, 2, \cdots, T$についてu_{it}は互いに独立で，
$u_{it} \sim N(0, \sigma_u^2)$を仮定する（通常の最小二乗法の仮定）。個別効果$v_i$を考慮しな
いモデルとなっている。

　次のオプションは「--fixed-effects」であり，固定効果モデルとして推定す
るオプションである。「panel ly const lk ll --fixed-effects」とタイプして
使う。出力結果は次のとおりとなる。

```
? panel ly const lk ll --fixed-effects

モデル 2: 固定効果モデル, 観測数: 470
クロスセクションユニット数: 47
時系列の長さ= 10
従属変数: ly


           係数        標準誤差      t 値     p 値
     -------------------------------------------------------
   const    7.69112    1.37668     5.587    4.16e-08  ***
```

```
lk            0.232921    0.0252321    9.231    1.32e-018 ***
ll            0.326855    0.0810662    4.032    6.57e-05  ***


Mean dependent var     15.78713     S.D. dependent var     0.826395
Sum squared resid      0.533989     S.E. of regression     0.035614
LSDV R-squared         0.998333     Within R-squared       0.172141
LSDV F(48, 421)        5252.092     P-value(F)             0.000000
Log-likelihood         926.4256     Akaike criterion       -1754.851
Schwarz criterion      -1551.367    Hannan-Quinn           -1674.795
rho                    0.507802     Durbin-Watson          0.807824
```

 ⋯⋯（中略）⋯⋯

定数項がクロスセクションユニット（グループ）ごとに異なるかどうかの検定 –
　帰無仮説: 各クロスセクションユニットは共通の定数項を持つ
　検定統計量: F(46, 421) = 56.2187
　なお、p 値(p-value) = P(F(46, 421) > 56.2187) = 2.47718e-151

個別効果ごとに，定数項を推定しているモデルとなっている。季節ダミーの例では，図 4-5 に対応する。i 番目の定数項は $\alpha + v_i$ によって与えられる。ただし，$\sum_{i=1}^{n} v_i = 0$ という制約がある。$\log K_{it}$，$\log L_{it}$ の係数推定値について，プールド最小二乗法ではそれぞれ 0.0941587，0.997640 となっているのに対して，固定効果モデルではそれぞれ 0.232921，0.326855 となっている。2 つのモデルで，推定値が大きく異なることがわかる。これは，季節ダミーの例でも見たように，図 4-3 と図 4-5 で直線の傾きが大きく異なるのと同じ理由である。推定式は，

$$\log Y_{it} = \alpha_i + \beta \log K_{it} + \gamma \log L_{it} + u_{it}$$

となる。ただし，$\alpha_i = \alpha + v_i$ となる。

　また，固定効果モデルによる推定結果では「定数項がクロスセクションユニット（グループ）ごとに異なるかどうかの検定」が出力される。この検定は，プールド最小二乗法を選択すべきか固定効果モデルを選択すべきか，言い換えると，定数項を 1 つにすべきか個体ごとに別々に n 個の定数項にすべきかの検定に等しい。したがって，ここでの例では，制約の数は $n - 1 = 47 - 1 = 46$，制約なしの自由度は $n \times T - k - n = 47 \times 10 - 2 - 47 = 421$ となる。定数項以外のパラメータ数が $k = 2$，定数項の数は個体の数に等しく $n = 47$，期間は $T = 10$ と

なる。プールド最小二乗法の残差平方和（Sum squared resid）は 3.814096 で，制約付き残差平方和に対応する。固定効果モデルの残差平方和は 0.533989 となっている。**4.4 節**で解説した F 分布で検定を行うことができる。検定統計量の値は，

$$\frac{(3.814096 - 0.533989)/46}{0.533989/421} = 56.2186$$

となり，これは出力結果の「検定統計量：　F(46, 421) = 56.2187」（0.0001 の誤差）である。この検定統計値と $F(46, 421)$ 分布と比較する。自由度（46, 421）の F 分布の上側 1% 点は，278, 279 ページの**付表 4** から，$F_{0.01}(46, 421)$ の値は**付表 4** には載っていないがおおよそ $1.56 \sim 1.66$ の間であると考えてよいだろう（1.56 は $F_{0.01}(40, \infty) = 1.59$ と $F_{0.01}(50, \infty) = 1.53$ の間の数字であり，1.66 は $F_{0.01}(40, 200) = 1.69$ と $F_{0.01}(50, 200) = 1.63$ の間の数字である）。$56.2186 > F_{0.01}(46, 421) = 1.56 \sim 1.66$ なので帰無仮説は棄却され，別々に異なった定数項を採用すべきだという結論（すなわち，プールド最小二乗法より固定効果モデルを採用すべきだという結論）が得られる。または，p 値が 0.01 より小さければ，有意水準 1% で帰無仮説を棄却するとも言うことができる。よって，「なお、p 値 (p-value) = P(F(46, 421) > 56.2187) = 2.47718e-151」は「自由度（46, 421）の F 分布に従う確率変数が 56.2187 より大きくなる確率は 2.47718×10^{-151}」という意味であり，この結果からも，固定効果がない（言い換えると，定数項は一つである）という帰無仮説を棄却するということになる。以上から，固定効果 $\alpha_i = \alpha + v_i$ をモデルに含めなければならないということになる。先にも述べたが，固定効果が必要かどうかの検定は，季節ダミーの検定と全く同じ考え方となっている（**4.1.3 節**参照）。

　最後に，オプション「--random-effects」を用いて，変量効果モデルを推定してみる。「panel ly const lk ll --random-effects」とタイプすると，次の出力結果が得られる。

```
? panel ly const lk ll --random-effects

モデル 3: 変量効果モデル(GLS)，観測数: 470
クロスセクションユニット数: 47
時系列の長さ= 10
従属変数: ly
```

```
              係数        標準誤差      z         p 値
------------------------------------------------------------
   const    0.833201    0.241114     3.456     0.0005      ***
   lk       0.245777    0.0153094    16.05     5.36e-058  ***
   ll       0.810510    0.0220256    36.80     1.95e-296  ***


Mean dependent var    15.78713    S.D. dependent var    0.826395
Sum squared resid      6.840004   S.E. of regression    0.120894
Log-likelihood       327.1358     Akaike criterion    -648.2716
Schwarz criterion   -635.8134     Hannan-Quinn        -643.3702
rho                    0.507802    Durbin-Watson         0.807824


 ……（中略）……

ハウスマン(Hausman)検定 -
  帰無仮説：GLS 推定値は一致性を持つ
  漸近的検定統計量：カイ二乗(2) = 97.1918
  なお、p 値(p-value) = 7.85374e-22
```

(7.2) 式の個別効果を $v_i \sim N(0, \sigma_v^2)$ とし，すべての i, t について v_i, u_{it} は互い
に独立と仮定する。さらに，v_i, u_{it} は説明変数 $\log K_{it}$, $\log L_{it}$ と独立であると仮
定する。これらの仮定のもとで，**7.2.2 節**で扱った変量効果モデルは最尤法で推
定される。また，前章で最小二乗推定量は最尤推定量と同じであることを示した
（190 ページの「**例 2：回帰分析への応用**」参照）。GLS とは Generalized Least
Squares の略で，一般化最小二乗法と訳されている。誤差項の分散共分散構造を
考慮に入れた最小二乗法であり，最尤推定量と同じものであると考えてよい。も
し誤差項の仮定が正しければ，最尤推定量は漸近的に不偏推定量・一致推定量・
有効推定量になるので，変量効果モデルが最もよい推定量となる。事実，
$\log K_{it}$, $\log L_{it}$ の係数値の標準誤差を比較すると，固定効果モデルの標準誤差が
それぞれ 0.0252321, 0.0810662 であるのに対して，変量効果モデルの標準誤差は
それぞれ 0.0153094, 0.0220256 となり，後者の標準誤差の方がかなり小さく
なっている。

　しかし，説明変数と誤差項との相関はゼロという仮定が崩れた場合，最小二乗
法は不偏推定量にも一致推定量にもならない（**5.4.2 節**参照）。よって，パネ
ル・データの場合は，個別効果 v_i と説明変数との相関がある可能性が高いため，

7.2.3 節で扱ったハウスマン検定によって，

　　帰無仮説 H_0：説明変数と個別効果は相関がない，すなわち，$\mathrm{Cov}(X_{it}, v_i) = 0$
　　対立仮設 H_1：説明変数と個別効果は相関がある，すなわち，$\mathrm{Cov}(X_{it}, v_i) \neq 0$

を検定しなければならない。ただし，この例では $X_{it} = (\log K_{it}, \log L_{it})$ とする。検定の結果，もし帰無仮説が採択されれば，変量効果モデルで推定すればよい。しかし，もし帰無仮説が棄却されれば，固定効果モデルを採用しなければならなくなる。この例では，「帰無仮説：　GLS 推定値は一致性を持つ」となっているが，「帰無仮説：　最尤推定値は一致性を持つ」と読み替えても構わない。検定統計量の値は「漸近的検定統計量：　カイ二乗 (2) = 97.1918」となっていて，自由度 2 のカイ二乗分布表と 97.1918 が比較される。p 値は「7.85374e-22」となっていて，ゼロに近く，帰無仮説が起こる可能性はほとんどないということを示している。したがって，説明変数と固定効果との間には相関があるので，固定効果モデルを採択すべきであるという結論に至る。

◆ 練習問題

7.1　株価の収益率を予測するのは難しいと言われているので，せめて，一日のうちで株価の始値から終値にかけて，上がったか下がったかだけでも予測できないかを調べようと考えた。土日祝祭日を除く営業日の日経平均株価を時系列の順番に並べたデータを利用することにした（データ数は $n = 261$）。データの利用期間は 2022 年 1 月 4 日から 2023 年 1 月 27 日とした。また，用いる変数は次のとおりとした。

$$\mathrm{OC}_i = \begin{cases} 1, & i \text{ 日で始値より終値が高いとき} \\ 0, & \text{それ以外} \end{cases}$$

$\mathrm{Hol}_i = i - 1$ 日目と i 日目の間の休みの日の日数（休日効果）

$$\mathrm{Fri}_i = \begin{cases} 1, & i \text{ 日が金曜日のとき（金曜効果）} \\ 0, & \text{それ以外} \end{cases}$$

i 日目の始値から終値に株価が上昇する確率，すなわち，$P(\mathrm{OC}_i = 1) = p$ として，

$$p_i = F(\beta_0) \tag{7.6}$$

$$p_i = F(\beta_0 + \beta_1\mathrm{Hol}_i + \beta_2\mathrm{Fri}_i + \beta_3\mathrm{OC}_{i-1}) \tag{7.7}$$

の 2 つの式を推定することにした。ただし，$F(\cdot)$ は標準正規分布の累積分布関数を仮定する。

(7.6)式では，上昇確率は一定とするものである。(7.7)式では，上昇確率は休日効果，金曜効果，前日の株価動向に依存すると考えるものである。休日効果は休日の長さが休日明けの株価動向に影響があるかどうか，金曜効果は週末が株価動向に影響があるかどうか，OC_{i-1} は前日の株価動向が今日の株価動向に影響するかどうかを調べる。ちなみに，これらの変数は株価の変動（動向ではなく変動）に影響を与えることはよく知られている。

休日効果について，例をあげると，$i-1$ 日目が金曜日で i 日目が翌週の月曜日の場合，土日の 2 日が休みなので $\mathrm{Hol}_i = 2$ となる。$i-1$ 日目が月曜日で i 日目が火曜日の場合，間には休みはないので $\mathrm{Hol}_i = 0$ となる。月曜日を休み，かつ，$i-1$ 日目を金曜日とすると，i 日目が火曜日となり，$\mathrm{Hol}_i = 3$ となる。

まず，(7.6)式を推定した。推定結果は次のとおりとなった。

```
? smpl 2 261
全データ範囲: 1 - 261 (n = 261)
現在の標本: 2 - 261 (n = 260)

? probit OC const

モデル 1: プロビット・モデル，観測: 2-261 (T = 260)
従属変数: OC
標準誤差はヘッシアン（Hessian）に基づく

               係数          標準誤差      z         限界効果
    --------------------------------------------------------
    const    0.0192830   0.0777325   0.2481

Mean dependent var     0.507692   S.D. dependent var    0.500905
McFadden R-squared     0.000000   Adjusted R-squared          NA
Log-likelihood        -180.1875   Akaike criterion      362.3750
Schwarz criterion      365.9357   Hannan-Quinn          363.8064

「正しく予測された」ケース数 = 132 (50.8%)
f(beta'x)（説明変数の平均における）= 0.399
```

	予測値	
	0	1
実績値 0	0	128
1	0	132

「? smpl 2 261」は推定期間を 2 期（2022 年 1 月 5 日）から 261 期（2023 年 1 月 27 日）に設定している。(7.7)式の推定式では，説明変数に一期前の被説明変数を含めるので，推定期間は 1 期からでなく 2 期からにした。

(*) 説明変数を定数項のみとした場合の推定結果によると，「Mean dependent var」の「0.507692」という数字は，「「正しく予測された」ケース数 = 132（50.8%）」に対応したものになっている。予測値が 0.5 を超えた場合，実績値は 1 に分類される。上の推定結果では，定数項の推定値 $\hat{\beta}_0$ は 0.0192830 と正になっている。すなわち，上昇確率は常に 0.5 を超えるので，この推定結果ではすべての i について予測値は 1 となる。予測値が 1 で実績値が 1 となるのは 132 日で，予測値 1 で実績値が 0 となるのはそれ以外の 128 日となる。この場合，予測値が 0 となることはないということを意味する。

次に，(7.7)式を推定し，その結果，次のとおりとなった。

```
? probit OC const Hol Fri OC(-1)
```

モデル 2：プロビット・モデル，観測: 2-261 (T = 260)
従属変数: OC
標準誤差はヘッシアン（Hessian）に基づく

	係数	標準誤差	z	限界効果
const	0.0773097	0.130494	0.5924	
Hol	-0.0809326	0.0857620	-0.9437	-0.0322815
Fri	-0.0362821	0.197849	-0.1834	-0.0144731
OC_1	-0.0212625	0.155979	-0.1363	-0.00848076

Mean dependent var	0.507692	S.D. dependent var	0.500905
McFadden R-squared	0.002532	Adjusted R-squared	-0.019667
Log-likelihood	-179.7313	Akaike criterion	367.4626
Schwarz criterion	381.7053	Hannan-Quinn	373.1883

「正しく予測された」ケース数 = 134（51.5%）
f(beta'x)（説明変数の平均における）= 0.399

尤度比検定: カイ二乗(3) = 0.912426 [0.8224]

```
                予測値
                0      1
   実績値 0    31     97
        1    29    103
```

····· (以下略) ·····

これら2つの推定結果をもとにして，次の問いに答えなさい。

(1)　(7.6)式の結果から，帰無仮説 $H_0 : \beta_0 = 0$，対立仮説 $H_1 : \beta_0 \neq 0$ を有意水準10%で検定しなさい。この結果を解釈しなさい。

(2)　(7.7)式について，定数項以外のすべての説明変数が株価動向に影響を与えないという帰無仮説，すなわち，帰無仮説 $H_0 : \beta_1 = \beta_2 = \beta_3 = 0$ を有意水準5%で検定しなさい。(7.6)式の推定結果を利用してもよい。

(3)　2つの式の推定結果を踏まえて，株価の動向は予測できると言えるかどうかを，その理由も含めて説明しなさい。

(4)　Hol_i の係数 β_1 の99%信頼区間を求めなさい。

7.2　97〜98ページの図4-3から図4-5で扱った四半期データをパネル・データとして解釈する（すなわち，データを流用する）。図4-3から図4-5のデータの第1四半期データを第1企業，第2四半期データを第2企業，第3四半期データを第3企業，第4四半期データを第4企業とする。すなわち，$n = 4$，$T = 10$ である。このデータを使って，panel コマンドで，固定効果モデル，変量効果モデルの2種類の推定を行う。その結果が次のとおりとなった。

```
? panel y const x --fixed-effects

モデル 1: 固定効果モデル, 観測数: 40
クロスセクションユニット数: 4
時系列の長さ= 10
従属変数: y

            係数       標準誤差     t 値      p 値
---------------------------------------------------------
const     -3.94821   0.828025    -4.768   3.22e-05   ***
x          1.04736   0.0885740   11.82    8.87e-014  ***
```

```
Mean dependent var    5.500000    S.D. dependent var    2.908872
Sum squared resid     66.06645    S.E. of regression    1.373904
```

····· (中略) ·····

定数項がクロスセクションユニット（グループ）ごとに異なるかどうかの検定 -
　帰無仮説: 各クロスセクションユニットは共通の定数項を持つ
　検定統計量: F(3, 35) = 23.4692
　なお、p 値(p-value) = P(F(3, 35) > 23.4692) = 1.66774e-08

```
? panel y const x --random-effects
```

モデル 2: 変量効果モデル(GLS), 観測数: 40
クロスセクションユニット数: 4
時系列の長さ= 10
従属変数: y

	係数	標準誤差	z	p 値	
const	0.809394	1.00504	0.8053	0.4206	
x	0.519968	0.103942	5.002	5.66e-07	***

```
Mean dependent var    5.500000    S.D. dependent var    2.908872
Sum squared resid     198.9690    S.E. of regression    2.258710
```

····· (中略) ·····

ハウスマン(Hausman)検定 -
　帰無仮説: GLS 推定値は一致性を持つ
　漸近的検定統計量: カイ二乗(1) = 80.466
　なお、p 値(p-value) = 2.95751e-19

(1)　プールド最小二乗法で推定すべきか，固定効果モデルで推定すべきか答えなさ
　　い。その理由も述べなさい。
(2)　固定効果モデルで推定すべきか，変量効果モデルで推定すべきか答えなさい。
　　その理由も述べなさい。

第8章
実証分析するにあたって

　本章では，実証分析において気を付けなければならなことを説明する。まず識別性の問題，データの入手先などである。実証分析の論文やレポートの具体的な作成手順については，西山・新谷・川口・奥井（2019）『計量経済学』（有斐閣）の付録 C（693 ~ 701 ページ）が大いに参考になるので，是非，一読を勧める。

■ 8.1　識別性について

　本節では推定問題にも関わるが概念的な問題でもある識別性という問題を扱う。識別性（identification）とはパラメータを正しく推定できるかどうかという問題である。例を 3 つあげる。

多重共線性の例： 4.3 節でも説明したが，次の回帰モデル：

$$Y_i = \alpha W_i + \beta X_i + u_i$$

において，仮に W_i と X_i との間に完全な多重共線性があった場合，すなわち，すべての i について $W_i = \gamma X_i$ となる場合（γ は定数），

$$Y_i = (\alpha \gamma + \beta) X_i + u_i$$

となるので，$\alpha \gamma + \beta$ をまとめて 1 つの係数パラメータとして推定することはできるが，もともとの回帰式の α と β を区別して推定することはできない。すなわち，γ を与えたもとで，$\alpha \gamma + \beta$ が一定となる α，β の組み合わせは無数に存在することになる。この場合，α と β を識別できないという。

　回帰モデルに，説明変数として，「誤差項と相関のある説明変数」と「誤差項

と相関のない説明変数」の両方が含まれている場合を考えてみよう。この場合，最小二乗法でなく，操作変数法で推定する必要がある（168ページ参照）。操作変数法の一種の二段階最小二乗法では，「誤差項と相関のある説明変数」の予測値を求める際に，回帰式に含まれる「誤差項と相関のない説明変数」に加えて「その他の変数」で予測値を作る必要があり，「その他の変数」が特に重要であると説明した（173 ～ 177 ページ参照）。もし「その他の変数」がなければ，この場合も多重共線性という症状が起こり，推定式の係数パラメータを識別できなくなる。識別性の問題に注意しながら，二段階最小二乗法を実行する必要がある。

離散選択モデルの例：7.1.2 節，7.1.3 節の例では，パラメータを推定する際に$\dfrac{\alpha}{\sigma}$，$\dfrac{\beta}{\sigma}$を推定することはできる。しかし，αとσを別々に，また，βとσを別々に推定することはできないと説明した。この場合も α, β, σ を識別できないということが言える。

需要関数・供給関数の例：もう一つの例として，ある財の需要関数・供給関数を推定することを考えてみよう。需要量と供給量が等しいところで取引される。すなわち，需要量と供給量が等しいところでデータ（Q_i とする）が観測されると考えることができる。したがって，Q_i は需要量でもあり，供給量でもある。下図のように黒丸で需要量 Q_i（＝供給量）と価格 P_i のデータが観測されたとしよう。

最小二乗法によって，次の図のように (Q_i, P_i) の関係を表す線を引くことがで

きる。実際に計算したところ，傾きの推定値とその標準誤差は $\hat{\beta} = -0.2665$，$s_{\hat{\beta}} = 0.0359$ という推定結果が得られた（切片の推定値は縦軸・横軸の大きさに依存するので省略する）。t 値は -7.43（$\fallingdotseq -0.2665 \div 0.0359$）であった。277 ページの**付表 3** から $t_{0.005}(3) = 5.8409$ であるため，$|-7.43| > 5.8409$ より，有意水準 1% で帰無仮説 $H_0 : \beta = 0$ を棄却できる。決定係数を計算したところ，$R^2 = 0.9485$ となり当てはまりもよい。データのプロットと直線との関係を表す下図で眺めても，データのプロットは直線に沿って並んでいる。したがって，一見，Q_i と P_i との間には強い負の相関があるように見える。

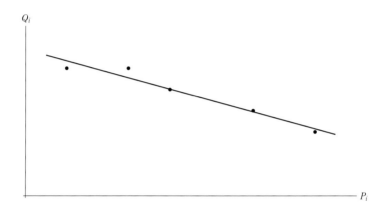

しかし，この直線は一体何を表す直線だろうか。価格 P_i が上がれば，需要量 Q_i が下がり，右下がりの直線なので需要関数だろうか。それとも，供給関数だろうか。実は，この直線は需要関数でも供給関数でもどちらでもない。

供給量と区別するために，需要量を Q_i^D とする。需要関数は予算制約線のもとで効用最大化問題を解いて得られる（**練習問題 1.1** 参照）。したがって，需要関数は，

$$Q_i^D = \alpha_0 + \alpha_1 P_i + \alpha_2 Y_i + u_i$$

となる。ただし，u_i は誤差項とする。正確には，右辺に他の財の価格の項も含めるべきであるが，簡単化のためにその項は省略する。

例外を除いて，価格 P_i が上がるにつれて，需要量 Q_i^D は減少する（右下がり）。所得 Y_i が増加するにつれて，需要量 Q_i^D が増加する。すなわち，$\alpha_1 < 0$，$\alpha_2 > 0$ とならなければならない。先のグラフでどこに所得が表されているので

あろうか。実は，それぞれの観測データで所得は異なるはずである。次の図を眺めると，この意味が理解できるであろう。

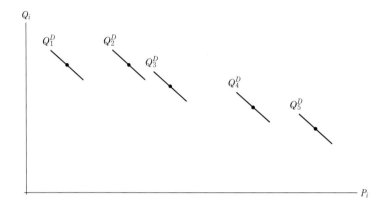

この例では，Q_1^D, Q_2^D, $\cdots$, Q_5^D の順に所得が増加する（Y_1 が最も小さく，Y_5 が最も大きい）。右のプロットほど所得 Y_i が大きくなる。右に行けば行くほど，需要量が減っているので，所得も減っているのではないかと錯覚するが，この場合，$\alpha_0 + \alpha_2 Y_i$ が切片になるので，同じ価格のもとで（すなわち，ある価格で縦線を引くと）所得が増加すれば需要量が増えることがわかる。需要関数の傾きに大きく依存する。

　一方，供給量を Q_i^S とする。このとき，供給関数は，

$$Q_i^S = \beta_0 + \beta_1 P_i + \beta_2 Z_i + v_i$$

と表される。ただし，v_i は誤差項とする。価格 P_i が上がるにつれて，供給量 Q_i^S は増加する（右上がり）。すなわち，$\beta_1 > 0$ となる。価格が上がれば，生産を増やして売る方が儲けが多い。変数 Z_i は財の種類によって異なる。β_2 の符号も Z_i によって正負のどちらにもなり得る。農作物の需給を考えるのであれば，供給量は天候に大きく依存するので，Z_i は日照時間，降水量などが適切な変数となる。または，Z_i に作付面積なども考えられる。作付面積が増えれば供給量も増える。車，パソコンなどは工場設備などの稼働率が考えられる。いずれにしても，Z_i は供給関数にとって，重要な変数となる。供給関数が次の図で表される。供給関数は右上がりで，$\beta_0 + \beta_2 Z_i$ が切片となる。

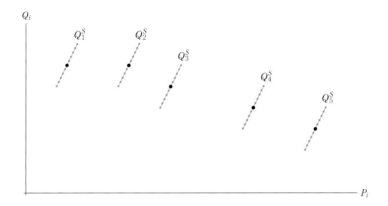

　2つの図を重ね合わせると下図のように，需要と供給が交わるところで，需要量（供給量）と価格が決まることがわかる。

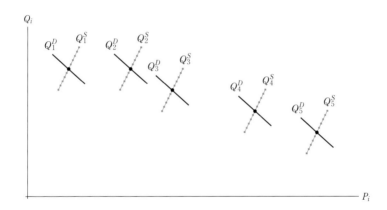

　需要関数の形状（ここでは，傾き）が決まるためには，Q_i，P_i 以外の需要要因の変数（この場合は，所得 Y_i）が必要となる。同様に，供給関数の形状（ここでは，傾き）が決まるためには，Q_i，P_i 以外の供給要因の変数（この場合は，Z_i）が必要となる。この問題を，識別問題（identification problem）と呼び，価格 P_i の係数を需要関数と供給関数を区別して推定できるのかという問題である。

　データがあれば，最小二乗法によって，何らかの直線を推定することはできる。本節の例では，Q_i と P_i のデータが観測された場合，Q_i と P_i との関係を表す直線を推定することができる。推定した結果でも統計的に負の関係が得られ，しかも，当てはまりも非常に良好な結果が得られたが，Q_i，P_i だけでは何を推定して

いるのかわからないことに注意してほしい（当の本人は需要関数を推定したと思い込んでいる場合さえもある）。以上のように，識別問題は，何かを推定する上で，常に念頭に置いておかなければならない事項である。

■8.2　データの入手方法について

　データを入手する上で最も重要なことは，身元の確かなところからデータを入手することである。現在，様々な情報がインターネットで得られる。個人で運営してる Web サイトからデータを得るのは以ての外である。良心的な Web サイトであればデータの出所が記されているはずなので，大元のデータ・ソースを調べなければならない。身元の確かなところというのは，例えば，各種官庁から公表される公的統計などであろう。

　データを入手したら，必ず出所をメモしておくことも忘れてはならない。他の人が簡単に入手できるように，追試ができるようにしておくことが重要である。

　下に紹介する URL は，2023 年 1 月時点での総務省統計局の Web サイトからの抜粋であり，すべての URL は政府系機関のもの（ドメインが go.jp）なので，身元が確かなサイトと考えてよい。ただし，URL は時々変更されることがあり，リンク切れが起こることがあるので，下記の URL は一時的なものと考えてよいだろう。

● 総務省統計局（`https://www.stat.go.jp/index.html`）の統計データ
1. 国勢調査

   `https://www.stat.go.jp/data/kokusei/2020/index.html`
2. 人口推計

   `https://www.stat.go.jp/data/jinsui/index.html`
3. 住民基本台帳人口移動報告

   `https://www.stat.go.jp/data/idou/index.html`
4. 住宅・土地統計調査

   `https://www.stat.go.jp/data/jyutaku/index.html`
5. 家計調査

https://www.stat.go.jp/data/kakei/index.html

6. 家計消費状況調査

https://www.stat.go.jp/data/joukyou/index.html

7. 消費動向指数（CTI）

https://www.stat.go.jp/data/cti/index.html

8. 全国家計構造調査

https://www.stat.go.jp/data/zenkokukakei/2019/index.html

9. 全国消費実態調査

https://www.stat.go.jp/data/zensho/2014/index.html

10. 小売物価統計調査

https://www.stat.go.jp/data/kouri/index.html

11. 消費者物価指数（CPI）

https://www.stat.go.jp/data/cpi/index.html

12. 労働力調査

https://www.stat.go.jp/data/roudou/index.html

13. 就業構造基本調査

https://www.stat.go.jp/data/shugyou/2022/index.html

14. 社会生活基本調査

https://www.stat.go.jp/data/shakai/2021/index.html

15. 科学技術研究調査

https://www.stat.go.jp/data/kagaku/index.html

16. 経済センサス

https://www.stat.go.jp/data/e-census/index.html

17. 事業所母集団データベース

https://www.stat.go.jp/data/jsdb/index.html

18. 個人企業経済調査

https://www.stat.go.jp/data/kojinke/index.html

19. サービス産業動向調査

https://www.stat.go.jp/data/mssi/index.html

20. 経済構造実態調査

https://www.stat.go.jp/data/kkj/index.html

● 他の機関の統計データ

1. e-Stat 政府統計の総合窓口（すべての政府統計を収録した統計ポータルサイト）

   https://www.e-stat.go.jp

2. 統計ダッシュボード（主な統計データを視覚的にわかりやすく提供する Web サイト）

   https://dashboard.e-stat.go.jp

3. キッズすたっと（教科書にある言葉で簡単に検索！小中学生向け Web サイト）

   https://dashboard.e-stat.go.jp/kids/

4. 政府の統合統計書（政府統計を網羅的にまとめた報告書）

   https://www.stat.go.jp/data/sougou/index.html

● 地域の統計データ

1. 統計でみる都道府県・市区町村のすがた

   https://www.stat.go.jp/data/ssds/index.html

2. 統計地図でみる日本のすがた

   https://www.stat.go.jp/data/chiri/map/index.html

3. 地域メッシュ統計

   https://www.stat.go.jp/data/mesh/index.html

以上が総務省統計局の Web サイトからの抜粋であるが，この中でも，特に，『日本統計年鑑』（https://www.stat.go.jp/data/nenkan/index1.html）は，我が国の国土，人口，経済，社会，文化などの広範な分野にわたる基本的な統計データを収録したものである。『第七十二回 日本統計年鑑 令和 5 年版』では，30 の分野，542 の統計表からなる。また，各章の冒頭には，統計調査の概要，用語の説明なども解説されているので，何らかのデータを集める際にはまず最初に目をとおすべきデータ集である。さらに，統計データの英文訳も付いていて，日本のデータを海外に紹介する際には（特に，英語論文を書く際には）有用である。各ページの下の方にデータの出所が載っているので，出所に当たれば，より詳しいデータが得られるはずである。

米国のデータには，*Economic Report of the President*（https://www.govinfo. gov/app/collection/erp）が非常に役に立つ。

補論 A

数 学 準 備

■ A.1 最適化問題

簡単のために，ここでは x_1, x_2 の 2 変数を扱う。

● A.1.1 最大化・最小化問題

$f(x_1, x_2)$ を最大化または最小化するような x_1, x_2 を求めることを考える。このとき，$f(x_1, x_2)$ を x_1, x_2 についてそれぞれ偏微分してゼロと置く（これは，一階の条件と呼ばれる）。すなわち，

$$\frac{\partial f(x_1, x_2)}{\partial x_1} = 0, \qquad \frac{\partial f(x_1, x_2)}{\partial x_2} = 0$$

の連立方程式を x_1, x_2 について解く。得られた解が $f(x_1, x_2)$ を最大または最小にする値になるかどうかは，二階の条件を調べる必要がある。この条件については，本書では省略する。

ただし，計量経済学の入門レベルの教科書では，$f(x_1, x_2)$ が 2 次関数になる場合が多い。2 次関数のとき，2 次の項の係数（この場合，x_1^2, x_2^2 の係数）がすべて正の場合，上の連立方程式の x_1, x_2 の解は $f(x_1, x_2)$ を最小にする。逆に，2 次の項の係数（この場合，x_1^2, x_2^2 の係数）がすべて負の場合，$f(x_1, x_2)$ を最大にする。その意味では，二階の条件までを考える必要はなくなる。

● A.1.2 条件付き最大化・最小化問題：ラグランジェ未定乗数法

$f(x_1, x_2)$ を目的関数，$g(x_1, x_2) = 0$ を制約式とする。$g(x_1, x_2) = 0$ の制約のもとで，$f(x_1, x_2)$ を最大化または最小化するような x_1, x_2 を求めたい。このとき，次のような関数 L を定義する。

$$L = f(x_1, x_2) + \lambda g(x_1, x_2)$$

L をラグランジェ関数（Lagrangian function），λ をラグランジェ乗数（Lagrange multiplier）とそれぞれ呼ぶ。

L を x_1，x_2，λ についてそれぞれ偏微分してゼロと置く（これは，一階の条件と呼ばれる）。すなわち，

$$\frac{\partial L}{\partial x_1} = \frac{\partial f(x_1, x_2)}{\partial x_1} + \lambda \frac{\partial g(x_1, x_2)}{\partial x_1} = 0$$

$$\frac{\partial L}{\partial x_2} = \frac{\partial f(x_1, x_2)}{\partial x_2} + \lambda \frac{\partial g(x_1, x_2)}{\partial x_2} = 0$$

$$\frac{\partial L}{\partial \lambda} = g(x_1, x_2) = 0$$

の 3 式が得られる。x_1，x_2，λ について，3 本の連立方程式を解いて x_1，x_2，λ の解を得る。

前節と同様に，得られた解がラグランジェ関数 L を最大または最小にする値かどうかは，二階の条件を調べる必要がある。この条件については，本書では省略する。

■ A.2 和記号 $\sum$ について

データとして，X_1，X_2，$\cdots$，X_n と Y_1，Y_2，$\cdots$，Y_n を考える。i 番目に観測されたデータを (X_i, Y_i) とする。計量経済学では，(X_1, Y_1)，(X_2, Y_2)，$\cdots$，(X_n, Y_n) として対になった n 組のデータが観測される場合を想定している。

1. $\displaystyle\sum_{i=1}^{n} X_i = X_1 + X_2 + \cdots + X_n$

2. $\displaystyle\sum_{i=1}^{n} X_i^2 = X_1^2 + X_2^2 + \cdots + X_n^2$

3. $\displaystyle\sum_{i=1}^{n} X_i Y_i = X_1 Y_1 + X_2 Y_2 + \cdots + X_n Y_n$

4. 定数 c について，
   $$\sum_{i=1}^{n} c = c + c + \cdots + c = nc$$

5. $\displaystyle\sum_{i=1}^{n} c X_i = c \sum_{i=1}^{n} X_i$

6. $\displaystyle\sum_{i=1}^{n}(X_i + Y_i) = \sum_{i=1}^{n}X_i + \sum_{i=1}^{n}Y_i$

7. $\displaystyle\sum_{i=1}^{n}(X_i + Y_i)^2 = \sum_{i=1}^{n}X_i^2 + 2\sum_{i=1}^{n}X_iY_i + \sum_{i=1}^{n}Y_i^2$

8. $\displaystyle\sum_{i=1}^{n}\sum_{j=1}^{m}X_iY_j = (\sum_{i=1}^{n}X_i)(\sum_{j=1}^{m}Y_j)$

下記の例を考える。

i	1	2	3	4	5
X_i	5	1	3	2	4
Y_i	2	-1	-1	1	2

すなわち，$n = 5$

1. $\displaystyle\sum_{i=1}^{n}X_i = 5 + 1 + 3 + 2 + 4 = 15$

2. $\displaystyle\sum_{i=1}^{n}Y_i = 2 - 1 - 1 + 1 + 2 = 3$

3. $\displaystyle\sum_{i=1}^{n}X_i^2 = 5^2 + 1^2 + 3^2 + 2^2 + 4^2 = 55$

4. $\displaystyle\sum_{i=1}^{n}X_iY_i = 5 \times 2 + 1 \times (-1) + 3 \times (-1) + 2 \times 1 + 4 \times 2 = 16$

5. $\displaystyle\sum_{i=1}^{n}(X_i + Y_i) = (5+2) + (1-1) + (3-1) + (2+1) + (4+2) = 17$

6. $\displaystyle\sum_{i=1}^{n}(X_i + Y_i)^2 = (5+2)^2 + (1-1)^2 + (3-1)^2 + (2+1)^2 + (4+2)^2 = 98$

■A.3　統計学・計量経済学でよく出てくる公式

● A.3.1　標本平均

$$\overline{X} = \frac{1}{n}(X_1 + X_2 + \cdots + X_n) = \frac{1}{n}\sum_{i=1}^{n}X_i$$

$$\overline{Y} = \frac{1}{n}(Y_1 + Y_2 + \cdots + Y_n) = \frac{1}{n}\sum_{i=1}^{n}Y_i$$

● A.3.2 標本分散

$$S_X^2 = \frac{1}{n}\big((X_1 - \overline{X})^2 + (X_2 - \overline{X})^2 + \cdots + (X_n - \overline{X})^2\big) = \frac{1}{n}\sum_{i=1}^{n}(X_i - \overline{X})^2$$

$$S_Y^2 = \frac{1}{n}\big((Y_1 - \overline{Y})^2 + (Y_2 - \overline{Y})^2 + \cdots + (Y_n - \overline{Y})^2\big) = \frac{1}{n}\sum_{i=1}^{n}(Y_i - \overline{Y})^2$$

● A.3.3 標本共分散

$$S_{XY} = \frac{1}{n}\big((X_1 - \overline{X})(Y_1 - \overline{Y}) + (X_2 - \overline{X})(Y_2 - \overline{Y}) + \cdots + (X_n - \overline{X})(Y_n - \overline{Y})\big)$$

$$= \frac{1}{n}\sum_{i=1}^{n}(X_i - \overline{X})(Y_i - \overline{Y})$$

● A.3.4 標本相関係数

$$r = \frac{S_{XY}}{S_X S_Y}$$

標本相関係数の範囲は,

$$-1 < r < 1$$

である。

[証明] 次のような関数 $f(t)$ を考える。

$$f(t) = \frac{1}{n}\Big\{\big((X_1 - \overline{X})t - (Y_1 - \overline{Y})\big)^2 + \big((X_2 - \overline{X})t - (Y_2 - \overline{Y})\big)^2$$
$$+ \cdots + \big((X_n - \overline{X})t - (Y_n - \overline{Y})\big)^2\Big\}$$
$$= \frac{1}{n}\sum_{i=1}^{n}\big((X_i - \overline{X})t - (Y_i - \overline{Y})\big)^2$$

データ $X_1,\ X_2,\ \cdots,\ X_n$ と $Y_1,\ Y_2,\ \cdots,\ Y_n$ を与えたもとで, どの t についても $f(t) > 0$ が成り立つ。なぜなら, 2乗の和を取っているからである。

$$f(t) = \frac{1}{n}\sum_{i=1}^{n}\big((X_i - \overline{X})t - (Y_i - \overline{Y})\big)^2$$
$$= \frac{1}{n}\sum_{i=1}^{n}\big((X_i - \overline{X})^2 t^2 - 2(X_i - \overline{X})(Y_i - \overline{Y})t + (Y_i - \overline{Y})^2\big)$$

$$= \frac{1}{n}\sum_{i=1}^{n}(X_i - \overline{X})^2 t^2 - 2t\frac{1}{n}\sum_{i=1}^{n}(X_i - \overline{X})(Y_i - \overline{Y}) + \frac{1}{n}\sum_{i=1}^{n}(Y_i - \overline{Y})^2$$

$$= S_X^2 t^2 - 2S_{XY}t + S_Y^2 = (S_X t - \frac{S_{XY}}{S_X})^2 + S_Y^2 - \frac{S_{XY}^2}{S_X^2}$$

$$= (S_X t - \frac{S_{XY}}{S_X})^2 + S_Y^2(1 - \frac{S_{XY}^2}{S_X^2 S_Y^2}) = (S_X t - \frac{S_{XY}}{S_X})^2 + S_Y^2(1 - r^2)$$

$f(t) > 0$ なので，最後の等式の右辺第 2 項の括弧内の $1 - r^2 > 0$ とならなければならない。すなわち，$-1 < r < 1$ を得る。

● A.3.5 重要な公式

1. $\displaystyle\sum_{i=1}^{n}X_i = n\overline{X}$

2. $\displaystyle\sum_{i=1}^{n}(X_i - \overline{X}) = 0$

3. $\displaystyle\sum_{i=1}^{n}(X_i - \overline{X})^2 = \sum_{i=1}^{n}X_i^2 - n\overline{X}^2$

    ［証明］$\displaystyle\sum_{i=1}^{n}(X_i - \overline{X})^2 = \sum_{i=1}^{n}(X_i^2 - 2\overline{X}X_i + \overline{X}^2) = \sum_{i=1}^{n}X_i^2 - 2\overline{X}\sum_{i=1}^{n}X_i + \sum_{i=1}^{n}\overline{X}^2 = \sum_{i=1}^{n}X_i^2 - n\overline{X}^2$ となる。$\displaystyle\sum_{i=1}^{n}X_i = n\overline{X}$ と $\displaystyle\sum_{i=1}^{n}\overline{X}^2 = n\overline{X}^2$ を途中で利用している。

4. $\displaystyle\sum_{i=1}^{n}(X_i - \overline{X})(Y_i - \overline{Y}) = \sum_{i=1}^{n}X_i Y_i - n\overline{X}\,\overline{Y}$

    ［証明］$\displaystyle\sum_{i=1}^{n}(X_i - \overline{X})(Y_i - \overline{Y}) = \sum_{i=1}^{n}(X_i Y_i - \overline{X}Y_i - \overline{Y}X_i + \overline{X}\,\overline{Y}) = \sum_{i=1}^{n}X_i Y_i - \overline{X}\sum_{i=1}^{n}Y_i - \overline{Y}\sum_{i=1}^{n}X_i + \sum_{i=1}^{n}\overline{X}\,\overline{Y} = \sum_{i=1}^{n}X_i Y_i - n\overline{X}\,\overline{Y}$ となる。途中で，$\displaystyle\sum_{i=1}^{n}X_i = n\overline{X}$，$\displaystyle\sum_{i=1}^{n}Y_i = n\overline{Y}$，$\displaystyle\sum_{i=1}^{n}\overline{X}\,\overline{Y} = n\overline{X}\,\overline{Y}$ が利用されている。

5. $\displaystyle\sum_{i=1}^{n}(X_i - \overline{X})(Y_i - \overline{Y}) = \sum_{i=1}^{n}(X_i - \overline{X})Y_i = \sum_{i=1}^{n}(Y_i - \overline{Y})X_i$

    ［証明］$\displaystyle\sum_{i=1}^{n}(X_i - \overline{X})(Y_i - \overline{Y}) = \sum_{i=1}^{n}(X_i - \overline{X})Y_i - \overline{Y}\sum_{i=1}^{n}(X_i - \overline{X}) = \sum_{i=1}^{n}(X_i - \overline{X})Y_i$ となる。途中で，$\displaystyle\sum_{i=1}^{n}(X_i - \overline{X}) = 0$ が利用されている。また，X_i と Y_i を入れ替えると，同様に，$\displaystyle\sum_{i=1}^{n}(X_i - \overline{X})(Y_i - \overline{Y}) = \sum_{i=1}^{n}(Y_i - \overline{Y})X_i$ と書き換えることもできる。

■ A.4 行列について

A を $n \times k$ 行列とすると,

$$A = \begin{pmatrix} a_{11} & \cdots & a_{1k} \\ \vdots & \ddots & \vdots \\ a_{n1} & \cdots & a_{nk} \end{pmatrix}$$

と表される。a_{ij} は行列 A の第 i 行, 第 j 列の要素（または, ij 要素）を表す。

a を $n \times 1$ ベクトル（$n \times 1$ 行列と同じ）とすると,

$$a = \begin{pmatrix} a_1 \\ \vdots \\ a_n \end{pmatrix}$$

と表される。a_i はベクトル a の第 i 要素を表す。

a を $1 \times k$ ベクトル（$1 \times k$ 行列と同じ）とすると,

$$a = \begin{pmatrix} a_1 & \cdots & a_k \end{pmatrix}$$

と表される。a_i はベクトル a の第 i 要素を表す。

行列の等号：A, B を $n \times k$ 行列とする。$A = B$ は, すべての $i = 1, \cdots, n$, $j = 1, \cdots,$ k について, $a_{ij} = b_{ij}$ を意味する。ただし, a_{ij}, b_{ij} はそれぞれ行列 A, 行列 B の ij 要素とする。

$x = 3$, $y = 2$ の2つの等式を行列で表すと以下のようになる。

$$\begin{pmatrix} x \\ y \end{pmatrix} = \begin{pmatrix} 3 \\ 2 \end{pmatrix} \quad \text{または} \quad \begin{pmatrix} x & y \end{pmatrix} = \begin{pmatrix} 3 & 2 \end{pmatrix}$$

行列の和と差：A, B を $n \times k$ 行列とする。

$$A + B = \begin{pmatrix} a_{11} & \cdots & a_{1k} \\ \vdots & \ddots & \vdots \\ a_{n1} & \cdots & a_{nk} \end{pmatrix} + \begin{pmatrix} b_{11} & \cdots & b_{1k} \\ \vdots & \ddots & \vdots \\ b_{n1} & \cdots & b_{nk} \end{pmatrix} = \begin{pmatrix} a_{11} + b_{11} & \cdots & a_{1k} + b_{1k} \\ \vdots & \ddots & \vdots \\ a_{n1} + b_{n1} & \cdots & a_{nk} + b_{nk} \end{pmatrix}$$

すなわち, 行列 $A + B$ の ij 要素は $a_{ij} + b_{ij}$ となる。

数値例：

$$A = \begin{pmatrix} 1 & 2 \\ 3 & 4 \end{pmatrix}, \qquad B = \begin{pmatrix} 5 & 6 \\ 7 & 8 \end{pmatrix}$$

$$A + B = \begin{pmatrix} 1+5 & 2+6 \\ 3+7 & 4+8 \end{pmatrix} = \begin{pmatrix} 6 & 8 \\ 10 & 12 \end{pmatrix}, \qquad A - B = \begin{pmatrix} 1-5 & 2-6 \\ 3-7 & 4-8 \end{pmatrix} = \begin{pmatrix} -4 & -4 \\ -4 & -4 \end{pmatrix}$$

要素と行列の積：A を $n \times k$ 行列とする。c をスカラー（1×1 行列のこと）とする。

$$cA = c \begin{pmatrix} a_{11} & \cdots & a_{1k} \\ \vdots & \ddots & \vdots \\ a_{n1} & \cdots & a_{nk} \end{pmatrix} = \begin{pmatrix} ca_{11} & \cdots & ca_{1k} \\ \vdots & \ddots & \vdots \\ ca_{n1} & \cdots & ca_{nk} \end{pmatrix}$$

数値例：

$$A = \begin{pmatrix} 1 & 2 \\ 3 & 4 \end{pmatrix}, \qquad c = 5 \quad \text{のとき}$$

$$cA = 5 \begin{pmatrix} 1 & 2 \\ 3 & 4 \end{pmatrix} = \begin{pmatrix} 5 \times 1 & 5 \times 2 \\ 5 \times 3 & 5 \times 4 \end{pmatrix} = \begin{pmatrix} 5 & 10 \\ 15 & 20 \end{pmatrix}$$

行列と行列の積：$A,\ B$ を $n \times k,\ k \times n$ 行列とする。

$$AB = \begin{pmatrix} a_{11} & \cdots & a_{1k} \\ \vdots & \ddots & \vdots \\ a_{n1} & \cdots & a_{nk} \end{pmatrix} \begin{pmatrix} b_{11} & \cdots & b_{1n} \\ \vdots & \ddots & \vdots \\ b_{k1} & \cdots & b_{kn} \end{pmatrix} = \begin{pmatrix} \sum_{m=1}^{k} a_{1m}b_{m1} & \cdots & \sum_{m=1}^{k} a_{1m}b_{mn} \\ \vdots & \ddots & \vdots \\ \sum_{m=1}^{k} a_{nm}b_{m1} & \cdots & \sum_{m=1}^{k} a_{1m}b_{mn} \end{pmatrix}$$

すなわち，AB は $n \times n$ 行列で，AB の ij 要素は，$a_{i1}b_{1j} + a_{i2}b_{2j} + \cdots + a_{ik}b_{kj} = \sum_{m=1}^{k} a_{im}b_{mj}$ となる。

$$BA = \begin{pmatrix} b_{11} & \cdots & b_{1n} \\ \vdots & \ddots & \vdots \\ b_{k1} & \cdots & b_{kn} \end{pmatrix} \begin{pmatrix} a_{11} & \cdots & a_{1k} \\ \vdots & \ddots & \vdots \\ a_{n1} & \cdots & a_{nk} \end{pmatrix} = \begin{pmatrix} \sum_{m=1}^{n} b_{1m}a_{m1} & \cdots & \sum_{m=1}^{n} b_{1m}a_{mk} \\ \vdots & \ddots & \vdots \\ \sum_{m=1}^{n} b_{km}a_{m1} & \cdots & \sum_{m=1}^{n} b_{1m}a_{mk} \end{pmatrix}$$

すなわち，BA は $k \times k$ 行列で，BA の ij 要素は，$b_{i1}a_{1j} + b_{i2}a_{2j} + \cdots + b_{ik}a_{kj} = \sum_{m=1}^{n} b_{im}a_{mj}$ となる。このように，AB と BA の次元は異なる。

数値例：

$$A = \begin{pmatrix} 1 & 2 & 3 \\ 4 & 5 & 6 \end{pmatrix}, \qquad B = \begin{pmatrix} 7 & 8 \\ 9 & 10 \\ 11 & 12 \end{pmatrix}$$

$$AB = \begin{pmatrix} 1 & 2 & 3 \\ 4 & 5 & 6 \end{pmatrix} \begin{pmatrix} 7 & 8 \\ 9 & 10 \\ 11 & 12 \end{pmatrix} = \begin{pmatrix} 1 \times 7 + 2 \times 9 + 3 \times 11 & 1 \times 8 + 2 \times 10 + 3 \times 12 \\ 4 \times 7 + 5 \times 9 + 6 \times 11 & 4 \times 8 + 5 \times 10 + 6 \times 12 \end{pmatrix}$$

$$= \begin{pmatrix} 58 & 64 \\ 139 & 154 \end{pmatrix}$$

$$BA = \begin{pmatrix} 7 & 8 \\ 9 & 10 \\ 11 & 12 \end{pmatrix} \begin{pmatrix} 1 & 2 & 3 \\ 4 & 5 & 6 \end{pmatrix} = \begin{pmatrix} 7 \times 1 + 8 \times 4 & 7 \times 2 + 8 \times 5 & 7 \times 3 + 8 \times 6 \\ 9 \times 1 + 10 \times 4 & 9 \times 2 + 10 \times 5 & 9 \times 3 + 10 \times 6 \\ 11 \times 1 + 12 \times 4 & 11 \times 2 + 12 \times 5 & 11 \times 3 + 12 \times 6 \end{pmatrix}$$

$$= \begin{pmatrix} 39 & 54 & 69 \\ 49 & 68 & 87 \\ 59 & 82 & 105 \end{pmatrix}$$

一般的に，次元が同じであっても $AB \neq BA$ となる。

連立方程式：A, b, x をそれぞれ $n \times n$ 行列，$n \times 1$ ベクトル，$n \times 1$ ベクトルとする。n 本の連立方程式は，

$$Ax = b$$

と表される。

数値例：

$$\begin{cases} x + 2y = 3 \\ 4x + 5y = 6 \end{cases}$$

を行列表示すると，

$$\begin{pmatrix} 1 & 2 \\ 4 & 5 \end{pmatrix} \begin{pmatrix} x \\ y \end{pmatrix} = \begin{pmatrix} 3 \\ 6 \end{pmatrix}$$

となる。

また，

$$\begin{cases} x + 2y + 3z = 4 \\ 5x + 6y + 7z = 8 \\ 9x + 10y + 11z = 12 \end{cases}$$

の場合，行列表示すると，

$$\begin{pmatrix} 1 & 2 & 3 \\ 5 & 6 & 7 \\ 9 & 10 & 11 \end{pmatrix} \begin{pmatrix} x \\ y \\ z \end{pmatrix} = \begin{pmatrix} 4 \\ 8 \\ 12 \end{pmatrix}$$

となる。

単位行列：単位行列とは，対角要素 1，その他 0 となる行列であり，I で表す。

$$I = \begin{pmatrix} 1 & 0 & \cdots & & 0 \\ 0 & 1 & & & \\ \vdots & & \ddots & & \vdots \\ & & & 1 & 0 \\ 0 & & \cdots & 0 & 1 \end{pmatrix}$$

I が $n \times n$ 行列のとき，I_n と書くことも多い。

A を $n \times n$ 行列，b を $n \times 1$ ベクトルとする。

$$I_n A = A I_n = A \qquad I_n b = b$$

すなわち，

$$\begin{pmatrix} 1 & & 0 \\ & \ddots & \\ 0 & & 1 \end{pmatrix} \begin{pmatrix} a_{11} & \cdots & a_{1n} \\ \vdots & \ddots & \vdots \\ a_{n1} & \cdots & a_{nn} \end{pmatrix} = \begin{pmatrix} a_{11} & \cdots & a_{1n} \\ \vdots & \ddots & \vdots \\ a_{n1} & \cdots & a_{nn} \end{pmatrix} \begin{pmatrix} 1 & & 0 \\ & \ddots & \\ 0 & & 1 \end{pmatrix} = \begin{pmatrix} a_{11} & \cdots & a_{1n} \\ \vdots & \ddots & \vdots \\ a_{n1} & \cdots & a_{nn} \end{pmatrix}$$

$$\begin{pmatrix} 1 & & 0 \\ & \ddots & \\ 0 & & 1 \end{pmatrix} \begin{pmatrix} b_1 \\ \vdots \\ b_n \end{pmatrix} = \begin{pmatrix} b_1 \\ \vdots \\ b_n \end{pmatrix}$$

逆行列：A を $n \times n$ とする。A の逆行列とは，$AB = I_n$ または $BA = I_n$ となる B を指す。A も B も次元は同じでなければならない。B を A^{-1} と表す。すなわち，A の逆行列は A^{-1} であり，A^{-1} の逆行列は A である。

2×2 行列の逆行列の公式：

$$A = \begin{pmatrix} a & b \\ c & d \end{pmatrix}$$

のとき，

$$A^{-1} = \frac{1}{ad-bc} \begin{pmatrix} d & -b \\ -c & a \end{pmatrix}$$

となる。

$$
\begin{aligned}
A^{-1}A &= \frac{1}{ad-bc} \begin{pmatrix} d & -b \\ -c & a \end{pmatrix} \begin{pmatrix} a & b \\ c & d \end{pmatrix} = \frac{1}{ad-bc} \begin{pmatrix} da-bc & db-bd \\ -ca+ac & -bc+ad \end{pmatrix} \\
&= \begin{pmatrix} 1 & 0 \\ 0 & 1 \end{pmatrix} = I_2 \\
AA^{-1} &= \begin{pmatrix} a & b \\ c & d \end{pmatrix} \times \frac{1}{ad-bc} \begin{pmatrix} d & -b \\ -c & a \end{pmatrix} = \frac{1}{ad-bc} \begin{pmatrix} ad-bc & -ab+ba \\ cd-dc & -cb+da \end{pmatrix} \\
&= \begin{pmatrix} 1 & 0 \\ 0 & 1 \end{pmatrix} = I_2
\end{aligned}
$$

と確認できる。

連立方程式の解：A を $n \times n$ 行列，x と b を $n \times 1$ ベクトルとする。

$$Ax = b$$

両辺に A^{-1} を左から掛ける。

$$A^{-1}Ax = A^{-1}b$$

$A^{-1}A = I_n$ なので，

$$I_n x = A^{-1}b$$

となる。また，

$$I_n x = x$$

なので，x を A，b で表すと，

$$x = A^{-1}b$$

となる。

数値例：

$$\begin{cases} x + 2y = 3 \\ 4x + 5y = 6 \end{cases}$$

の行列表示は，

$$\begin{pmatrix} 1 & 2 \\ 4 & 5 \end{pmatrix} \begin{pmatrix} x \\ y \end{pmatrix} = \begin{pmatrix} 3 \\ 6 \end{pmatrix}$$

となる。$x,\ y$ の解は，

$$\begin{pmatrix} 1 & 2 \\ 4 & 5 \end{pmatrix}^{-1} \begin{pmatrix} 1 & 2 \\ 4 & 5 \end{pmatrix} \begin{pmatrix} x \\ y \end{pmatrix} = \begin{pmatrix} 1 & 2 \\ 4 & 5 \end{pmatrix}^{-1} \begin{pmatrix} 3 \\ 6 \end{pmatrix}$$

なので，

$$\begin{pmatrix} 1 & 0 \\ 0 & 1 \end{pmatrix} \begin{pmatrix} x \\ y \end{pmatrix} = \begin{pmatrix} 1 & 2 \\ 4 & 5 \end{pmatrix}^{-1} \begin{pmatrix} 3 \\ 6 \end{pmatrix}$$

すなわち，

$$\begin{pmatrix} x \\ y \end{pmatrix} = \begin{pmatrix} 1 & 2 \\ 4 & 5 \end{pmatrix}^{-1} \begin{pmatrix} 3 \\ 6 \end{pmatrix} = \frac{1}{1 \times 5 - 2 \times 4} \begin{pmatrix} 5 & -2 \\ -4 & 1 \end{pmatrix} \begin{pmatrix} 3 \\ 6 \end{pmatrix}$$

$$= -\frac{1}{1 \times 3} \begin{pmatrix} 5 \times 3 - 2 \times 6 \\ -4 \times 3 + 1 \times 6 \end{pmatrix} = \begin{pmatrix} -1 \\ 2 \end{pmatrix}$$

数値例：

$$\begin{cases} x + 2y + 3z = 4 \\ 5x + 6y + 7z = 8 \\ 9x + 10y + 11z = 12 \end{cases}$$

の行列表示は，

$$\begin{pmatrix} 1 & 2 & 3 \\ 5 & 6 & 7 \\ 9 & 10 & 11 \end{pmatrix} \begin{pmatrix} x \\ y \\ z \end{pmatrix} = \begin{pmatrix} 4 \\ 8 \\ 12 \end{pmatrix}$$

となる。x, y, z の解は，

$$\begin{pmatrix} x \\ y \\ z \end{pmatrix} = \begin{pmatrix} 1 & 2 & 3 \\ 5 & 6 & 7 \\ 9 & 10 & 11 \end{pmatrix}^{-1} \begin{pmatrix} 4 \\ 8 \\ 12 \end{pmatrix}$$

となる。

補論 B

統計学の基礎：復習

「まえがき」でも記したが，前提としては，基本的な統計学を一通り学んだ後で計量経済学を学ぶべきである。そうは言っても，本書を勉強するために入門の統計学のテキストを傍らに置きながらというのも，あまり効率的でないように思われる。そこで，本書に必要な統計学の内容を定理または公式として本補論でまとめることにした。ただし，本補論で統計学を網羅的に学ぶことができるとは考えないでほしい。まずは初級レベルの統計学（具体的には，大学初年度レベルの統計学）を勉強した上で，本書に進むのが効率的な方法である。また，初級の統計学や本書の計量経済学では多くの箇所で「証明略」とせざるを得ないのも事実である。例えば，

- 正規分布に従う確率変数の線型変換もまた正規分布になる
- 2つの独立な正規分布に従う確率変数の和もまた正規分布になる
- 標準正規分布に従う確率変数の二乗は自由度1のカイ二乗分布になる
- t 分布，F 分布の導出
- 中心極限定理の証明
- 大数の法則の証明
- ……

など本書ではすべて証明略として扱っている。この辺りの知識をより深めたい場合は，数理統計学を勉強することを勧める。数理統計学の教科書は数多く出版されているが，

- 国沢清典編（1996）『確率統計演習 1 確率』培風館
- 国沢清典編（1996）『確率統計演習 2 統計』培風館
- R. Hogg, J. McKean and A. Craig （2019），*Introduction to Mathematical Statistics* (8th ed.)，Pearson Education, Inc.

などは優れた教科書である。ちなみに，筆者は *Introduction to Mathematical Statistics* の第 4 版（1978，Hogg and Craig 著）で勉強したものだった。

■ B.1 確率変数，確率分布について

確率変数（random variable）は，通常，大文字のアルファベット（例えば，X）で表すのに対して，実際に起こった値（すなわち，実現値）を小文字（例えば，x）で表す。

確率変数には離散型確率変数と連続型確率変数がある。まず，離散型確率変数 X を考える。X の取り得る値はわかっている。例えば，$X = x_1, x_2, \cdots, x_n$ の n 通りの値を取るものとする。それぞれの値には確率が割り当てられる。すなわち，$P(X = x_i) = p_i$ と表記し，「確率変数 X が x_i を取る確率は p_i である」と読む。p_i は確率であり，しかも，X は $x_1, x_2, \cdots, x_n$ のいずれかの値を取るので，$\sum_{i=1}^{n} p_i = 1$ となる。また，p_i は x_i の関数であり，$f(x_i)$ と表すことができる。$f(x_i)$ を確率関数（probability function）と呼ぶ。$f(x_i)$ は，（ⅰ）$f(x_i) \geqq 0$，（ⅱ）$\sum_{i=1}^{n} f(x_i) = 1$ を満たす関数でなければならない。

X をサイコロを投げて出た目としよう。このとき，X の取る値は1，2，3，4，5，6で，それぞれの目が出る確率は $\frac{1}{6}$ となる。したがって，$x_i = i$，$p_i = \frac{1}{6}$，$i = 1, 2, 3, 4, 5, 6$ となる。

X が連続型確率変数の場合は，ある値 a から別の値 b までの区間に入る確率 $P(a < X < b)$ という意味になる（ただし，$a < b$）。この場合，$f(x)$，$x = a$，$x = b$，x 軸で囲まれた面積が確率を表すことになる。すなわち，

$$P(a < X < b) = \int_a^b f(x)\mathrm{d}x$$

となり，$f(x)$ を確率密度関数（probability density function），または，密度関数（density function）と呼ぶ。$f(x)$ は，（ⅰ）$f(x) \geqq 0$，（ⅱ）$\int_{-\infty}^{\infty} f(x)\mathrm{d}x = 1$ を満たす連続関数でなければならない。

離散型の $f(\cdot)$ と連続型の $f(\cdot)$ の違いは，前者は $f(\cdot)$ そのものが確率を表すのに対して，後者の $f(\cdot)$ は面積が確率を表す（すなわち，連続型の $f(\cdot)$ の高さは確率を表さない）。

分布関数（累積分布関数）：分布関数（累積分布関数）$F(x)$ は，

$$F(x) = P(X \leqq x) = \begin{cases} \sum_{i=1}^{r} f(x_i), & X が離散型確率変数のとき \\ \int_{-\infty}^{x} f(t)\mathrm{d}t, & X が連続型確率変数のとき \end{cases}$$

と定義される。ただし，離散型の場合，r は $x_r \leqq x < x_{r+1}$ となる r である。すなわち，離散型の場合，$F(x)$ は 0 と 1 の間の階段状（階段関数）となる。連続型の場合は，$\dfrac{dF(x)}{dx} = f(x)$ とも表される。

同時確率分布：2 つの確率変数 X，Y を考える。離散型の場合，X の取る値を x_1，x_2，…，x_n とし，Y の取る値を y_1，y_2，…，y_m としたとき，X が x_i を取り，かつ，Y が y_j を取る確率を同時確率分布と呼び，下記のように表す。

$$P(X = x_i, Y = y_j) = p_{ij}$$

p_{ij} は x_i，y_j の関数となり，$p_{ij} = f(x_i, y_j)$ と表す。$f(x_i, y_j)$ を同時確率関数と呼ぶ。

連続型の場合は，X が a と b の間の値（ただし，$a < b$）を取り，かつ，Y が c と d の間の値（ただし，$c < d$）を取る確率は，下記のように表される。

$$P(a < X < b, c < Y < d) = \int_a^b \int_c^d f(x, y) dy dx$$

$f(x, y)$ を同時確率密度関数（または，同時密度関数）と呼ぶ。

2 つの確率変数の独立：2 つの確率変数 (X, Y) を考える。また，X と Y の同時密度関数 $f_{xy}(x, y)$，X の周辺密度関数 $f_x(x)$，Y の周辺密度関数 $f_y(y)$，Y を与えたもとで X の条件付き密度関数 $f_{x|y}(x|y)$ とする。このとき，

- $f_{xy}(x, y) = f_{x|y}(x|y) f_y(y)$ は必ず成り立つ。
- $f_{xy}(x, y) = f_x(x) f_y(y)$ のとき，X と Y は独立となる（逆も成立）。
- $f_{x|y}(x|y) = f_x(x)$ のとき，X と Y は独立となる（逆も成立）。

■ B.2 期待値・分散・共分散の定義・定理

● B.2.1 期待値の定義

定義（期待値，1 変数）：確率変数 X，ある関数 $g(\cdot)$ とするとき，$g(X)$ の期待値は次のように定義される。

$$\mathrm{E}(g(X)) = \begin{cases} \displaystyle\sum_{i=1}^{n} g(x_i)f(x_i), & X \text{が離散型確率変数のとき} \\[4mm] \displaystyle\int_{-\infty}^{\infty} g(x)f(x)\mathrm{d}x, & X \text{が連続型確率変数のとき} \end{cases} \tag{B.1}$$

ただし，$f(\cdot)$ は確率関数（離散型のとき），または，密度関数（連続型のとき）を表す。

離散型確率変数の期待値の例：ベルヌイ分布：離散型確率変数の分布関数 $f(x)$ の例として，ベルヌイ分布を紹介する。ベルヌイ分布（Bernoulli distribution）とは，確率 p で 1 を取り，確率 $1-p$ で 0 を取る離散型確率分布である。確率変数 X をベルヌイ分布に従う確率変数とするとき，確率関数 $f(x)$ は，

$$f(x) = p^x(1-p)^{1-x}, \qquad x = 0, 1$$

と表される。ベルヌイ分布に従う確率変数 X の平均 $\mathrm{E}(X) = \mu$ と分散 $V(X) = \sigma^2$ は，期待値の定義をそのまま当てはめると，

$$\mu = \mathrm{E}(X) = \sum_{x=0}^{1} xf(x) = 0 \times (1-p) + 1 \times p = p$$

$$\sigma^2 = V(X) = \mathrm{E}((X-\mu)^2) = \sum_{x=0}^{1} (x-\mu)^2 f(x) = (0-p)^2(1-p) + (1-p)^2 p = p(1-p)$$

と計算される。(B.1) 式において $g(x)$ の関数型は，$\mathrm{E}(X)$ について $g(x) = x$，$V(X)$ について $g(x) = (x-\mu)^2$ となっている。

定義（期待値，2 変数）：確率変数 X，Y，ある関数 $g(\cdot, \cdot)$ とするとき，$g(X, Y)$ の期待値は次のように定義される。

$$\mathrm{E}(g(X, Y)) = \begin{cases} \displaystyle\sum_{i=1}^{n}\sum_{j=1}^{m} g(x_i, y_j)f(x_i, y_j), \\[2mm] \qquad\qquad X, Y \text{が離散型確率変数のとき} \\[4mm] \displaystyle\int_{-\infty}^{\infty}\int_{-\infty}^{\infty} g(x, y)f(x, y)\mathrm{d}y\mathrm{d}x, \\[2mm] \qquad\qquad X, Y \text{が連続型確率変数のとき} \end{cases} \tag{B.2}$$

ただし，$f(\cdot, \cdot)$ は確率関数（離散型のとき），または，密度関数（連続型のとき）を表す。

2 変数 (X, Y) を n 変数 $(X_1, X_2, \cdots, X_n)$ に拡張することもできる。

● B.2.2 期待値の定理

定理（1 変数）: X を確率変数とする。$a + bX$ の期待値は,

$$\mathrm{E}(a + bX) = a + b\mathrm{E}(X) \tag{B.3}$$

となる。ただし, a, b は定数とする。$g(X) = a + bX$ に対応する。

定理（2 変数）: X, Y を確率変数とする。$X + Y$ の期待値は,

$$\mathrm{E}(X + Y) = \mathrm{E}(X) + \mathrm{E}(Y) \tag{B.4}$$

となる。$g(X, Y) = X + Y$ に対応する。

定理（2 変数）: X, Y を確率変数とする。X と Y が独立のとき, Y を与えたもとで Y の条件付き期待値は,

$$\mathrm{E}(X|Y) = \mathrm{E}(X) \tag{B.5}$$

となる。

定理（多変数）: n 個の確率変数 X_1, X_2, $\cdots$, X_n を考える。このとき, $\sum_{i=1}^{n} c_i X_i$ の平均は,

$$\mathrm{E}(\sum_{i=1}^{n} c_i X_i) = \sum_{i=1}^{n} c_i \mathrm{E}(X_i), \tag{B.6}$$

となる。定理 (B.3), 定理 (B.4) を利用して証明することができる。

● B.2.3 分散・共分散の定義・定理

定義（1 変数）: X を確率変数とする。X の分散 $\sigma^2 = \mathrm{V}(X)$ は,

$$\sigma^2 = \mathrm{V}(X) = \mathrm{E}\big((X - \mu)^2\big) \tag{B.7}$$

である。ただし, $\mu = \mathrm{E}(X)$ とする。$g(X) = (X - \mu)^2$ に対応する。

定義（1 変数）: X を確率変数とする。X の標準偏差 σ は,

$$\sigma = \sqrt{\mathrm{V}(X)} \tag{B.8}$$

である。

定理（1 変数）：X を確率変数とする。X の分散は，

$$V(X) = E(X^2) - \mu^2 \tag{B.9}$$

と書き換えられる。ただし，$\mu = E(X)$ とする。

[証明] $V(X) = E((X - \mu)^2) = E(X^2 - 2\mu X + \mu^2) = E(X^2) - \mu^2$ となる。

定理（1 変数）：X を確率変数とする。$a + bX$ の分散は，

$$V(a + bX) = V(bX) = b^2 V(X) \tag{B.10}$$

となる。ただし，a，b は定数とする。

[証明] (B.7)式の X，μ を $a + bX$，$a + b\mu$ に置き換えると (B.10)式が得られる。

定理（1 変数）：X を平均 μ，分散 σ^2 の確率変数とする。$Z = \dfrac{X - \mu}{\sigma}$ について，

$$E(Z) = 0, \qquad V(Z) = 1 \tag{B.11}$$

となる。この変換を標準化，または，基準化と呼ぶ。

[証明] (B.3)式，(B.10)式で，$a = -\dfrac{\mu}{\sigma}$，$b = \dfrac{1}{\sigma}$ と置けばよい。

定義（2 変数）：X，Y を確率変数とする。X と Y の共分散 $\sigma_{XY} = \mathrm{Cov}(X, Y)$ は，

$$\sigma_{XY} = \mathrm{Cov}(X, Y) = E((X - \mu_X)(Y - \mu_Y)) \tag{B.12}$$

となる。ただし，$\mu_X = E(X), \mu_Y = E(Y)$ とする。$\mathrm{Cov}(X, Y)$ について，$g(X, Y) = (X - \mu_X)(Y - \mu_Y)$ に対応する。

定理（2 変数）：X，Y を確率変数とする。X と Y の共分散は，

$$\mathrm{Cov}(X, Y) = E(XY) - \mu_X \mu_Y \tag{B.13}$$

と書き換えられる。$E(XY)$ について，$g(X, Y) = XY$ に対応する。

[証明] $\mathrm{Cov}(X, Y) = E((X - \mu_X)(Y - \mu_Y)) = E(XY - \mu_X Y - \mu_Y X + \mu_X \mu_Y) = E(XY) - \mu_X \mu_Y$ となる。

定理（2 変数）：X，Y を確率変数とする。$X + Y$ の分散は，

$$V(X + Y) = V(X) + 2\text{Cov}(X, Y) + V(Y) \tag{B.14}$$

となる。

[証明] (B.7) 式の X, μ をそれぞれ $X + Y$, $\mu_X + \mu_Y$ で置き換えると, $V(X + Y) = E\big((X - \mu_X)^2 + 2(X - \mu_X)(Y - \mu_Y) + (Y - \mu_Y)^2\big) = V(X) + 2\text{Cov}(X, Y) + V(Y)$ となる。

定義（2変数）：X, Y を確率変数とする。X と Y の相関係数 ρ_{XY} は,

$$\rho_{XY} = \frac{\text{Cov}(X, Y)}{\sqrt{V(X)}\sqrt{V(Y)}} = \frac{\sigma_{XY}}{\sigma_X \sigma_Y} \tag{B.15}$$

となる。ただし, $\sigma_X^2 = V(X)$, $\sigma_Y^2 = V(Y)$ とする。

定理（2変数）：X, Y を確率変数とする。X と Y の相関係数 ρ_{XY} は,

$$-1 < \rho_{XY} < 1 \tag{B.16}$$

となる。

[証明] $f(t) = V(X + tY) > 0$ という t の関数を考える。定理 (B.14) と ρ_{XY} の定義 (B.15) を用いると, $f(t) = V(X + tY) = V(X) + 2t\text{Cov}(X, Y) + t^2 V(Y) = \sigma_X^2 + 2\sigma_{XY}t + \sigma_Y^2 t^2 = \sigma_Y^2(t + \frac{\sigma_{XY}}{\sigma_Y^2})^2 + \sigma_X^2 - \frac{\sigma_{XY}^2}{\sigma_Y^2} = \sigma_Y^2(t + \frac{\sigma_{XY}}{\sigma_Y^2})^2 + \sigma_X^2(1 - \rho^2) > 0$ と変形できる。よって, $1 - \rho^2 > 0$, すなわち, $-1 < \rho < 1$ となる。

定理（2変数）：X, Y を確率変数とする。X と Y が独立のとき, X と Y の共分散は,

$$\text{Cov}(X, Y) = 0 \tag{B.17}$$

となる。

注意：「X と Y が独立ならば, $\text{Cov}(X, Y) = 0$ となる」は必ず成り立つが, 逆の「$\text{Cov}(X, Y) = 0$ ならば, X と Y は独立となる」というのは必ずしも成り立たない。ただし, 正規分布を仮定すれば逆も成立する。

定理（2変数）：X, Y を確率変数とする。X と Y が独立のとき, $X + Y$ の分散は,

$$V(X + Y) = V(X) + V(Y) \tag{B.18}$$

となる。X と Y が独立であれば, 定理 (B.17) により $\text{Cov}(X, Y) = 0$ となり, 定理 (B.14) と合わせて, この定理が証明できる。

定理（2変数）：X, Y を確率変数とする。X と Y が独立のとき，Y を与えたもとで Y の条件付き分散は，

$$\mathrm{V}(X|Y) = \mathrm{V}(X) \tag{B.19}$$

となる。

定理（多変数）：n 個の互いに独立な確率変数 X_1, X_2, $\cdots$, X_n を考える。このとき，$\sum_{i=1}^{n} c_i X_i$ の分散は，

$$\mathrm{V}(\sum_{i=1}^{n} c_i X_i) = \sum_{i=1}^{n} c_i^2 \mathrm{V}(X_i) \tag{B.20}$$

となる。定理(B.10)，定理(B.18) を利用して証明することができる。

■ B.3　正規分布について

確率変数 X の密度関数 $f(x)$ が，

$$f(x) = (2\pi\sigma^2)^{-1/2} \exp\left(-\frac{1}{2\sigma^2}(x-\mu)^2\right)$$

となるとき，$f(x)$ を正規分布と呼ぶ。ただし，$\exp(x) = e^x$ である。e は自然対数の底と呼ばれ，$e = \lim_{n\to\infty}(1+\frac{1}{n})^n = 2.7182818284\ldots$ と定義される。

上記の正規分布は，

$$\mathrm{E}(X) = \mu, \qquad \mathrm{V}(X) = \sigma^2$$

となる（期待値の定義どおりに計算すればよい）。

確率変数 X が上記の密度関数 $f(x)$ となるとき，$X \sim N(\mu, \sigma^2)$ と表す。$X \sim N(\mu, \sigma^2)$ とは，「X は平均 μ，分散 σ^2 の正規分布に従う」という意味である。すなわち，N は正規分布（Normal distribution）のアルファベットの頭文字で，$\sim$ は「に従う」と読む。

定理（標準化，基準化）：確率変数 X が平均 μ，分散 σ^2 の正規分布に従うとき，(B.11)式のように X を基準化する。

$$X \sim N(\mu, \sigma^2) \quad \text{のとき，} \quad Z = \frac{X-\mu}{\sigma} \sim N(0, 1) \tag{B.21}$$

(B.11)式の定理は基準化によって，X がどの分布に従う確率変数であっても，平均 0，分散 1 に変換することができるということを示している。(B.21)式では，さらに

進んで，X が正規分布であれば，Z も正規分布となるということを言っている。この証明は，変数変換（置換積分）を利用して証明することになる（本書では証明略）。平均 0，分散 1 の正規分布 $N(0, 1)$ は，標準正規分布と呼ばれる。

標準正規分布の確率分布表があれば，一般の正規分布の確率を得ることができる。すなわち，μ と σ^2 が既知とするとき，Z が z より大きい確率 $P(Z > z)$ について，$P(Z > z) = P(X > \mu + z\sigma)$ となる。同様に，X が x より大きい確率 $P(X > x)$ について，$P(X > x) = P(Z > \dfrac{x - \mu}{\sigma})$ となる。275 ページの**付表 1** を用いると，標準正規分布の確率，すなわち，$P(Z > z)$ を求めることができる。

(B.6)式と (B.18)式によって，n 個の独立な確率変数 X_1，X_2，$\cdots$，X_n が同一の分布（平均，分散が同じ分布）に従うとき，$\sum_{i=1}^{n} c_i X_i$ の平均，分散は，

$$\mathrm{E}(\sum_{i=1}^{n} c_i X_i) = \mu \sum_{i=1}^{n} c_i, \qquad \mathrm{V}(\sum_{i=1}^{n} c_i X_i) = \sigma^2 \sum_{i=1}^{n} c_i^2$$

となる。ただし，すべての i について $\mu = \mathrm{E}(X_i)$，$\sigma^2 = \mathrm{V}(X_i)$ とする。

n 個の独立な確率変数 X_1，X_2，$\cdots$，X_n が同一の正規分布に従うものとする。すなわち，すべての i について $X_i \sim N(\mu, \sigma^2)$ とする。このとき，

$$\sum_{i=1}^{n} c_i X_i \sim N(\mu \sum_{i=1}^{n} c_i, \sigma^2 \sum_{i=1}^{n} c_i^2) \tag{B.22}$$

となる。すなわち，正規分布に従う確率変数の加重和もまた正規分布となると (B.22)式は言っている。この証明はそれほど簡単ではなく，積率母関数を利用して証明することになる（本書では証明略）。

特に，標本平均 $\overline{X} = \dfrac{1}{n} \sum_{i=1}^{n} X_i$ を考えると，

$$\overline{X} \sim N(\mu, \frac{\sigma^2}{n})$$

となる（すべての i について，$c_i = \dfrac{1}{n}$ の場合を考えればよい）。

■ B.4　統計値・統計量，推定値・推定量について

観測データのことを，実現された標本，実現値，観測値などと呼び，小文字 x_1，x_2，$\cdots$，x_n で表す。x_1，x_2，$\cdots$，x_n の背後に確率変数があるものと考える，その確率変数は標本と呼ばれ，大文字の X_1，X_2，$\cdots$，X_n で表す。$i = 1, 2, \cdots, n$ について，確率変数 X_i から x_i が生成されたものと考える。観測データは無作為標本でなければならないので，「X_1，X_2，$\cdots$，X_n は互いに独立である」という仮定を置くことになる。

統計分析の目的は母集団の平均（母平均といい，μ で表す）や母集団の分散（母分散といい，σ^2 で表す）を標本 $X_1,\ X_2,\ \cdots,\ X_n$ から求めようというものである。そして，それぞれの X_i の平均は $\mathrm{E}(X_i) = \mu$，分散は $\mathrm{V}(X_i) = \sigma^2$ と仮定する。重要な専門用語を次にまとめておく。

1. 標本 $X_1,\ X_2,\ \cdots,\ X_n$ の関数のことを統計量と呼ぶ。

2. 母集団のパラメータ（例えば，母平均 μ）の推定に使われるための統計量のことを推定量と呼ぶ。

   (a) 母平均 μ の推定量は，$\displaystyle \overline{X} = \frac{1}{n} \sum_{i=1}^{n} X_i$ で表される。

   (b) 母分散 σ^2 の推定量は，$\displaystyle S^2 = \frac{1}{n-1} \sum_{i=1}^{n} (X_i - \overline{X})^2$ で表される。

3. 観測データ（観測値，実現値）を用いて実際に計算された推定量の値のことを推定値と呼ぶ。

   (a) 母平均 μ の推定値は，$\displaystyle \overline{x} = \frac{1}{n} \sum_{i=1}^{n} x_i$ で表される。

   (b) 母分散 σ^2 の推定値は，$\displaystyle s^2 = \frac{1}{n-1} \sum_{i=1}^{n} (x_i - \overline{x})^2$ で表される。

推定量は大文字，推定値は小文字が使われる。統計学の入門の教科書で出てくる μ や σ^2 の推定量（または，推定値）を上では紹介したが，実は，推定量（または，推定値）の候補は無数に考えることができる。

■ B.5　大数の法則と中心極限定理

● B.5.1　大数の法則（Law of Large Number）

大数の法則（その1）：n 個の確率変数 $X_1,\ X_2,\ \cdots,\ X_n$ は互いに独立ですべて同じ分布に従うものとする（すなわち，すべての $i = 1, 2, \cdots, n$ について $\mathrm{E}(X_i) = \mu$，$\mathrm{V}(X_i) = \sigma^2 < \infty$ とする）。$\displaystyle \overline{X} = \frac{1}{n} \sum_{i=1}^{n} X_i$ とする。このとき，$n \longrightarrow \infty$ のとき，$\overline{X} \longrightarrow \mu$ となる。

大数の法則（その2）：n 個の確率変数 $X_1,\ X_2,\ \cdots,\ X_n$ を考える（互いに独立である必要はなく，同じ分布である必要もない）。すべての $i = 1, 2, \cdots, n$ について $\mathrm{E}(X_i) = \mu$ とする。さらに，$\displaystyle \sigma^2 = \lim_{n \to \infty} \frac{1}{n} \mathrm{V}(\sum_{i=1}^{n} X_i) = \lim_{n \to \infty} n \mathrm{V}(\overline{X}) < \infty$ とする。このとき，$n \longrightarrow \infty$ のとき，$\overline{X} \longrightarrow \mu$ となる。

● B.5.2 中心極限定理（**Central Limit Theorem**）

中心極限定理（その 1）： n 個の確率変数 X_1, X_2, $\cdots$, X_n は互いに独立ですべて同じ分布に従うものとする（すなわち，すべての $i = 1, 2, \cdots, n$ について $E(X_i) = \mu$, $V(X_i) = \sigma^2 < \infty$ とする）。このとき，$n \longrightarrow \infty$ のとき，

(a) $\dfrac{\overline{X} - \mu}{\sigma/\sqrt{n}} \longrightarrow N(0, 1)$

(b) $\sqrt{n}(\overline{X} - \mu) \longrightarrow N(0, \sigma^2)$

(c) $\dfrac{1}{\sqrt{n}}\sum_{i=1}^{n}(X_i - \mu) \longrightarrow N(0, \sigma^2)$

となる。ただし，$\overline{X} = \dfrac{1}{n}\sum_{i=1}^{n} X_i$ とする（$E(\overline{X}) = \mu$, $V(\overline{X}) = \dfrac{\sigma^2}{n}$ に注意）。(a) ～ (c) は 3 つとも同じ意味で，単に書き換えただけである。

中心極限定理（その 2）： n 個の確率変数 X_1, X_2, $\cdots$, X_n は互いに独立で，すべての $i = 1, 2, \cdots, n$ について $E(X_i) = \mu$ とする。さらに，$V(X_i) = \sigma_i^2$ とし（同じ分布である必要はない），$\sigma^2 = \lim\limits_{n \to \infty} \dfrac{1}{n}\sum_{i=1}^{n} \sigma_i^2 < \infty$ とする。このとき，$n \longrightarrow \infty$ のとき，中心極限定理（その 1）の (b) と (c) がそのまま修正なしで成り立つ。

中心極限定理（その 3）： n 個の確率変数 X_1, X_2, $\cdots$, X_n を考える。すべての $i = 1, 2, \cdots, n$ について $E(X_i) = \mu$ とする。さらに，$\sigma^2 = \lim\limits_{n \to \infty} \dfrac{1}{n}V(\sum_{i=1}^{n} X_i) = \lim\limits_{n \to \infty} nV(\overline{X}) < \infty$ とする（互いに独立である必要はなく，同じ分布である必要もない）。このとき，$n \longrightarrow \infty$ のとき，中心極限定理（その 1）の (b) と (c) がそのまま修正なしで成り立つ。

● B.5.3 確率収束と分布収束

確率収束（convergence in probability）：確率変数 X_n と定数 c について，「$n \longrightarrow \infty$ のとき，$X_n \longrightarrow c$ となる」とき，X_n は c に確率収束すると言う。

$\text{plim}\, X_n = c$

と書く。これは，大数の法則に関連している。

分布収束（convergence in distribution）：確率変数 X_n と確率変数 X について，「$n \longrightarrow \infty$ のとき，$X_n \longrightarrow X$ となる」とき，X_n は X に分布収束すると言う。X の代

わりに，「$X_n \longrightarrow N(0, 1)$」や「$X_n \longrightarrow F$」のように分布とする場合もある。$N(0, 1)$ は標準正規分布，F はある分布関数である。

いくつかの公式：記号としては，X_n，Y_n，X，Y は確率変数，a，b は定数，$g(\cdot)$ はある連続関数とする。このとき，

(ⅰ) $X_n \longrightarrow a$ のとき，$g(X_n) \longrightarrow g(a)$

(ⅱ) $X_n \longrightarrow a$，$Y_n \longrightarrow b$ のとき，$X_n \pm Y_n \longrightarrow a \pm b$

(ⅲ) $X_n \longrightarrow a$，$Y_n \longrightarrow b$ のとき，$X_n Y_n \longrightarrow ab$

(ⅳ) $X_n \longrightarrow a$，$Y_n \longrightarrow b$ のとき，$X_n / Y_n \longrightarrow a/b$ （ただし，$b \neq 0$）

(ⅴ) $X_n \longrightarrow X$ のとき，$g(X_n) \longrightarrow g(X)$

(ⅵ) $X_n \longrightarrow X$，$Y_n \longrightarrow b$ のとき，$X_n \pm Y_n \longrightarrow X \pm b$

(ⅶ) $X_n \longrightarrow X$，$Y_n \longrightarrow b$ のとき，$X_n Y_n \longrightarrow bX$

(ⅷ) $X_n \longrightarrow X$，$Y_n \longrightarrow b$ のとき，$X_n / Y_n \longrightarrow X/b$ （ただし，$b \neq 0$）

が成り立つ。これらはスルツキー定理（Slutsky Theorem）と呼ばれる。(ⅰ)～(ⅳ) は確率収束，(ⅴ)～(ⅷ) は分布収束に関連している。特に，(ⅶ) を例として平均・分散に注目すると，$X_n Y_n$ は平均 $b\mathrm{E}(X)$，分散 $b^2 \mathrm{V}(X)$ の分布に収束する。すなわち，平均・分散はそれぞれ，

$$\mathrm{E}(X_n Y_n) \longrightarrow \mathrm{E}(bX) = b\mathrm{E}(X), \qquad \mathrm{V}(X_n Y_n) \longrightarrow \mathrm{V}(bX) = b^2 \mathrm{V}(X)$$

として求められる。

■ B.6 推定量の望ましい性質

　母集団のパラメータ（または，母数）を θ とする。θ の推定量（estimator）として $\hat{\theta}$ を考える。X_1，X_2，$\cdots$，X_n は互いに独立であるとする。すべての $i = 1, 2, \cdots, n$ について，X_i は θ に依存する分布 $f(x_i; \theta)$ に従うものとする。代表的なものとして $\theta = (\mu, \sigma^2)$ があげられる。

● B.6.1 不 偏 性

　$\hat{\theta}$ の期待値が θ になるとき，すなわち，

$$\mathrm{E}(\hat{\theta}) = \theta$$

となるとき，$\hat{\theta}$ は θ の不偏推定量（unbiased estimator）であると言う。$\hat{\theta}$ は不偏性を持つとも言う。不偏性の意味としては，母数の推定量の分布は母数の周りで分布しているということである。$\mathrm{E}(\hat{\theta}) - \theta$ は偏り（bias）と定義される。

例：n 個の確率変数 $X_1, X_2, \cdots, X_n$ に関して，すべての $= 1, 2, \cdots, n$ について $\mathrm{E}(X_i) = \mu$ とするとき，標本平均 $\overline{X}$ は μ の不偏推定量である。

[証明] $\mathrm{E}(\overline{X}) = \mathrm{E}(\frac{1}{n}\sum_{i=1}^{n} X_i) = \frac{1}{n}\sum_{i=1}^{n} \mathrm{E}(X_i) = \frac{1}{n}\sum_{i=1}^{n} \mu = \mu$

このように，$\mathrm{E}(\overline{X}) = \mu$ なので，標本平均 $\overline{X}$ は μ の不偏推定量となる。

● B.6.2 有効性（最小分散性）

ある母数 θ に対して，$\hat{\theta}_1$ と $\hat{\theta}_2$ の 2 つの不偏推定量を考える。このとき，$\mathrm{V}(\hat{\theta}_1) < \mathrm{V}(\hat{\theta}_2)$ が成り立つとき，$\hat{\theta}_1$ は $\hat{\theta}_2$ より有効であると言う。

ある母数 θ に対して，可能なすべての不偏推定量を考え，$\hat{\theta}$ が最も小さな分散を持つ推定量であるとする。このとき，$\hat{\theta}$ を有効推定量（efficient estimator）と言う。

一般に，有効推定量が存在するとは限らない（不偏推定量でない推定量が最小分散の場合がある）。代わりに，不偏推定量 $\sum_{i=1}^{n} c_i X_i$（すなわち，線型不偏推定量）の中で最も小さい分散を持つ推定量を求めることを考える。この推定量を最良線型不偏推定量（best linear unbiased estimator）と呼ぶ。

例：標本平均 $\overline{X} = \dfrac{1}{n}\sum_{i=1}^{n} X_i$ は線型不偏推定量の中で最も小さな分散を持つ推定量である。

[証明] 期待値を取ると，

$$\mathrm{E}(\sum_{i=1}^{n} c_i X_i) = \sum_{i=1}^{n} c_i \mathrm{E}(X_i) = \mu \sum_{i=1}^{n} c_i$$

となる。$\sum_{i=1}^{n} c_i X_i$ が不偏推定量になるためには $\sum_{i=1}^{n} c_i = 1$ が必要となる。分散は，

$$\mathrm{V}(\sum_{i=1}^{n} c_i X_i) = \sum_{i=1}^{n} \mathrm{V}(c_i X_i) = \sum_{i=1}^{n} c_i^2 \mathrm{V}(X_i) = \sigma^2 \sum_{i=1}^{n} c_i^2$$

となる。

したがって，最良線型不偏推定量を得るためには，$\sum_{i=1}^{n} c_i = 1$ の条件のもとで，$\sum_{i=1}^{n} c_i^2$ を最小にする $c_1, c_2, \cdots, c_n$ を求めればよい。ラグランジュ未定乗数法（240 ページ

の補論 A.1.2 参照）を用いれば，$c_i = \dfrac{1}{n}$ が得られる。

● B.6.3 　一　致　性

補論B

　母数 θ の推定量 $\hat{\theta}$ は，n 個の確率変数 X_1, X_2, $\cdots$, X_n から構成された推定量を $\hat{\theta}^{(n)}$ と定義する。数列 $\hat{\theta}^{(1)}$, $\hat{\theta}^{(2)}$, $\cdots$, $\hat{\theta}^{(n)}$, $\cdots$ を考える。十分大きな n について，$\hat{\theta}^{(n)}$ が θ に確率収束するとき，$\hat{\theta}$ は θ の一致推定量（consistent estimator）であると言う。

$$\hat{\theta} \longrightarrow \theta, \quad \text{または，} \quad \text{plim}\ \hat{\theta} = \theta$$

と表現する。

　$\text{E}(\hat{\theta}) = \theta$ とする。$n \longrightarrow \infty$ のとき $\text{V}(\hat{\theta}) \longrightarrow 0$ が成り立てば，$\hat{\theta}$ は θ の一致推定量である。

例：$\overline{X}$ は μ の一致推定量である。

[証明] $\overline{X}$ は μ の不偏推定量（すなわち，$\text{E}(\overline{X}) = \mu$）で，$n \longrightarrow \infty$ のとき，その分散がゼロに収束する（すなわち，$\text{V}(\overline{X}) = \dfrac{\sigma^2}{n} \longrightarrow 0$）となる。よって，$\overline{X}$ は μ の一致推定量であると言える。

■ B.7　正規分布に関連した標本分布

● B.7.1　正規分布の重要な定理

　n 個の互いに独立な確率変数 X_1, X_2, $\cdots$, X_n が同一の正規分布 $N(\mu, \sigma^2)$ に従うものとする。このとき，すでに (B.22) 式でも見たように，

$$\sum_{i=1}^{n} c_i X_i \sim N(\mu \sum_{i=1}^{n} c_i, \ \sigma^2 \sum_{i=1}^{n} c_i^2)$$

となる（証明略）。ただし，c_1, c_2, $\cdots$, c_n は定数とする。

　（注）：定理 (B.6)，定理 (B.20) から，「X_1, X_2, $\cdots$, X_n が互いに独立で，すべての i について $\text{E}(X_i) = \mu$，$\text{V}(X_i) = \sigma^2$ のとき，$\text{E}(\sum c_i X_i) = \mu \sum c_i$，$\text{V}(\sum c_i X_i) = \sigma^2 \sum c_i^2$ となる」が容易く得られる。しかし，前述のとおり，「すべての i について X_i が正規分布に従えば，その線型結合である $\sum c_i X_i$ もまた正規分布に従う」を証明することはそれほど簡単なことではない。本書ではこの証明は省略するが，興味のある読者は数理統計学の教科書を参照されたい。

● B.7.2 χ^2 分布

m 個の確率変数 Z_1, Z_2, $\cdots$, Z_m は互いに独立な標準正規分布に従うものとする。このとき，$U = \sum_{i=1}^{m} Z_i^2$ は自由度 m の χ^2 分布に従う。$U \sim \chi^2(m)$ と表記する。χ^2（カイ二乗）分布表から確率を求める。$U \sim \chi^2(m)$ のとき，$\mathrm{E}(U) = m$，$\mathrm{V}(U) = 2m$ となる（証明略）。

自由度 m と上側確率 α を与えたもとで，276 ページの**付表 2** の χ^2 分布表から上側 $100 \times \alpha$％点を求めることができる。Excel を使うとより多くの (m, α) の組み合わせで，上側 $100 \times \alpha$％点を求めることができる。正の整数 m，0 と 1 の間の実数 α を与えて，出力したいセルで「=CHISQ.INV(1-α,m)」とタイプすればよい。

χ^2 分布に関するいくつか重要な定理を以下にまとめておく。

1. 2 つの独立な χ^2 分布からの確率変数 U, V を考える。$U \sim \chi^2(n)$，$V \sim \chi^2(m)$ とする。このとき，$W = U + V \sim \chi^2(n + m)$ となる（証明略）。

2. n 個の独立な確率変数 X_1, X_2, $\cdots$, X_n が同一の正規分布 $N(\mu, \sigma^2)$ に従うものとする。$\dfrac{X_i - \mu}{\sigma} \sim N(0, 1)$ なので，$(\dfrac{X_i - \mu}{\sigma})^2 \sim \chi^2(1)$ となる。$\dfrac{X_1 - \mu}{\sigma}$, $\dfrac{X_2 - \mu}{\sigma}$, $\cdots$, $\dfrac{X_n - \mu}{\sigma}$ はそれぞれ独立なので，

$$\sum_{i=1}^{n}(\frac{X_i - \mu}{\sigma})^2 \sim \chi^2(n)$$

となる。

3. 母平均 μ をその推定量 $\overline{X}$ で置き換えると，

$$\sum_{i=1}^{n}(\frac{X_i - \overline{X}}{\sigma})^2 \sim \chi^2(n-1)$$

となる（証明略）。

さらに，母分散 σ^2 の推定量を

$$S^2 = \frac{1}{n-1}\sum_{i=1}^{n}(X_i - \overline{X})^2$$

と定義すると，

$$\frac{(n-1)S^2}{\sigma^2} \sim \chi^2(n-1)$$

となる。S^2 は σ^2 の不偏推定量である（後述）。

4. χ^2 分布に従う確率変数の平均（＝自由度）・分散（＝自由度の 2 倍）から，

$$\mathrm{E}(\frac{(n-1)S^2}{\sigma^2}) = n-1, \qquad \mathrm{V}(\frac{(n-1)S^2}{\sigma^2}) = 2(n-1)$$

となる。すなわち，$E(S^2) = \sigma^2$，$V(S^2) = \dfrac{2\sigma^4}{n-1}$ が得られる。前者は「S^2 は σ^2 の不偏推定量である」，後者は「S^2 は σ^2 の一致推定量である」（理由：S^2 は不偏推定量，かつ，n が大きくなるとその分散はゼロに収束するため）という意味である。

● B.7.3 t 分 布

$Z \sim N(0, 1)$，$U \sim \chi^2(m)$，Z と U は独立な確率変数とする。このとき，$T = \dfrac{Z}{\sqrt{U/m}}$ は，自由度 m の t 分布に従う（証明略）。$T \sim t(m)$ と表記する。

$T \sim t(m)$ のとき，$m > 1$ について $E(T) = 0$，$m > 2$ について $V(T) = \dfrac{m}{m-2}$ となる（証明略）。

自由度 m と上側確率 α を与えたもとで，277 ページの**付表 3** の t 分布表から上側 $100 \times \alpha$%点を求めることができる。Excel を使うとより多くの (m, α) の組み合わせで，上側 $100 \times \alpha$%点を求めることができる。正の整数 m，0 と 1 の間の実数 α を与えて，出力したいセルで「=T.INV(1-α,m)」とタイプすればよい。

t 分布の特徴は以下のとおりである。

1. ゼロを中心に左右対称である。
2. t 分布は，標準正規分布より裾野の広い分布である（なぜなら，$V(T) = \dfrac{m}{m-2} > 1$）。
3. $m \longrightarrow \infty$ のとき，$t(m) \longrightarrow N(0, 1)$ となる（期待値は $m > 1$ について $E(T) = 0$，分散は $V(T) = \dfrac{m}{m-2} \longrightarrow 1$）。

● B.7.4 F 分 布

$U \sim \chi^2(m)$，$V \sim \chi^2(n)$，U と V は独立とする。このとき，

$$F = \frac{U/m}{V/n} \sim F(m, n)$$

となる。この逆数は，

$$\frac{1}{F} = \frac{V/n}{U/m} \sim F(n, m)$$

となる。

$F_\alpha(m, n)$ を $F(m, n)$ 分布の上側 $100 \times \alpha$%点とする。

$$P\big(F > F_\alpha(m, n)\big) = \alpha$$

となる。278 ページ（$\alpha = 0.01$ の場合），280 ページ（$\alpha = 0.025$ の場合），282 ページ（$\alpha = 0.05$ の場合）の**付表 4** の表中の数字が，$F_\alpha(m, n)$ を表す。また，逆数を取ると，

$$P\big(\frac{1}{F} > F_\alpha(n, m)\big) = \alpha$$

となり，書き換えると，

$$P\big(F < \frac{1}{F_\alpha(n, m)}\big) = \alpha$$

となる。これは，$F(m, n)$ 分布の下側 $100 \times \alpha$%点（または，上側 $100 \times (1-\alpha)$%点）は $\dfrac{1}{F_\alpha(n, m)}$ によって与えられることを意味する。このように，自由度を入れ替え，逆数を取ることによって，下側確率も求めることができる。

　自由度 m, n と上側確率 α を与えたもとで，278〜283 ページの付表 4 の F 分布表から上側 $100 \times \alpha$%点を求めることができる。Excel を使うとより多くの (m, n, α) の組み合わせで，上側 $100 \times \alpha$%点を求めることができる。正の整数 m, n，0 と 1 の間の実数 α を与えて，出力したいセルで「=F.INV(1-α,m,n)」とタイプすればよい。

■ B.8　標本平均 $\overline{X}$ の分布

　n 個の確率変数 $X_1, X_2, \cdots, X_n$ は互いに独立で，平均 μ，分散 σ^2 の正規分布に従うものとする。また，$\overline{X} = \dfrac{1}{n}\sum_{i=1}^{n} X_i$, $S^2 = \dfrac{1}{n-1}\sum_{i=1}^{n}(X_i - \overline{X})^2$ と定義する。

1.　(B.22) から $\overline{X}$ の分布は，$\overline{X} \sim N(\mu, \dfrac{\sigma^2}{n})$ なので，標準化して，$Z = \dfrac{\overline{X} - \mu}{\sigma/\sqrt{n}} \sim N(0, 1)$ となる（259 ページの定理(B.21) 参照）。

2.　$U = \dfrac{(n-1)S^2}{\sigma^2} \sim \chi^2(n-1)$ である（266 ページの項目 3 参照）。

3.　$\dfrac{\overline{X} - \mu}{\sigma/\sqrt{n}}$ と $\dfrac{(n-1)S^2}{\sigma^2}$ は独立である（証明略）。

　　　正規分布を仮定しているので，$\overline{X}$ と S^2 の共分散がゼロになることを証明すればよい（258 ページの定理(B.17) 参照）。

4.　したがって，

$$T = \frac{Z}{\sqrt{U/(n-1)}} = \frac{\dfrac{\overline{X} - \mu}{\sigma/\sqrt{n}}}{\sqrt{\dfrac{(n-1)S^2}{\sigma^2}/n-1}} = \frac{\overline{X} - \mu}{S/\sqrt{n}} \sim t(n-1)$$

を得る（267 ページの **B.7.3** 参照）。

重要な結果は，最後の

$$\frac{\overline{X} - \mu}{S/\sqrt{n}} \sim t(n-1)$$

に尽きる。

結果だけを眺めると，σ^2 を S^2 に置き換えると，$N(0, 1)$ から t 分布になる。

$$\frac{\overline{X} - \mu}{\sigma/\sqrt{n}} \sim N(0, 1) \implies \frac{\overline{X} - \mu}{S/\sqrt{n}} \sim t(n-1)$$

■ B.9　区間推定（信頼区間）

$\overline{X}$ の分布を利用して，μ の信頼区間を求める。

1. $\overline{X}$ の分布は，

$$\frac{\overline{X} - \mu}{S/\sqrt{n}} \sim t(n-1)$$

となる。

2. $t_{\alpha/2}(n-1)$, $t_{1-\alpha/2}(n-1)$ を自由度 $n-1$ の t 分布の上側 $100 \times \dfrac{\alpha}{2}$%点，$100 \times (1-\dfrac{\alpha}{2})$%点の値とする。$t$ 分布はゼロを中心に左右対称なので，$t_{1-\alpha/2}(n-1) = -t_{\alpha/2}(n-1)$ となることを利用すると，

$$P\left(-t_{\alpha/2}(n-1) < \frac{\overline{X} - \mu}{S/\sqrt{n}} < t_{\alpha/2}(n-1)\right) = 1 - \alpha$$

を得る。ただし，自由度 $n-1$ と α が決まれば，$t_{\alpha/2}(n-1)$ は t 分布表（277 ページの**付表 3**）から得られる。または，Excel コマンドの「=T.INV(1-α/2,n-1)」からも $t_{\alpha/2}(n-1)$ は求められる。

3. 書き直して，

$$P\left(\overline{X} - t_{\alpha/2}(n-1)\frac{S}{\sqrt{n}} < \mu < \overline{X} + t_{\alpha/2}(n-1)\frac{S}{\sqrt{n}}\right) = 1 - \alpha$$

となる。

4. これは，μ が区間 $\left(\overline{X} - t_{\alpha/2}(n-1)\dfrac{S}{\sqrt{n}},\ \overline{X} + t_{\alpha/2}(n-1)\dfrac{S}{\sqrt{n}}\right)$ にある確率は $1-\alpha$ であるという意味である。

5. 次に，推定量 $\overline{X}$，S^2 をその推定値 $\overline{x}$，s^2 で置き換えることを考える。ただし，

$$\overline{x} = \frac{1}{n}\sum_{i=1}^{n} x_i, \qquad s^2 = \frac{1}{n-1}\sum_{i=1}^{n}(x_i - \overline{x})^2$$

とする。

6. 推定値に置き換えた区間

$$\left(\overline{x} - t_{\alpha/2}(n-1)\frac{s}{\sqrt{n}},\ \overline{x} + t_{\alpha/2}(n-1)\frac{s}{\sqrt{n}}\right)$$

を信頼係数 $1-\alpha$ の信頼区間といい，$\overline{x} - t_{\alpha/2}(n-1)\dfrac{s}{\sqrt{n}}$ を信頼下限，$\overline{x} + t_{\alpha/2}(n-1)\dfrac{s}{\sqrt{n}}$ を信頼上限と呼ぶ。

■ B.10　仮 説 検 定

$\overline{X}$ の分布を利用して，μ の仮説検定を行う。

1. 帰無仮説 $H_0 : \mu = \mu_0$,　　対立仮説 $H_1 : \mu \neq \mu_0$

μ_0 は何らかの数値を表す。未知の母数 μ が μ_0 という値を取るという仮説（帰無仮説）が正しいかどうかを検定する。

2. 帰無仮説 $H_0 : \mu = \mu_0$ が正しいもとでの分布は，

$$\frac{\overline{X} - \mu_0}{S/\sqrt{n}} \sim t(n-1)$$

となる。単に，μ に μ_0 を代入すればよい。$\dfrac{\overline{X} - \mu_0}{S/\sqrt{n}}$ を検定統計量という。

3. すなわち，次のように書くことができる。

$$P\left(\left|\frac{\overline{X} - \mu_0}{S/\sqrt{n}}\right| < t_{\alpha/2}(n-1)\right) = 1-\alpha$$

$t_{\alpha/2}(n-1)$ を自由度 $n-1$ の t 分布の上側 $100 \times \dfrac{\alpha}{2}$％点の値とする。自由度と α が決まれば，$t_{\alpha/2}(n-1)$ は t 分布表（277 ページの**付表 3**）から得られる。

4. α を有意水準と呼ぶ。慣習的に $\alpha = 0.01,\ 0.05$ が使われる。

5. 推定量 $\overline{X}$，S^2 を推定値 $\overline{x}$，s^2 で置き換えて，$-t_{\alpha/2}(n-1) > \dfrac{\overline{x} - \mu_0}{s/\sqrt{n}}$，または，$\dfrac{\overline{x} - \mu_0}{s/\sqrt{n}} > t_{\alpha/2}(n-1)$ ならば，検定統計値 $\dfrac{\overline{x} - \mu_0}{s/\sqrt{n}}$ は t 分布の十分端にあり，帰無

仮説 H_0：$\mu = \mu_0$ が起こる確率は $100 \times \alpha\%$ 以下となり，起こりにくいと考える。したがって，有意水準 α で帰無仮説 H_0：$\mu = \mu_0$ を棄却する。

付　表

- 付表 1〜4 について，Excel で分布表を作成した。
- 付表 1 では，z を与えたもとで「=1-NORMSDIST(z)」，また，上側確率 α を与えたもとで「=NORM.INV(1-α,0,1)」として作成した。
- 付表 2 では，上側確率 α と自由度 m を与えたもとで「=CHISQ.INV(1-α,m)」として作成した。
- 付表 3 では，上側確率 α と自由度 m を与えたもとで「=T.INV(1-α,m)」として作成した。
- 付表 4 では，上側確率 α と自由度 m, n を与えたもとで「=F.INV(1-α,m,n)」として作成した。
- 付表 5 は，
  https://www.real-statistics.com/statistics-tables/durbin-watson-table/
  から得られる。

付表1　正規分布表：$Z \sim N(0, 1)$

$$\alpha = P(Z > z_\alpha) = \int_{z_\alpha}^{\infty} \frac{1}{\sqrt{2\pi}} \exp\left(-\frac{1}{2}x^2\right) dx$$

z_α	.00	.01	.02	.03	.04	.05	.06	.07	.08	.09
0.0	.5000	.4960	.4920	.4880	.4841	.4801	.4761	.4721	.4681	.4641
0.1	.4602	.4562	.4522	.4483	.4443	.4404	.4364	.4325	.4286	.4247
0.2	.4207	.4168	.4129	.4091	.4052	.4013	.3974	.3936	.3897	.3859
0.3	.3821	.3783	.3745	.3707	.3669	.3632	.3594	.3557	.3520	.3483
0.4	.3446	.3409	.3372	.3336	.3300	.3264	.3228	.3192	.3156	.3121
0.5	.3085	.3050	.3015	.2981	.2946	.2912	.2877	.2843	.2810	.2776
0.6	.2743	.2709	.2676	.2644	.2611	.2579	.2546	.2514	.2483	.2451
0.7	.2420	.2389	.2358	.2327	.2297	.2266	.2236	.2207	.2177	.2148
0.8	.2119	.2090	.2061	.2033	.2005	.1977	.1949	.1922	.1894	.1867
0.9	.1841	.1814	.1788	.1762	.1736	.1711	.1685	.1660	.1635	.1611
1.0	.1587	.1563	.1539	.1515	.1492	.1469	.1446	.1423	.1401	.1379
1.1	.1357	.1335	.1314	.1292	.1271	.1251	.1230	.1210	.1190	.1170
1.2	.1151	.1131	.1112	.1094	.1075	.1057	.1038	.1020	.1003	.0985
1.3	.0968	.0951	.0934	.0918	.0901	.0885	.0869	.0853	.0838	.0823
1.4	.0808	.0793	.0778	.0764	.0749	.0735	.0721	.0708	.0694	.0681
1.5	.0668	.0655	.0643	.0630	.0618	.0606	.0594	.0582	.0571	.0559
1.6	.0548	.0537	.0526	.0516	.0505	.0495	.0485	.0475	.0465	.0455
1.7	.0446	.0436	.0427	.0418	.0409	.0401	.0392	.0384	.0375	.0367
1.8	.0359	.0351	.0344	.0336	.0329	.0322	.0314	.0307	.0301	.0294
1.9	.0287	.0281	.0274	.0268	.0262	.0256	.0250	.0244	.0239	.0233
2.0	.0228	.0222	.0217	.0212	.0207	.0202	.0197	.0192	.0188	.0183
2.1	.0179	.0174	.0170	.0166	.0162	.0158	.0154	.0150	.0146	.0143
2.2	.0139	.0136	.0132	.0129	.0125	.0122	.0119	.0116	.0113	.0110
2.3	.0107	.0104	.0102	.0099	.0096	.0094	.0091	.0089	.0087	.0084
2.4	.0082	.0080	.0078	.0075	.0073	.0071	.0069	.0068	.0066	.0064
2.5	.0062	.0060	.0059	.0057	.0055	.0054	.0052	.0051	.0049	.0048
2.6	.0047	.0045	.0044	.0043	.0041	.0040	.0039	.0038	.0037	.0036
2.7	.0035	.0034	.0033	.0032	.0031	.0030	.0029	.0028	.0027	.0026
2.8	.0026	.0025	.0024	.0023	.0023	.0022	.0021	.0021	.0020	.0019
2.9	.0019	.0018	.0018	.0017	.0016	.0016	.0015	.0015	.0014	.0014
3.0	.0013	.0013	.0013	.0012	.0012	.0011	.0011	.0011	.0010	.0010
3.1	.0010	.0009	.0009	.0009	.0008	.0008	.0008	.0008	.0007	.0007
3.2	.0007	.0007	.0006	.0006	.0006	.0006	.0006	.0005	.0005	.0005
3.3	.0005	.0005	.0005	.0004	.0004	.0004	.0004	.0004	.0004	.0003
3.4	.0003	.0003	.0003	.0003	.0003	.0003	.0003	.0003	.0003	.0002

α	.10	.05	.025	.010	.005	.001	.0005	.0001	.00001
z_α	1.2816	1.6449	1.9600	2.3263	2.5758	3.0902	3.2905	3.7190	4.2649

付
表

付表 2 　カイ 2 乗分布表： $U \sim \chi^2(m)$

$$\alpha = P(U > \chi_\alpha^2(m)) = \int_{\chi_\alpha^2(m)}^{\infty} f(x)\mathrm{d}x$$

α　　m（自由度）	.995	.99	.975	.95	.90	.10	.05	.025	.010	.005
1	.0000393	.000157	.000982	.00393	.0158	2.71	3.84	5.02	6.63	7.88
2	.0100	.0201	.0506	.103	.211	4.61	5.99	7.38	9.21	10.60
3	.0717	.115	.216	.352	.584	6.25	7.81	9.35	11.34	12.84
4	.207	.297	.484	.711	1.06	7.78	9.49	11.14	13.28	14.86
5	.412	.554	.831	1.15	1.61	9.24	11.07	12.83	15.09	16.75
6	.676	.872	1.24	1.64	2.20	10.64	12.59	14.45	16.81	18.55
7	.989	1.24	1.69	2.17	2.83	12.02	14.07	16.01	18.48	20.28
8	1.34	1.65	2.18	2.73	3.49	13.36	15.51	17.53	20.09	21.95
9	1.73	2.09	2.70	3.33	4.17	14.68	16.92	19.02	21.67	23.59
10	2.16	2.56	3.25	3.94	4.87	15.99	18.31	20.48	23.21	25.19
11	2.60	3.05	3.82	4.57	5.58	17.28	19.68	21.92	24.72	26.76
12	3.07	3.57	4.40	5.23	6.30	18.55	21.03	23.34	26.22	28.30
13	3.57	4.11	5.01	5.89	7.04	19.81	22.36	24.74	27.69	29.82
14	4.07	4.66	5.63	6.57	7.79	21.06	23.68	26.12	29.14	31.32
15	4.60	5.23	6.26	7.26	8.55	22.31	25.00	27.49	30.58	32.80
16	5.14	5.81	6.91	7.96	9.31	23.54	26.30	28.85	32.00	34.27
17	5.70	6.41	7.56	8.67	10.09	24.77	27.59	30.19	33.41	35.72
18	6.26	7.01	8.23	9.39	10.86	25.99	28.87	31.53	34.81	37.16
19	6.84	7.63	8.91	10.12	11.65	27.20	30.14	32.85	36.19	38.58
20	7.43	8.26	9.59	10.85	12.44	28.41	31.41	34.17	37.57	40.00
21	8.03	8.90	10.28	11.59	13.24	29.62	32.67	35.48	38.93	41.40
22	8.64	9.54	10.98	12.34	14.04	30.81	33.92	36.78	40.29	42.80
23	9.26	10.20	11.69	13.09	14.85	32.01	35.17	38.08	41.64	44.18
24	9.89	10.86	12.40	13.85	15.66	33.20	36.42	39.36	42.98	45.56
25	10.52	11.52	13.12	14.61	16.47	34.38	37.65	40.65	44.31	46.93
26	11.16	12.20	13.84	15.38	17.29	35.56	38.89	41.92	45.64	48.29
27	11.81	12.88	14.57	16.15	18.11	36.74	40.11	43.19	46.96	49.64
28	12.46	13.56	15.31	16.93	18.94	37.92	41.34	44.46	48.28	50.99
29	13.12	14.26	16.05	17.71	19.77	39.09	42.56	45.72	49.59	52.34
30	13.79	14.95	16.79	18.49	20.60	40.26	43.77	46.98	50.89	53.67
31	14.46	15.66	17.54	19.28	21.43	41.42	44.99	48.23	52.19	55.00
32	15.13	16.36	18.29	20.07	22.27	42.58	46.19	49.48	53.49	56.33
33	15.82	17.07	19.05	20.87	23.11	43.75	47.40	50.73	54.78	57.65
34	16.50	17.79	19.81	21.66	23.95	44.90	48.60	51.97	56.06	58.96
35	17.19	18.51	20.57	22.47	24.80	46.06	49.80	53.20	57.34	60.27
36	17.89	19.23	21.34	23.27	25.64	47.21	51.00	54.44	58.62	61.58
37	18.59	19.96	22.11	24.07	26.49	48.36	52.19	55.67	59.89	62.88
38	19.29	20.69	22.88	24.88	27.34	49.51	53.38	56.90	61.16	64.18
39	20.00	21.43	23.65	25.70	28.20	50.66	54.57	58.12	62.43	65.48
40	20.71	22.16	24.43	26.51	29.05	51.81	55.76	59.34	63.69	66.77
45	24.31	25.90	28.37	30.61	33.35	57.51	61.66	65.41	69.96	73.17
50	27.99	29.71	32.36	34.76	37.69	63.17	67.50	71.42	76.15	79.49
55	31.73	33.57	36.40	38.96	42.06	68.80	73.31	77.38	82.29	85.75
60	35.53	37.48	40.48	43.19	46.46	74.40	79.08	83.30	88.38	91.95
70	43.25	45.42	48.75	51.74	55.33	85.52	90.53	95.03	100.44	104.24
80	51.14	53.52	57.15	60.39	64.28	96.57	101.88	106.63	112.34	116.35
90	59.17	61.74	65.64	69.13	73.29	107.56	113.14	118.14	124.13	128.32
100	67.30	70.05	74.22	77.93	82.36	118.49	124.34	129.56	135.82	140.19
150	109.12	112.65	117.98	122.69	128.28	172.58	179.58	185.80	193.22	198.38
200	152.22	156.42	162.72	168.28	174.84	226.02	233.99	241.06	249.45	255.28

付表3 *t* 分布表：$T \sim t(m)$

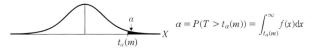

$$\alpha = P(T > t_\alpha(m)) = \int_{t_\alpha(m)}^{\infty} f(x)\mathrm{d}x$$

m （自由度） \ α	.10	.05	.025	.010	.005
1	3.0777	6.3138	12.7062	31.8205	63.6567
2	1.8856	2.9200	4.3027	6.9646	9.9248
3	1.6377	2.3534	3.1824	4.5407	5.8409
4	1.5332	2.1318	2.7764	3.7470	4.6041
5	1.4759	2.0150	2.5706	3.3649	4.0322
6	1.4398	1.9432	2.4469	3.1427	3.7074
7	1.4149	1.8946	2.3646	2.9980	3.4995
8	1.3968	1.8595	2.3060	2.8965	3.3554
9	1.3830	1.8331	2.2622	2.8214	3.2498
10	1.3722	1.8125	2.2281	2.7638	3.1693
11	1.3634	1.7959	2.2010	2.7181	3.1058
12	1.3562	1.7823	2.1788	2.6810	3.0545
13	1.3502	1.7709	2.1604	2.6503	3.0123
14	1.3450	1.7613	2.1448	2.6245	2.9768
15	1.3406	1.7531	2.1314	2.6025	2.9467
16	1.3368	1.7459	2.1199	2.5835	2.9208
17	1.3334	1.7396	2.1098	2.5669	2.8982
18	1.3304	1.7341	2.1009	2.5524	2.8784
19	1.3277	1.7291	2.0930	2.5395	2.8609
20	1.3253	1.7247	2.0860	2.5280	2.8453
21	1.3232	1.7207	2.0796	2.5176	2.8314
22	1.3212	1.7171	2.0739	2.5083	2.8188
23	1.3195	1.7139	2.0687	2.4999	2.8073
24	1.3178	1.7109	2.0639	2.4922	2.7969
25	1.3163	1.7081	2.0595	2.4851	2.7874
26	1.3150	1.7056	2.0555	2.4786	2.7787
27	1.3137	1.7033	2.0518	2.4727	2.7707
28	1.3125	1.7011	2.0484	2.4671	2.7633
29	1.3114	1.6991	2.0452	2.4620	2.7564
30	1.3104	1.6973	2.0423	2.4573	2.7500
31	1.3095	1.6955	2.0395	2.4528	2.7440
32	1.3086	1.6939	2.0369	2.4487	2.7385
33	1.3077	1.6924	2.0345	2.4448	2.7333
34	1.3070	1.6909	2.0322	2.4411	2.7284
35	1.3062	1.6896	2.0301	2.4377	2.7238
36	1.3055	1.6883	2.0281	2.4345	2.7195
37	1.3049	1.6871	2.0262	2.4314	2.7154
38	1.3042	1.6860	2.0244	2.4286	2.7116
39	1.3036	1.6849	2.0227	2.4258	2.7079
40	1.3031	1.6839	2.0211	2.4233	2.7045
45	1.3006	1.6794	2.0141	2.4121	2.6896
50	1.2987	1.6759	2.0086	2.4033	2.6778
55	1.2971	1.6730	2.0040	2.3961	2.6682
60	1.2958	1.6706	2.0003	2.3901	2.6603
70	1.2938	1.6669	1.9944	2.3808	2.6479
80	1.2922	1.6641	1.9901	2.3739	2.6387
90	1.2910	1.6620	1.9867	2.3685	2.6316
100	1.2901	1.6602	1.9840	2.3642	2.6259
200	1.2858	1.6525	1.9719	2.3451	2.6006
∞	1.2816	1.6449	1.9600	2.3263	2.5758

付表 4　F 分布表（1%点，$\alpha = 0.01$）：$F \sim F(m_1, m_2)$

$$\alpha = P(F > F_\alpha(m_1, m_2)) = \int_{F_\alpha(m_1, m_2)}^{\infty} f(x)\mathrm{d}x$$

m_1 = 分子の自由度，m_2 = 分母の自由度

m_1 m_2	1	2	3	4	5	6	7	8	9	10	11	12	13
1	4052	5000	5403	5625	5764	5859	5928	5981	6022	6056	6083	6106	6126
2	98.5	99.0	99.2	99.2	99.3	99.3	99.4	99.4	99.4	99.4	99.4	99.4	99.4
3	34.1	30.8	29.5	28.7	28.2	27.9	27.7	27.5	27.3	27.2	27.1	27.1	27.0
4	21.2	18.0	16.7	16.0	15.5	15.2	15.0	14.8	14.7	14.5	14.5	14.4	14.3
5	16.3	13.3	12.1	11.4	11.0	10.7	10.5	10.3	10.2	10.1	9.96	9.89	9.82
6	13.7	10.9	9.78	9.15	8.75	8.47	8.26	8.10	7.98	7.87	7.79	7.72	7.66
7	12.2	9.55	8.45	7.85	7.46	7.19	6.99	6.84	6.72	6.62	6.54	6.47	6.41
8	11.3	8.65	7.59	7.01	6.63	6.37	6.18	6.03	5.91	5.81	5.73	5.67	5.61
9	10.6	8.02	6.99	6.42	6.06	5.80	5.61	5.47	5.35	5.26	5.18	5.11	5.05
10	10.0	7.56	6.55	5.99	5.64	5.39	5.20	5.06	4.94	4.85	4.77	4.71	4.65
11	9.65	7.21	6.22	5.67	5.32	5.07	4.89	4.74	4.63	4.54	4.46	4.40	4.34
12	9.33	6.93	5.95	5.41	5.06	4.82	4.64	4.50	4.39	4.30	4.22	4.16	4.10
13	9.07	6.70	5.74	5.21	4.86	4.62	4.44	4.30	4.19	4.10	4.02	3.96	3.91
14	8.86	6.51	5.56	5.04	4.69	4.46	4.28	4.14	4.03	3.94	3.86	3.80	3.75
15	8.68	6.36	5.42	4.89	4.56	4.32	4.14	4.00	3.89	3.80	3.73	3.67	3.61
16	8.53	6.23	5.29	4.77	4.44	4.20	4.03	3.89	3.78	3.69	3.62	3.55	3.50
17	8.40	6.11	5.18	4.67	4.34	4.10	3.93	3.79	3.68	3.59	3.52	3.46	3.40
18	8.29	6.01	5.09	4.58	4.25	4.01	3.84	3.71	3.60	3.51	3.43	3.37	3.32
19	8.18	5.93	5.01	4.50	4.17	3.94	3.77	3.63	3.52	3.43	3.36	3.30	3.24
20	8.10	5.85	4.94	4.43	4.10	3.87	3.70	3.56	3.46	3.37	3.29	3.23	3.18
21	8.02	5.78	4.87	4.37	4.04	3.81	3.64	3.51	3.40	3.31	3.24	3.17	3.12
22	7.95	5.72	4.82	4.31	3.99	3.76	3.59	3.45	3.35	3.26	3.18	3.12	3.07
23	7.88	5.66	4.76	4.26	3.94	3.71	3.54	3.41	3.30	3.21	3.14	3.07	3.02
24	7.82	5.61	4.72	4.22	3.90	3.67	3.50	3.36	3.26	3.17	3.09	3.03	2.98
25	7.77	5.57	4.68	4.18	3.85	3.63	3.46	3.32	3.22	3.13	3.06	2.99	2.94
26	7.72	5.53	4.64	4.14	3.82	3.59	3.42	3.29	3.18	3.09	3.02	2.96	2.90
27	7.68	5.49	4.60	4.11	3.78	3.56	3.39	3.26	3.15	3.06	2.99	2.93	2.87
28	7.64	5.45	4.57	4.07	3.75	3.53	3.36	3.23	3.12	3.03	2.96	2.90	2.84
29	7.60	5.42	4.54	4.04	3.73	3.50	3.33	3.20	3.09	3.00	2.93	2.87	2.81
30	7.56	5.39	4.51	4.02	3.70	3.47	3.30	3.17	3.07	2.98	2.91	2.84	2.79
31	7.53	5.36	4.48	3.99	3.67	3.45	3.28	3.15	3.04	2.96	2.88	2.82	2.77
32	7.50	5.34	4.46	3.97	3.65	3.43	3.26	3.13	3.02	2.93	2.86	2.80	2.74
33	7.47	5.31	4.44	3.95	3.63	3.41	3.24	3.11	3.00	2.91	2.84	2.78	2.72
34	7.44	5.29	4.42	3.93	3.61	3.39	3.22	3.09	2.98	2.89	2.82	2.76	2.70
35	7.42	5.27	4.40	3.91	3.59	3.37	3.20	3.07	2.96	2.88	2.80	2.74	2.69
40	7.31	5.18	4.31	3.83	3.51	3.29	3.12	2.99	2.89	2.80	2.73	2.66	2.61
45	7.23	5.11	4.25	3.77	3.45	3.23	3.07	2.94	2.83	2.74	2.67	2.61	2.55
50	7.17	5.06	4.20	3.72	3.41	3.19	3.02	2.89	2.78	2.70	2.63	2.56	2.51
60	7.08	4.98	4.13	3.65	3.34	3.12	2.95	2.82	2.72	2.63	2.56	2.50	2.44
70	7.01	4.92	4.07	3.60	3.29	3.07	2.91	2.78	2.67	2.59	2.51	2.45	2.40
80	6.96	4.88	4.04	3.56	3.26	3.04	2.87	2.74	2.64	2.55	2.48	2.42	2.36
90	6.93	4.85	4.01	3.53	3.23	3.01	2.84	2.72	2.61	2.52	2.45	2.39	2.33
100	6.90	4.82	3.98	3.51	3.21	2.99	2.82	2.69	2.59	2.50	2.43	2.37	2.31
150	6.81	4.75	3.91	3.45	3.14	2.92	2.76	2.63	2.53	2.44	2.37	2.31	2.25
200	6.76	4.71	3.88	3.41	3.11	2.89	2.73	2.60	2.50	2.41	2.34	2.27	2.22
∞	6.64	4.61	3.78	3.32	3.02	2.80	2.64	2.51	2.41	2.32	2.25	2.19	2.13

14	15	17	20	25	30	40	50	60	70	80	100	200
6143	6157	6181	6209	6240	6261	6287	6303	6313	6321	6326	6334	6350
99.4	99.4	99.4	99.4	99.5	99.5	99.5	99.5	99.5	99.5	99.5	99.5	99.5
26.9	26.9	26.8	26.7	26.6	26.5	26.4	26.4	26.3	26.3	26.3	26.2	26.2
14.2	14.2	14.1	14.0	13.9	13.8	13.7	13.7	13.7	13.6	13.6	13.6	13.5
9.77	9.72	9.64	9.55	9.45	9.38	9.29	9.24	9.20	9.18	9.16	9.13	9.08
7.60	7.56	7.48	7.40	7.30	7.23	7.14	7.09	7.06	7.03	7.01	6.99	6.93
6.36	6.31	6.24	6.16	6.06	5.99	5.91	5.86	5.82	5.80	5.78	5.75	5.70
5.56	5.52	5.44	5.36	5.26	5.20	5.12	5.07	5.03	5.01	4.99	4.96	4.91
5.01	4.96	4.89	4.81	4.71	4.65	4.57	4.52	4.48	4.46	4.44	4.41	4.36
4.60	4.56	4.49	4.41	4.31	4.25	4.17	4.12	4.08	4.06	4.04	4.01	3.96
4.29	4.25	4.18	4.10	4.01	3.94	3.86	3.81	3.78	3.75	3.73	3.71	3.66
4.05	4.01	3.94	3.86	3.76	3.70	3.62	3.57	3.54	3.51	3.49	3.47	3.41
3.86	3.82	3.75	3.66	3.57	3.51	3.43	3.38	3.34	3.32	3.30	3.27	3.22
3.70	3.66	3.59	3.51	3.41	3.35	3.27	3.22	3.18	3.16	3.14	3.11	3.06
3.56	3.52	3.45	3.37	3.28	3.21	3.13	3.08	3.05	3.02	3.00	2.98	2.92
3.45	3.41	3.34	3.26	3.16	3.10	3.02	2.97	2.93	2.91	2.89	2.86	2.81
3.35	3.31	3.24	3.16	3.07	3.00	2.92	2.87	2.83	2.81	2.79	2.76	2.71
3.27	3.23	3.16	3.08	2.98	2.92	2.84	2.78	2.75	2.72	2.70	2.68	2.62
3.19	3.15	3.08	3.00	2.91	2.84	2.76	2.71	2.67	2.65	2.63	2.60	2.55
3.13	3.09	3.02	2.94	2.84	2.78	2.69	2.64	2.61	2.58	2.56	2.54	2.48
3.07	3.03	2.96	2.88	2.79	2.72	2.64	2.58	2.55	2.52	2.50	2.48	2.42
3.02	2.98	2.91	2.83	2.73	2.67	2.58	2.53	2.50	2.47	2.45	2.42	2.36
2.97	2.93	2.86	2.78	2.69	2.62	2.54	2.48	2.45	2.42	2.40	2.37	2.32
2.93	2.89	2.82	2.74	2.64	2.58	2.49	2.44	2.40	2.38	2.36	2.33	2.27
2.89	2.85	2.78	2.70	2.60	2.54	2.45	2.40	2.36	2.34	2.32	2.29	2.23
2.86	2.81	2.75	2.66	2.57	2.50	2.42	2.36	2.33	2.30	2.28	2.25	2.19
2.82	2.78	2.71	2.63	2.54	2.47	2.38	2.33	2.29	2.27	2.25	2.22	2.16
2.79	2.75	2.68	2.60	2.51	2.44	2.35	2.30	2.26	2.24	2.22	2.19	2.13
2.77	2.73	2.66	2.57	2.48	2.41	2.33	2.27	2.23	2.21	2.19	2.16	2.10
2.74	2.70	2.63	2.55	2.45	2.39	2.30	2.25	2.21	2.18	2.16	2.13	2.07
2.72	2.68	2.61	2.52	2.43	2.36	2.27	2.22	2.18	2.16	2.14	2.11	2.04
2.70	2.65	2.58	2.50	2.41	2.34	2.25	2.20	2.16	2.13	2.11	2.08	2.02
2.68	2.63	2.56	2.48	2.39	2.32	2.23	2.18	2.14	2.11	2.09	2.06	2.00
2.66	2.61	2.54	2.46	2.37	2.30	2.21	2.16	2.12	2.09	2.07	2.04	1.98
2.64	2.60	2.53	2.44	2.35	2.28	2.19	2.14	2.10	2.07	2.05	2.02	1.96
2.56	2.52	2.45	2.37	2.27	2.20	2.11	2.06	2.02	1.99	1.97	1.94	1.87
2.51	2.46	2.39	2.31	2.21	2.14	2.05	2.00	1.96	1.93	1.91	1.88	1.81
2.46	2.42	2.35	2.27	2.17	2.10	2.01	1.95	1.91	1.88	1.86	1.82	1.76
2.39	2.35	2.28	2.20	2.10	2.03	1.94	1.88	1.84	1.81	1.78	1.75	1.68
2.35	2.31	2.23	2.15	2.05	1.98	1.89	1.83	1.78	1.75	1.73	1.70	1.62
2.31	2.27	2.20	2.12	2.01	1.94	1.85	1.79	1.75	1.71	1.69	1.65	1.58
2.29	2.24	2.17	2.09	1.99	1.92	1.82	1.76	1.72	1.68	1.66	1.62	1.55
2.27	2.22	2.15	2.07	1.97	1.89	1.80	1.74	1.69	1.66	1.63	1.60	1.52
2.20	2.16	2.09	2.00	1.90	1.83	1.73	1.66	1.62	1.59	1.56	1.52	1.43
2.17	2.13	2.06	1.97	1.87	1.79	1.69	1.63	1.58	1.55	1.52	1.48	1.39
2.08	2.04	1.97	1.88	1.77	1.70	1.59	1.53	1.48	1.44	1.41	1.36	1.25

付表 4〈続き〉　F 分布表（2.5%点，$\alpha = 0.025$）：$F \sim F(m_1, m_2)$

$$\alpha = P(F > F_\alpha(m_1, m_2)) = \int_{F_\alpha(m_1, m_2)}^{\infty} f(x)\mathrm{d}x$$

m_1 = 分子の自由度，　m_2 = 分母の自由度

m_1 \ m_2	1	2	3	4	5	6	7	8	9	10	11	12	13
1	648	799	864	900	922	937	948	957	963	969	973	977	980
2	38.5	39.0	39.2	39.2	39.3	39.3	39.4	39.4	39.4	39.4	39.4	39.4	39.4
3	17.4	16.0	15.4	15.1	14.9	14.7	14.6	14.5	14.5	14.4	14.4	14.3	14.3
4	12.2	10.6	10.0	9.60	9.36	9.20	9.07	8.98	8.90	8.84	8.79	8.75	8.71
5	10.0	8.43	7.76	7.39	7.15	6.98	6.85	6.76	6.68	6.62	6.57	6.52	6.49
6	8.81	7.26	6.60	6.23	5.99	5.82	5.70	5.60	5.52	5.46	5.41	5.37	5.33
7	8.07	6.54	5.89	5.52	5.29	5.12	4.99	4.90	4.82	4.76	4.71	4.67	4.63
8	7.57	6.06	5.42	5.05	4.82	4.65	4.53	4.43	4.36	4.30	4.24	4.20	4.16
9	7.21	5.71	5.08	4.72	4.48	4.32	4.20	4.10	4.03	3.96	3.91	3.87	3.83
10	6.94	5.46	4.83	4.47	4.24	4.07	3.95	3.85	3.78	3.72	3.66	3.62	3.58
11	6.72	5.26	4.63	4.28	4.04	3.88	3.76	3.66	3.59	3.53	3.47	3.43	3.39
12	6.55	5.10	4.47	4.12	3.89	3.73	3.61	3.51	3.44	3.37	3.32	3.28	3.24
13	6.41	4.97	4.35	4.00	3.77	3.60	3.48	3.39	3.31	3.25	3.20	3.15	3.12
14	6.30	4.86	4.24	3.89	3.66	3.50	3.38	3.29	3.21	3.15	3.09	3.05	3.01
15	6.20	4.77	4.15	3.80	3.58	3.41	3.29	3.20	3.12	3.06	3.01	2.96	2.92
16	6.12	4.69	4.08	3.73	3.50	3.34	3.22	3.12	3.05	2.99	2.93	2.89	2.85
17	6.04	4.62	4.01	3.66	3.44	3.28	3.16	3.06	2.98	2.92	2.87	2.82	2.79
18	5.98	4.56	3.95	3.61	3.38	3.22	3.10	3.01	2.93	2.87	2.81	2.77	2.73
19	5.92	4.51	3.90	3.56	3.33	3.17	3.05	2.96	2.88	2.82	2.76	2.72	2.68
20	5.87	4.46	3.86	3.51	3.29	3.13	3.01	2.91	2.84	2.77	2.72	2.68	2.64
21	5.83	4.42	3.82	3.48	3.25	3.09	2.97	2.87	2.80	2.73	2.68	2.64	2.60
22	5.79	4.38	3.78	3.44	3.22	3.05	2.93	2.84	2.76	2.70	2.65	2.60	2.56
23	5.75	4.35	3.75	3.41	3.18	3.02	2.90	2.81	2.73	2.67	2.62	2.57	2.53
24	5.72	4.32	3.72	3.38	3.15	2.99	2.87	2.78	2.70	2.64	2.59	2.54	2.50
25	5.69	4.29	3.69	3.35	3.13	2.97	2.85	2.75	2.68	2.61	2.56	2.51	2.48
26	5.66	4.27	3.67	3.33	3.10	2.94	2.82	2.73	2.65	2.59	2.54	2.49	2.45
27	5.63	4.24	3.65	3.31	3.08	2.92	2.80	2.71	2.63	2.57	2.51	2.47	2.43
28	5.61	4.22	3.63	3.29	3.06	2.90	2.78	2.69	2.61	2.55	2.49	2.45	2.41
29	5.59	4.20	3.61	3.27	3.04	2.88	2.76	2.67	2.59	2.53	2.48	2.43	2.39
30	5.57	4.18	3.59	3.25	3.03	2.87	2.75	2.65	2.57	2.51	2.46	2.41	2.37
31	5.55	4.16	3.57	3.23	3.01	2.85	2.73	2.64	2.56	2.50	2.44	2.40	2.36
32	5.53	4.15	3.56	3.22	3.00	2.84	2.71	2.62	2.54	2.48	2.43	2.38	2.34
33	5.51	4.13	3.54	3.20	2.98	2.82	2.70	2.61	2.53	2.47	2.41	2.37	2.33
34	5.50	4.12	3.53	3.19	2.97	2.81	2.69	2.59	2.52	2.45	2.40	2.35	2.31
35	5.48	4.11	3.52	3.18	2.96	2.80	2.68	2.58	2.50	2.44	2.39	2.34	2.30
40	5.42	4.05	3.46	3.13	2.90	2.74	2.62	2.53	2.45	2.39	2.33	2.29	2.25
45	5.38	4.01	3.42	3.09	2.86	2.70	2.58	2.49	2.41	2.35	2.29	2.25	2.21
50	5.34	3.97	3.39	3.05	2.83	2.67	2.55	2.46	2.38	2.32	2.26	2.22	2.18
60	5.29	3.93	3.34	3.01	2.79	2.63	2.51	2.41	2.33	2.27	2.22	2.17	2.13
70	5.25	3.89	3.31	2.97	2.75	2.59	2.47	2.38	2.30	2.24	2.18	2.14	2.10
80	5.22	3.86	3.28	2.95	2.73	2.57	2.45	2.35	2.28	2.21	2.16	2.11	2.07
90	5.20	3.84	3.26	2.93	2.71	2.55	2.43	2.34	2.26	2.19	2.14	2.09	2.05
100	5.18	3.83	3.25	2.92	2.70	2.54	2.42	2.32	2.24	2.18	2.12	2.08	2.04
150	5.13	3.78	3.20	2.87	2.65	2.49	2.37	2.28	2.20	2.13	2.08	2.03	1.99
200	5.10	3.76	3.18	2.85	2.63	2.47	2.35	2.26	2.18	2.11	2.06	2.01	1.97
∞	5.02	3.69	3.12	2.79	2.57	2.41	2.29	2.19	2.11	2.05	1.99	1.94	1.90

14	15	17	20	25	30	40	50	60	70	80	100	200
983	985	989	993	998	1001	1006	1008	1010	1011	1012	1013	1016
39.4	39.4	39.4	39.4	39.5	39.5	39.5	39.5	39.5	39.5	39.5	39.5	39.5
14.3	14.3	14.2	14.2	14.1	14.1	14.0	14.0	14.0	14.0	14.0	14.0	13.9
8.68	8.66	8.61	8.56	8.50	8.46	8.41	8.38	8.36	8.35	8.33	8.32	8.29
6.46	6.43	6.38	6.33	6.27	6.23	6.18	6.14	6.12	6.11	6.10	6.08	6.05
5.30	5.27	5.22	5.17	5.11	5.07	5.01	4.98	4.96	4.94	4.93	4.92	4.88
4.60	4.57	4.52	4.47	4.40	4.36	4.31	4.28	4.25	4.24	4.23	4.21	4.18
4.13	4.10	4.05	4.00	3.94	3.89	3.84	3.81	3.78	3.77	3.76	3.74	3.70
3.80	3.77	3.72	3.67	3.60	3.56	3.51	3.47	3.45	3.43	3.42	3.40	3.37
3.55	3.52	3.47	3.42	3.35	3.31	3.26	3.22	3.20	3.18	3.17	3.15	3.12
3.36	3.33	3.28	3.23	3.16	3.12	3.06	3.03	3.00	2.99	2.97	2.96	2.92
3.21	3.18	3.13	3.07	3.01	2.96	2.91	2.87	2.85	2.83	2.82	2.80	2.76
3.08	3.05	3.00	2.95	2.88	2.84	2.78	2.74	2.72	2.70	2.69	2.67	2.63
2.98	2.95	2.90	2.84	2.78	2.73	2.67	2.64	2.61	2.60	2.58	2.56	2.53
2.89	2.86	2.81	2.76	2.69	2.64	2.59	2.55	2.52	2.51	2.49	2.47	2.44
2.82	2.79	2.74	2.68	2.61	2.57	2.51	2.47	2.45	2.43	2.42	2.40	2.36
2.75	2.72	2.67	2.62	2.55	2.50	2.44	2.41	2.38	2.36	2.35	2.33	2.29
2.70	2.67	2.62	2.56	2.49	2.44	2.38	2.35	2.32	2.30	2.29	2.27	2.23
2.65	2.62	2.57	2.51	2.44	2.39	2.33	2.30	2.27	2.25	2.24	2.22	2.18
2.60	2.57	2.52	2.46	2.40	2.35	2.29	2.25	2.22	2.20	2.19	2.17	2.13
2.56	2.53	2.48	2.42	2.36	2.31	2.25	2.21	2.18	2.16	2.15	2.13	2.09
2.53	2.50	2.45	2.39	2.32	2.27	2.21	2.17	2.14	2.13	2.11	2.09	2.05
2.50	2.47	2.42	2.36	2.29	2.24	2.18	2.14	2.11	2.09	2.08	2.06	2.01
2.47	2.44	2.39	2.33	2.26	2.21	2.15	2.11	2.08	2.06	2.05	2.02	1.98
2.44	2.41	2.36	2.30	2.23	2.18	2.12	2.08	2.05	2.03	2.02	2.00	1.95
2.42	2.39	2.34	2.28	2.21	2.16	2.09	2.05	2.03	2.01	1.99	1.97	1.92
2.39	2.36	2.31	2.25	2.18	2.13	2.07	2.03	2.00	1.98	1.97	1.94	1.90
2.37	2.34	2.29	2.23	2.16	2.11	2.05	2.01	1.98	1.96	1.94	1.92	1.88
2.36	2.32	2.27	2.21	2.14	2.09	2.03	1.99	1.96	1.94	1.92	1.90	1.86
2.34	2.31	2.26	2.20	2.12	2.07	2.01	1.97	1.94	1.92	1.90	1.88	1.84
2.32	2.29	2.24	2.18	2.11	2.06	1.99	1.95	1.92	1.90	1.89	1.86	1.82
2.31	2.28	2.22	2.16	2.09	2.04	1.98	1.93	1.91	1.88	1.87	1.85	1.80
2.29	2.26	2.21	2.15	2.08	2.03	1.96	1.92	1.89	1.87	1.85	1.83	1.78
2.28	2.25	2.20	2.13	2.06	2.01	1.95	1.90	1.88	1.85	1.84	1.82	1.77
2.27	2.23	2.18	2.12	2.05	2.00	1.93	1.89	1.86	1.84	1.82	1.80	1.75
2.21	2.18	2.13	2.07	1.99	1.94	1.88	1.83	1.80	1.78	1.76	1.74	1.69
2.17	2.14	2.09	2.03	1.95	1.90	1.83	1.79	1.76	1.74	1.72	1.69	1.64
2.14	2.11	2.06	1.99	1.92	1.87	1.80	1.75	1.72	1.70	1.68	1.66	1.60
2.09	2.06	2.01	1.94	1.87	1.82	1.74	1.70	1.67	1.64	1.63	1.60	1.54
2.06	2.03	1.97	1.91	1.83	1.78	1.71	1.66	1.63	1.60	1.59	1.56	1.50
2.03	2.00	1.95	1.88	1.81	1.75	1.68	1.63	1.60	1.57	1.55	1.53	1.47
2.02	1.98	1.93	1.86	1.79	1.73	1.66	1.61	1.58	1.55	1.53	1.50	1.44
2.00	1.97	1.91	1.85	1.77	1.71	1.64	1.59	1.56	1.53	1.51	1.48	1.42
1.95	1.92	1.87	1.80	1.72	1.67	1.59	1.54	1.50	1.48	1.45	1.42	1.35
1.93	1.90	1.84	1.78	1.70	1.64	1.56	1.51	1.47	1.45	1.42	1.39	1.32
1.87	1.83	1.78	1.71	1.63	1.57	1.48	1.43	1.39	1.36	1.33	1.30	1.21

付表 4〈続き〉 F 分布表（5%点，$\alpha = 0.05$）：$F \sim F(m_1, m_2)$

$$\alpha = P(F > F_a(m_1, m_2)) = \int_{F_a(m_1, m_2)}^{\infty} f(x)\mathrm{d}x$$

$m_1 = $ 分子の自由度，$m_2 = $ 分母の自由度

m_1 / m_2	1	2	3	4	5	6	7	8	9	10	11	12	13
1	161	200	216	225	230	234	237	239	241	242	243	244	245
2	18.5	19.0	19.2	19.2	19.3	19.3	19.4	19.4	19.4	19.4	19.4	19.4	19.4
3	10.1	9.55	9.28	9.12	9.01	8.94	8.89	8.85	8.81	8.79	8.76	8.74	8.73
4	7.71	6.94	6.59	6.39	6.26	6.16	6.09	6.04	6.00	5.96	5.94	5.91	5.89
5	6.61	5.79	5.41	5.19	5.05	4.95	4.88	4.82	4.77	4.74	4.70	4.68	4.66
6	5.99	5.14	4.76	4.53	4.39	4.28	4.21	4.15	4.10	4.06	4.03	4.00	3.98
7	5.59	4.74	4.35	4.12	3.97	3.87	3.79	3.73	3.68	3.64	3.60	3.57	3.55
8	5.32	4.46	4.07	3.84	3.69	3.58	3.50	3.44	3.39	3.35	3.31	3.28	3.26
9	5.12	4.26	3.86	3.63	3.48	3.37	3.29	3.23	3.18	3.14	3.10	3.07	3.05
10	4.96	4.10	3.71	3.48	3.33	3.22	3.14	3.07	3.02	2.98	2.94	2.91	2.89
11	4.84	3.98	3.59	3.36	3.20	3.09	3.01	2.95	2.90	2.85	2.82	2.79	2.76
12	4.75	3.89	3.49	3.26	3.11	3.00	2.91	2.85	2.80	2.75	2.72	2.69	2.66
13	4.67	3.81	3.41	3.18	3.03	2.92	2.83	2.77	2.71	2.67	2.63	2.60	2.58
14	4.60	3.74	3.34	3.11	2.96	2.85	2.76	2.70	2.65	2.60	2.57	2.53	2.51
15	4.54	3.68	3.29	3.06	2.90	2.79	2.71	2.64	2.59	2.54	2.51	2.48	2.45
16	4.49	3.63	3.24	3.01	2.85	2.74	2.66	2.59	2.54	2.49	2.46	2.42	2.40
17	4.45	3.59	3.20	2.96	2.81	2.70	2.61	2.55	2.49	2.45	2.41	2.38	2.35
18	4.41	3.55	3.16	2.93	2.77	2.66	2.58	2.51	2.46	2.41	2.37	2.34	2.31
19	4.38	3.52	3.13	2.90	2.74	2.63	2.54	2.48	2.42	2.38	2.34	2.31	2.28
20	4.35	3.49	3.10	2.87	2.71	2.60	2.51	2.45	2.39	2.35	2.31	2.28	2.25
21	4.32	3.47	3.07	2.84	2.68	2.57	2.49	2.42	2.37	2.32	2.28	2.25	2.22
22	4.30	3.44	3.05	2.82	2.66	2.55	2.46	2.40	2.34	2.30	2.26	2.23	2.20
23	4.28	3.42	3.03	2.80	2.64	2.53	2.44	2.37	2.32	2.27	2.24	2.20	2.18
24	4.26	3.40	3.01	2.78	2.62	2.51	2.42	2.36	2.30	2.25	2.22	2.18	2.15
25	4.24	3.39	2.99	2.76	2.60	2.49	2.40	2.34	2.28	2.24	2.20	2.16	2.14
26	4.23	3.37	2.98	2.74	2.59	2.47	2.39	2.32	2.27	2.22	2.18	2.15	2.12
27	4.21	3.35	2.96	2.73	2.57	2.46	2.37	2.31	2.25	2.20	2.17	2.13	2.10
28	4.20	3.34	2.95	2.71	2.56	2.45	2.36	2.29	2.24	2.19	2.15	2.12	2.09
29	4.18	3.33	2.93	2.70	2.55	2.43	2.35	2.28	2.22	2.18	2.14	2.10	2.08
30	4.17	3.32	2.92	2.69	2.53	2.42	2.33	2.27	2.21	2.16	2.13	2.09	2.06
31	4.16	3.30	2.91	2.68	2.52	2.41	2.32	2.25	2.20	2.15	2.11	2.08	2.05
32	4.15	3.29	2.90	2.67	2.51	2.40	2.31	2.24	2.19	2.14	2.10	2.07	2.04
33	4.14	3.28	2.89	2.66	2.50	2.39	2.30	2.23	2.18	2.13	2.09	2.06	2.03
34	4.13	3.28	2.88	2.65	2.49	2.38	2.29	2.23	2.17	2.12	2.08	2.05	2.02
35	4.12	3.27	2.87	2.64	2.49	2.37	2.29	2.22	2.16	2.11	2.07	2.04	2.01
40	4.08	3.23	2.84	2.61	2.45	2.34	2.25	2.18	2.12	2.08	2.04	2.00	1.97
45	4.06	3.20	2.81	2.58	2.42	2.31	2.22	2.15	2.10	2.05	2.01	1.97	1.94
50	4.03	3.18	2.79	2.56	2.40	2.29	2.20	2.13	2.07	2.03	1.99	1.95	1.92
60	4.00	3.15	2.76	2.53	2.37	2.25	2.17	2.10	2.04	1.99	1.95	1.92	1.89
70	3.98	3.13	2.74	2.50	2.35	2.23	2.14	2.07	2.02	1.97	1.93	1.89	1.86
80	3.96	3.11	2.72	2.49	2.33	2.21	2.13	2.06	2.00	1.95	1.91	1.88	1.84
90	3.95	3.10	2.71	2.47	2.32	2.20	2.11	2.04	1.99	1.94	1.90	1.86	1.83
100	3.94	3.09	2.70	2.46	2.31	2.19	2.10	2.03	1.97	1.93	1.89	1.85	1.82
150	3.90	3.06	2.66	2.43	2.27	2.16	2.07	2.00	1.94	1.89	1.85	1.82	1.79
200	3.89	3.04	2.65	2.42	2.26	2.14	2.06	1.98	1.93	1.88	1.84	1.80	1.77
∞	3.84	3.00	2.61	2.37	2.21	2.10	2.01	1.94	1.88	1.83	1.79	1.75	1.72

14	15	17	20	25	30	40	50	60	70	80	100	200
245	246	247	248	249	250	251	252	252	252	253	253	254
19.4	19.4	19.4	19.4	19.5	19.5	19.5	19.5	19.5	19.5	19.5	19.5	19.5
8.71	8.70	8.68	8.66	8.63	8.62	8.59	8.58	8.57	8.57	8.56	8.55	8.54
5.87	5.86	5.83	5.80	5.77	5.75	5.72	5.70	5.69	5.68	5.67	5.66	5.65
4.64	4.62	4.59	4.56	4.52	4.50	4.46	4.44	4.43	4.42	4.41	4.41	4.39
3.96	3.94	3.91	3.87	3.83	3.81	3.77	3.75	3.74	3.73	3.72	3.71	3.69
3.53	3.51	3.48	3.44	3.40	3.38	3.34	3.32	3.30	3.29	3.29	3.27	3.25
3.24	3.22	3.19	3.15	3.11	3.08	3.04	3.02	3.01	2.99	2.99	2.97	2.95
3.03	3.01	2.97	2.94	2.89	2.86	2.83	2.80	2.79	2.78	2.77	2.76	2.73
2.86	2.85	2.81	2.77	2.73	2.70	2.66	2.64	2.62	2.61	2.60	2.59	2.56
2.74	2.72	2.69	2.65	2.60	2.57	2.53	2.51	2.49	2.48	2.47	2.46	2.43
2.64	2.62	2.58	2.54	2.50	2.47	2.43	2.40	2.38	2.37	2.36	2.35	2.32
2.55	2.53	2.50	2.46	2.41	2.38	2.34	2.31	2.30	2.28	2.27	2.26	2.23
2.48	2.46	2.43	2.39	2.34	2.31	2.27	2.24	2.22	2.21	2.20	2.19	2.16
2.42	2.40	2.37	2.33	2.28	2.25	2.20	2.18	2.16	2.15	2.14	2.12	2.10
2.37	2.35	2.32	2.28	2.23	2.19	2.15	2.12	2.11	2.09	2.08	2.07	2.04
2.33	2.31	2.27	2.23	2.18	2.15	2.10	2.08	2.06	2.05	2.03	2.02	1.99
2.29	2.27	2.23	2.19	2.14	2.11	2.06	2.04	2.02	2.00	1.99	1.98	1.95
2.26	2.23	2.20	2.16	2.11	2.07	2.03	2.00	1.98	1.97	1.96	1.94	1.91
2.22	2.20	2.17	2.12	2.07	2.04	1.99	1.97	1.95	1.93	1.92	1.91	1.88
2.20	2.18	2.14	2.10	2.05	2.01	1.96	1.94	1.92	1.90	1.89	1.88	1.84
2.17	2.15	2.11	2.07	2.02	1.98	1.94	1.91	1.89	1.88	1.86	1.85	1.82
2.15	2.13	2.09	2.05	2.00	1.96	1.91	1.88	1.86	1.85	1.84	1.82	1.79
2.13	2.11	2.07	2.03	1.97	1.94	1.89	1.86	1.84	1.83	1.82	1.80	1.77
2.11	2.09	2.05	2.01	1.96	1.92	1.87	1.84	1.82	1.81	1.80	1.78	1.75
2.09	2.07	2.03	1.99	1.94	1.90	1.85	1.82	1.80	1.79	1.78	1.76	1.73
2.08	2.06	2.02	1.97	1.92	1.88	1.84	1.81	1.79	1.77	1.76	1.74	1.71
2.06	2.04	2.00	1.96	1.91	1.87	1.82	1.79	1.77	1.75	1.74	1.73	1.69
2.05	2.03	1.99	1.94	1.89	1.85	1.81	1.77	1.75	1.74	1.73	1.71	1.67
2.04	2.01	1.98	1.93	1.88	1.84	1.79	1.76	1.74	1.72	1.71	1.70	1.66
2.03	2.00	1.96	1.92	1.87	1.83	1.78	1.75	1.73	1.71	1.70	1.68	1.65
2.01	1.99	1.95	1.91	1.85	1.82	1.77	1.74	1.71	1.70	1.69	1.67	1.63
2.00	1.98	1.94	1.90	1.84	1.81	1.76	1.72	1.70	1.69	1.67	1.66	1.62
1.99	1.97	1.93	1.89	1.83	1.80	1.75	1.71	1.69	1.68	1.66	1.65	1.61
1.99	1.96	1.92	1.88	1.82	1.79	1.74	1.70	1.68	1.66	1.65	1.63	1.60
1.95	1.92	1.89	1.84	1.78	1.74	1.69	1.66	1.64	1.62	1.61	1.59	1.55
1.92	1.89	1.86	1.81	1.75	1.71	1.66	1.63	1.60	1.59	1.57	1.55	1.51
1.89	1.87	1.83	1.78	1.73	1.69	1.63	1.60	1.58	1.56	1.54	1.52	1.48
1.86	1.84	1.80	1.75	1.69	1.65	1.59	1.56	1.53	1.52	1.50	1.48	1.44
1.84	1.81	1.77	1.72	1.66	1.62	1.57	1.53	1.50	1.49	1.47	1.45	1.40
1.82	1.79	1.75	1.70	1.64	1.60	1.54	1.51	1.48	1.46	1.45	1.43	1.38
1.80	1.78	1.74	1.69	1.63	1.59	1.53	1.49	1.46	1.44	1.43	1.41	1.36
1.79	1.77	1.73	1.68	1.62	1.57	1.52	1.48	1.45	1.43	1.41	1.39	1.34
1.76	1.73	1.69	1.64	1.58	1.54	1.48	1.44	1.41	1.39	1.37	1.34	1.29
1.74	1.72	1.67	1.62	1.56	1.52	1.46	1.41	1.39	1.36	1.35	1.32	1.26
1.69	1.67	1.62	1.57	1.51	1.46	1.40	1.35	1.32	1.29	1.28	1.25	1.17

付表 5　ダービン・ワトソン統計量の 5％点の上限と下限

	$k'=1$		$k'=2$		$k'=3$		$k'=4$		$k'=5$		$k'=6$		$k'=7$	
n	dl	du	dl	du	dl	du	dl	du	dl	du	dl	du	dl	du
6	0.610	1.400	—	—	—	—	—	—	—	—	—	—	—	—
7	0.700	1.356	0.467	1.896	—	—	—	—	—	—	—	—	—	—
8	0.763	1.332	0.559	1.777	0.368	2.287	—	—	—	—	—	—	—	—
9	0.824	1.320	0.629	1.699	0.455	2.128	0.296	2.588	—	—	—	—	—	—
10	0.879	1.320	0.697	1.641	0.525	2.016	0.376	2.414	0.243	2.822	—	—	—	—
11	0.927	1.324	0.758	1.604	0.595	1.928	0.444	2.283	0.316	2.645	0.203	3.005	—	—
12	0.971	1.331	0.812	1.579	0.658	1.864	0.512	2.177	0.379	2.506	0.268	2.832	0.171	3.149
13	1.010	1.340	0.861	1.562	0.715	1.816	0.574	2.094	0.445	2.390	0.328	2.692	0.230	2.985
14	1.045	1.350	0.905	1.551	0.767	1.779	0.632	2.030	0.505	2.296	0.389	2.572	0.286	2.848
15	1.077	1.361	0.946	1.543	0.814	1.750	0.685	1.977	0.562	2.220	0.447	2.472	0.343	2.727
16	1.106	1.371	0.982	1.539	0.857	1.728	0.734	1.935	0.615	2.157	0.502	2.388	0.398	2.624
17	1.133	1.381	1.015	1.536	0.897	1.710	0.779	1.900	0.664	2.104	0.554	2.318	0.451	2.537
18	1.158	1.391	1.046	1.535	0.933	1.969	0.820	1.872	0.710	2.060	0.603	2.257	0.502	2.461
19	1.180	1.401	1.074	1.536	0.967	1.685	0.859	1.848	0.752	2.023	0.649	2.206	0.549	2.396
20	1.201	1.411	1.100	1.537	0.998	1.676	0.894	1.828	0.792	1.991	0.692	2.162	0.595	2.339
21	1.221	1.420	1.125	1.538	1.026	1.669	0.927	1.812	0.829	1.964	0.732	2.124	0.637	2.290
22	1.239	1.429	1.147	1.541	1.053	1.664	0.958	1.797	0.863	1.940	0.769	2.090	0.677	2.246
23	1.257	1.437	1.168	1.543	1.078	1.660	0.986	1.785	0.895	1.920	0.804	2.061	0.715	2.208
24	1.273	1.446	1.188	1.546	1.101	1.656	1.013	1.775	0.925	1.902	0.837	2.035	0.751	2.174
25	1.288	1.454	1.206	1.550	1.123	1.654	1.038	1.767	0.953	1.896	0.868	2.012	0.784	2.144
26	1.302	1.461	1.224	1.553	1.143	1.652	1.062	1.759	0.979	1.873	0.897	1.992	0.816	2.117
27	1.316	1.469	1.240	1.556	1.162	1.651	1.084	1.753	1.004	1.861	0.925	1.974	0.845	2.093
28	1.328	1.476	1.255	1.560	1.181	1.650	1.104	1.747	1.028	1.850	0.951	1.958	0.874	2.071
29	1.341	1.483	1.270	1.563	1.198	1.650	1.124	1.743	1.050	1.841	0.975	1.944	0.900	2.052
30	1.352	1.489	1.284	1.567	1.214	1.650	1.143	1.739	1.071	1.833	0.998	1.931	0.926	2.034
31	1.363	1.496	1.297	1.570	1.229	1.650	1.160	1.735	1.090	1.825	1.020	1.920	0.950	2.018
32	1.373	1.502	1.309	1.574	1.244	1.650	1.177	1.732	1.109	1.819	1.041	1.909	0.972	2.004
33	1.383	1.508	1.321	1.577	1.258	1.651	1.193	1.730	1.127	1.813	1.061	1.900	0.994	1.991
34	1.393	1.514	1.333	1.580	1.271	1.652	1.208	1.728	1.144	1.808	1.080	1.891	1.015	1.979
35	1.402	1.519	1.343	1.584	1.283	1.653	1.222	1.726	1.160	1.803	1.097	1.884	1.034	1.967
36	1.411	1.525	1.354	1.587	1.295	1.654	1.236	1.724	1.175	1.799	1.114	1.877	1.053	1.957
37	1.419	1.530	1.364	1.590	1.307	1.655	1.249	1.723	1.190	1.795	1.131	1.870	1.071	1.948
38	1.427	1.535	1.373	1.594	1.318	1.656	1.261	1.722	1.204	1.792	1.146	1.864	1.088	1.939
39	1.435	1.540	1.382	1.597	1.328	1.658	1.273	1.722	1.218	1.789	1.161	1.859	1.104	1.932
40	1.442	1.544	1.391	1.600	1.338	1.659	1.285	1.721	1.230	1.786	1.175	1.854	1.120	1.924
45	1.475	1.566	1.430	1.615	1.383	1.666	1.336	1.720	1.287	1.776	1.238	1.835	1.189	1.895
50	1.503	1.585	1.462	1.628	1.421	1.674	1.378	1.721	1.335	1.771	1.291	1.822	1.246	1.875
55	1.528	1.601	1.490	1.641	1.452	1.681	1.414	1.724	1.374	1.768	1.334	1.814	1.294	1.861
60	1.549	1.616	1.514	1.652	1.480	1.689	1.444	1.727	1.408	1.767	1.372	1.808	1.335	1.850
65	1.567	1.629	1.536	1.662	1.503	1.696	1.471	1.731	1.438	1.767	1.404	1.805	1.370	1.843
70	1.583	1.641	1.554	1.672	1.525	1.703	1.494	1.735	1.464	1.768	1.433	1.802	1.401	1.837
75	1.598	1.652	1.571	1.680	1.543	1.709	1.515	1.739	1.487	1.770	1.458	1.801	1.428	1.834
80	1.611	1.662	1.586	1.688	1.560	1.715	1.534	1.743	1.507	1.772	1.480	1.801	1.453	1.831
85	1.624	1.671	1.600	1.696	1.575	1.721	1.550	1.747	1.525	1.774	1.500	1.801	1.474	1.829
90	1.635	1.679	1.612	1.703	1.589	1.726	1.566	1.751	1.542	1.776	1.518	1.801	1.494	1.827
95	1.645	1.687	1.623	1.709	1.602	1.732	1.579	1.755	1.557	1.778	1.535	1.802	1.512	1.827
100	1.654	1.694	1.634	1.715	1.613	1.736	1.592	1.758	1.571	1.780	1.550	1.803	1.528	1.826
150	1.720	1.746	1.706	1.760	1.693	1.774	1.679	1.788	1.665	1.802	1.651	1.817	1.637	1.832
200	1.758	1.778	1.748	1.789	1.738	1.799	1.728	1.810	1.718	1.820	1.707	1.831	1.697	1.841

n は標本数，k' は定数項を除く説明変数の数とする。
（出所）*Econometrica*, Vol.45, 1977, pp. 1994–95

k' = 8		k' = 9		k' = 10		k' = 11		k' = 12		k' = 13	
dl	du	dl	du	dl	du	dl	du	dl	du	dl	du
—	—	—	—	—	—	—	—	—	—	—	—
—	—	—	—	—	—	—	—	—	—	—	—
—	—	—	—	—	—	—	—	—	—	—	—
—	—	—	—	—	—	—	—	—	—	—	—
—	—	—	—	—	—	—	—	—	—	—	—
—	—	—	—	—	—	—	—	—	—	—	—
0.147	3.266	—	—	—	—	—	—	—	—	—	—
0.200	3.111	0.127	3.360	—	—	—	—	—	—	—	—
0.251	2.979	0.175	3.216	0.111	3.438	—	—	—	—	—	—
0.304	2.860	0.222	3.090	0.155	3.304	0.098	3.503	—	—	—	—
0.356	2.757	0.272	2.975	0.198	3.184	0.138	3.378	0.087	3.557	—	—
0.407	2.667	0.321	2.873	0.244	3.073	0.177	3.265	0.123	3.441	0.078	3.603
0.456	2.589	0.369	2.783	0.290	2.974	0.220	3.159	0.160	3.335	0.111	3.496
0.502	2.521	0.416	2.704	0.336	2.885	0.263	3.063	0.200	3.234	0.145	3.395
0.547	2.460	0.461	2.633	0.380	2.806	0.307	2.976	0.240	3.141	0.182	3.300
0.588	2.407	0.504	2.571	0.424	2.734	0.349	2.897	0.281	3.057	0.220	3.211
0.628	2.360	0.545	2.514	0.465	2.670	0.391	2.826	0.322	2.979	0.259	3.128
0.666	2.318	0.584	2.464	0.506	2.613	0.431	2.761	0.362	2.908	0.297	3.053
0.702	2.280	0.621	2.419	0.544	2.560	0.470	2.702	0.400	2.844	0.335	2.983
0.735	2.246	0.657	2.379	0.581	2.513	0.508	2.649	0.438	2.784	0.373	2.919
0.767	2.216	0.691	2.342	0.616	2.470	0.544	2.600	0.475	2.730	0.409	2.859
0.798	2.188	0.723	2.309	0.650	2.431	0.578	2.555	0.510	2.680	0.445	2.805
0.826	2.164	0.753	2.278	0.682	2.396	0.612	2.515	0.544	2.634	0.479	2.755
0.854	2.141	0.782	2.251	0.712	2.363	0.643	2.477	0.577	2.592	0.512	2.708
0.879	2.120	0.810	2.226	0.741	2.333	0.674	2.443	0.608	2.553	0.545	2.665
0.904	2.102	0.836	2.203	0.769	2.306	0.703	2.411	0.638	2.517	0.576	2.625
0.927	2.085	0.861	2.181	0.795	2.281	0.731	2.382	0.668	2.484	0.606	2.588
0.950	2.069	0.885	2.162	0.821	2.257	0.758	2.355	0.695	2.454	0.634	2.554
0.971	2.054	0.908	2.144	0.845	2.236	0.783	2.330	0.722	2.425	0.662	2.521
0.991	2.041	0.930	2.127	0.868	2.216	0.808	2.306	0.748	2.398	0.689	2.492
1.011	2.029	0.951	2.112	0.891	2.198	0.831	2.285	0.772	2.374	0.714	2.464
1.029	2.017	0.970	2.098	0.912	2.180	0.854	2.265	0.796	2.351	0.739	2.438
1.047	2.007	0.990	2.085	0.932	2.164	0.875	2.246	0.819	2.329	0.763	2.412
1.064	1.997	1.008	2.072	0.945	2.149	0.896	2.228	0.840	2.309	0.785	2.391
1.139	1.958	1.089	2.022	1.038	2.088	0.988	2.156	0.938	2.225	0.887	2.296
1.201	1.930	1.156	1.986	1.110	2.044	1.064	2.103	1.019	2.163	0.973	2.225
1.253	1.909	1.212	1.959	1.170	2.010	1.129	2.062	1.097	2.116	1.045	2.170
1.298	1.894	1.260	1.939	1.222	1.984	1.184	2.031	1.145	2.079	1.106	2.127
1.336	1.882	1.301	1.923	1.266	1.964	1.231	2.006	1.195	2.049	1.160	2.093
1.369	1.873	1.337	1.910	1.305	1.948	1.272	1.986	1.239	2.026	1.206	2.066
1.399	1.867	1.369	1.901	1.339	1.935	1.308	1.970	1.277	2.006	1.247	2.043
1.425	1.861	1.397	1.893	1.369	1.925	1.340	1.957	1.311	1.991	1.283	2.024
1.448	1.857	1.422	1.886	1.396	1.916	1.369	1.946	1.342	1.977	1.315	2.009
1.469	1.854	1.445	1.881	1.420	1.909	1.395	1.937	1.369	1.966	1.344	1.995
1.489	1.852	1.465	1.877	1.442	1.903	1.418	1.929	1.394	1.956	1.370	1.984
1.506	1.850	1.484	1.874	1.462	1.898	1.439	1.923	1.416	1.948	1.393	1.974
1.622	1.847	1.608	1.862	1.594	1.877	1.579	1.892	1.564	1.908	1.550	1.924
1.686	1.852	1.675	1.863	1.665	1.874	1.654	1.885	1.643	1.896	1.632	1.908

索 引

著者紹介

谷崎　久志 （たにざき　ひさし）

1962 年　大阪府生まれ

1991 年 12 月　ペンシルバニア大学大学院経済学研究科修了（Ph.D.）

神戸学院大学，神戸大学を経て，現在，大阪大学大学院経済学研究科・教授

主要著作：

- H. Tanizaki (1996), *Nonlinear Filters: Estimation and Applications* (Second, Revised and Enlarged Edition), Springer-Verlag.
- H. Tanizaki (2003), "Nonlinear and Non-Gaussian State-Space Modeling with Monte Carlo Techniques: A Survey and Comparative Study" in *Handbook of Statistics, Vol.21: Stochastic Processes: Modeling and Simulation* (C.R. Rao and D.N. Shanbhag, Eds.), Chap.22, pp.871–929, North-Holland.
- H. Tanizaki (2004), *Computational Methods in Statistics and Econometrics* (STATISTICS: textbooks and monographs, Vol.172), CRC Press.

溝渕　健一 （みぞぶち　けんいち）

1980 年　兵庫県生まれ

2008 年 3 月　神戸大学大学院経済学研究科博士後期課程修了 博士（経済学）

松山大学経済学部・講師，准教授を経て，現在，松山大学経済学部・教授

主要著作：

- K. Mizobuchi and K. Takeuchi (2015), "Did the purchase subsidy for energy-efficient appliances ease electricity shortages after Fukushima?" in *Environmental Subsidies to Consumers: How Did They Work in Japanese Electronic Appliance Market?* (S. Matsumoto, Eds), Chap. 6, pp.125–152, Routledge.
- K. Mizobuchi and H. Tanizaki (2018), *The Power-Saving Behavior of Households - How Should We Encourage Power Saving?*, NOVA Science Publishers.

ライブラリ 今日の経済学 17

計量経済学

2023 年 6 月 10 日 ©　　　　　　　　初 版 発 行

著 者　谷崎久志　　　　発行者　森平敏孝
　　　　溝渕健一　　　　印刷者　小宮山恒敏

【発行】　　株式会社　新世社
〒151-0051　東京都渋谷区千駄ヶ谷1丁目3番25号
編集☎(03)5474-8818(代)　　サイエンスビル

【発売】　　株式会社　サイエンス社
〒151-0051　東京都渋谷区千駄ヶ谷1丁目3番25号
営業☎(03)5474-8500(代)　　振替　00170-7-2387
FAX☎(03)5474-8900

印刷・製本　小宮山印刷工業(株)
《検印省略》

サイエンス社・新世社のホームページのご案内
https://www.saiensu.co.jp
ご意見・ご要望は
shin@saiensu.co.jp　まで.

ISBN978-4-88384-370-1
PRINTED IN JAPAN

ライブラリ 今日の経済学　12

財 政 学

宮澤 和俊・焼田 党 共著
A5判／264頁／本体2,500円（税抜き）

財政学を学ぶ際には，「市場の失敗」・「政府の失敗」をはかるバランス感覚が必要である。すなわち，市場メカニズムは経済理論の上で優位性があるものの，現実には実証面も含めて市場経済を吟味しなければならない。また，政府による税の徴収や公債の発行は，現役世代／将来世代への負担を冷静に検討する必要がある。さらに両者を判断するバランス感覚も個人によって異なるので，合意形成のしくみも理解しなければならない。本書では最新の研究成果をまじえてこれらのトピックを一つひとつ丁寧に説き明かし，公共部門の経済的役割を分析していく。章末には充実した練習問題を掲載。2色刷。

【主要目次】
財政の役割／マクロ経済政策／厚生経済学の定理／所得再分配／余剰分析／最適課税／公共財／外部性／国債／年金／公共投資／社会的選択／地方財政

発行 新世社　　　　発売 サイエンス社